LE DERNIER VIVANT

II

LE DÉFENSEUR DE SA FEMME

OUVRAGES DU MÊME AUTEUR

Collection in-18, Jésus, à 3 fr. le volume

Le Capitaine Fantôme, 7ᵉ éd. 1 vol.	Les Mystères de Londres,
Les Filles de Cabanil (suite	nouvelle édition. . . . . 2 vol.
du Capitaine Fantôme),	Le Mari embaumé . . . . 2 —
7ᵉ édit . . . . 1 —	La Cavalière, 2ᵉ édition . . 2 —
Le Drame de la jeunesse,	L'Homme de Fer, 2ᵉ édit. . 1 —
4ᵉ édition. . . . . . . 1 —	Les Belles de nuit, 5ᵉ édit. 2 —
Annette Laïs, 2ᵉ édition . . 1 —	La Pécheresse, 2ᵉ édit. . . 1 —
Les Habits noirs, 2ᵉ édition. 2 —	Le Château de Velours, 2ᵉ éd. 1 —
Jean Diable, 3ᵉ édition . . . 2 —	Les Revenants, 2ᵉ édit. . . 1 —
Bouche de fer, 7ᵉ édition . . 1 —	L'avaleur de sabres, 2ᵉ édit. 1 —
Madame Gil Blas, 3ᵉ éd. . 2 —	Mademoiselle Saphir, 2ᵉ éd. 1 —
Aimée, 4ᵉ édition. . . . . 1 —	Le Volontaire, 2ᵉ édit. . . 1 —
La Fabrique de Mariages,	La rue de Jérusalem, 4ᵉ éd. 2 —
4ᵉ édition . . . . 1 —	Le Jeu de la mort, 4ᵉ édit. 2 —
La Garde noire, 2ᵉ édition,	Le Cavalier Fortune, 2ᵉ éd. 2 —
sous presse . . . . . 1 —	Les Parvenus, 3ᵉ édit . . . 1 —
Roger Bontemps . . . . . 1 —	La Province de Paris, 3ᵉ éd. 1 —
Les Gens de la noce . . . 1 —	L'Arme invisible, 2ᵉ édit. . 1 —
Cœur d'acier . . . . . . 2 —	Maman Léo, 2ᵉ éd. . . . 1 —
Les Errants de nuit, 2ᵉ éd. 1 —	Le Quai de la Ferraille . . . 2 —
Les deux Femmes du Roi,	Contes Bretons, nouvelle édi-
4ᵉ édition . . . . 1 —	tion illustrée . . . . . 1 —
La Duchesse de Nemours,	La Tache rouge, 2ᵉ éd. . . 2 —
5ᵉ édition . . . . 1 —	Les Compagnons du Trésor. 2 —
La Cosaque, 2ᵉ édition . . 1 —	L'Homme du Gaz . . . . 1 —
L'Hôtel Carnavalet . . . . 1 —	La Quittance de minuit . . 1 —
Le Bossu, 27ᵉ édition . . . 2 —	Le dernier Vivant . . . . 2 —

LA FÉE DES GRÈVES

Nouvelle édition illustrée, 1 volume in-8°, prix : 5 francs.

St-Amand. — Imp. de Destenay.

LE DERNIER
VIVANT

PAR

PAUL FÉVAL

II

LE DÉFENSEUR DE SA FEMME

PARIS
E. DENTU, ÉDITEUR
LIBRAIRE DE LA SOCIÉTÉ DES GENS DE LETTRES
PALAIS-ROYAL, 17 ET 19, GALERIE D'ORLÉANS
—
1873
Tous droits réservés

LE DERNIER VIVANT

DEUXIÈME PARTIE

LE DÉFENSEUR DE SA FEMME

A la fin de la première partie, nous avons laissé Geoffroy de Rœux aux prises avec le dossier de Lucien Thibaut. Le dernier numéro du dossier était un permis de communiquer avec Jeanne Péry, accusée du meurtre d'Albert de Rochecotte, — permis accordé à Lucien en qualité de défenseur.

Au début de cette nouvelle série, qui donnera au lecteur la solution de toutes les énigmes posées par le dossier de Lucien, parmi lesquelles nous rappelons l'affaire des ciseaux, « le codicile, » et le mystère qui enveloppe les rapports de la marquise Olympe de Chambray avec M. Louaisot, nous laissons la parole à Geoffroy de Rœux, selon la forme adoptée dans notre récit.

RÉCIT DE GEOFFORY

I

J.-B.-M. (Calvaire!)

Je ne lisais plus. Mes yeux restaient fixés sur le petit carré de papier qui portait l'estampille de la Conciergerie. Et mes yeux étaient mouillés.

Se peut-il qu'un laissez-passer, libellé selon la formule morne des actes de cette sorte, produise ainsi une profonde, une enthousiaste émotion!

Mon âme vibrait, je puis le dire, pendant que je lisais le dernier mot, écrit sur ce pauvre carton :

Défenseur!

Une fois, Lucien me l'avait dit dans le lyrisme de sa tendresse si belle. Il m'avait dit : « rien n'est pour moi au-dessus de cette fable splendide : Orphée allant chercher sa femme aux enfers ! »

Aussi comme cette grande fable nous fait rire à gorge déployée, nous, le siècle contempteur des géants, nous les impuissants et les railleurs, nous, les pitres de la décadence !

Et Lucien avait ajouté :

« Ma femme était dans l'enfer, je suis allé l'y chercher. »

A l'heure où il m'avait dit cela, je ne l'avais pas compris, mais je comprenais, maintenant.

Le mari de l'accusée était le défenseur de l'accusée.

Du bord où marche l'homme d'honneur, il se penchait, devant tous et sous le soleil, vers le gouffre où l'infamie se débat dans le sombre. Sa main s'y plongeait, frémissante d'orgueil généreux; il y cherchait, il y trouvait une main déshonorée et il la ramenait à lui, criant à la foule :

« Je suis le mari de cette femme, et je suis son défenseur ! »

C'est grand, le mariage, allez, les petits ont beau rire !

Et c'est grand aussi l'œuvre d'avocat, quoi que fassent certains avocats.

Y eût-il, autour de ces deux nobles choses, plus de misères grotesques qu'on n'y en amoncelle à plaisir : j'entends les avocats et les maris eux-mêmes, collaborateurs de toutes les comédies, ces deux choses seraient grandes encore, parmi ce que le monde garde de plus grand.

J'étais avec Lucien. Je le connaissais si bien depuis

vingt-quatre heures ! Je voyais battre à nu son excellent cœur si naïf et si brave ! Je devinais quelle allégresse avait rempli tout son être en lisant ce mot *défenseur* à la suite de son nom.

Pour certains, il y a de profondes jouissances dans le sacrifice, mais pour Lucien, ce n'était pas cela.

Lucien ne sacrifiait rien.

L'héroïsme s'exhalait de son amour comme le souffle sort de nos poitrines. Il vivait de tendresse. Pour employer son expression qui, pour nous, serait prétentieuse, mais qui devenait si juste entre ses lèvres : « Jeanne était son âme. »

Je n'eus pas le temps de poursuivre plus loin ma lecture. Au moment où j'allais prendre le numéro suivant, mon domestique Guzman rentra. Il venait me rendre compte des deux commissions que je lui avais données.

Mme la marquise de Chambray me faisait dire qu'elle m'attendrait, selon mon désir, ce soir, à huit heures.

Ce devait être la fameuse femme de chambre Louette qui avait transmis cette réponse, du moins je crus la reconnaître à la description que m'en fit Guzman.

Quant à Mme la baronne de Frénoy, Guzman l'avait vue elle-même.

C'était, au dire de Guzman, une forte femme très-brune, au teint presque gris et aux yeux brillants, pris en quelque sorte dans un réseau de rides. Il me sembla que je la revoyais. C'était une créole. Les créoles sont souvent jolies dans leur jeunesse.

Mais l'âge les masque d'une étrange façon.

Mme de Frénoy, veuve de Rochecotte, avait fait entrer

Guzman dans sa chambre à coucher, où elle était étendue sur un canapé.

— Pas belle, pas belle, me dit Guzman. Des rides faites avec de la peau de serpent, des cheveux gris de fer et des yeux taillés à pointes, comme les cristaux de lustres. Et tout ça dans du lait, car elle est entourée de mousseline blanche. Elle m'a dit du premier coup :

— Dites donc, là-bas, vous, ce gamin de Geoffroy aurait bien pu venir lui-même et tout de suite. Je lui ai assez donné de fessées quand il faisait le méchant, — et des dîners aussi, les jours de sortie. Mon pauvre Albert avait de bien mauvais sujets pour amis.

Guzman n'était pas sans éprouver un certain plaisir à me rapporter ces paroles.

— La demoiselle de compagnie, reprit-il, la même qui est venue ici ce matin chercher la réponse de monsieur, pauvre diablesse, a voulu mettre son nez à la porte, Mme la baronne lui a dit d'aller voir à ses affaires et qu'elle était curieuse comme une pie. J'aimerais mieux être bourreau que demoiselle de compagnie, ça, c'est sûr. Mme la baronne m'a donc continué :

— Vous direz à monsieur Geoffroy de Rœux que je pleure toujours mon fils Albert, le jour et la nuit. C'est en automne qu'il aurait eu ses trente ans. Je suis obligée de partir parce qu'on m'a invitée en vendanges, mais je compte sur M. de Rœux pour se mettre à la recherche de cette drôlesse de Fanchette. On l'a laissée partir. La justice est une bête. M. de Rœux nous doit bien ça à mon fils et à moi. L'autre ami de mon fils, l'avocat Thibaut, s'est mis du côté de la coquine. Il y a des hommes bien abominables ! Quand je reviendrai de la Bourgogne, je verrai votre maître. Dites-lui qu'il peut s'adresser à M. le conseiller Ferrand pour les démarches. C'est un aimable homme, et fort au whist. Si on retrouve la créature, je la déchirerai de mes propres mains, allez !

Ce compte-rendu fidèle de la mission de Guzman ne me donna pas beaucoup à regretter le départ de Mme la baronne pour les vendanges.

Dans mes souvenirs, c'était une très-bonne femme, mais fantasque et impérieuse. Je n'avais ni le temps, ni la volonté de m'atteler à sa vengeance.

S'il m'eût été donné de la voir, j'aurais essayé de changer son sentiment par rapport à Jeanne, mais ç'aurait été là une rude besogne.

Mon dîner, lestement pris, pourtant, me mena jusqu'à l'heure de partir pour le rendez-vous de Mme la marquise. Il pleuvait. Guzman mit mon par-dessus dans la voiture fermée qu'il m'avait fait avancer.

Au moment où je traversais le trottoir pour monter, j'aperçus un malheureux petit homme maigre et plat comme un couteau à papier qui me tira son vieux chapeau rougeâtre d'un air de connaissance.

Je croyais pourtant être bien sûr de n'avoir jamais rencontré en ma vie ce pauvre petit homme-là.

Il était vraiment fait de manière à ce qu'on pût se souvenir de lui.

Parmi les marchands de lorgnettes il y a de ces maigreurs, mais le marchand de lorgnettes prend l'usage du monde, à force d'accoster les Anglais. Son abord n'est ni emprunté, ni timide.

En outre, il parle généralement la langue de Moïse.

Mon petit homme parlait normand, comme je pus l'entendre au seul mot qu'il prononça en me tendant discrètement sa carte : un petit carré de papier écolier, sur lequel étaient tracées, en belle écriture ronde de copiste, ces trois lettres majuscules : J.-B.-M.

— Calvaire ! me disait-il tout bas ; Calvaire !

Il avait arrondi ses deux mains autour de sa bouche pour former porte-voix.

Il y a des heures de danger et d'embarras où les choses qu'on ne comprend pas font peur. Je regardai le petit homme avec défiance.

C'était bien, en apparence, la plus inoffensive et la plus pauvre créature qu'on puisse imaginer. Outre son chapeau roussi qui ruisselait de pluie, il portait un pantalon de casimir gris perle dont les lambeaux faisaient frange sur des bottes désastreuses, et si longues qu'elles se relevaient à la poulaine.

Par-dessus son pantalon, il avait, au lieu de redingote, un petit collet de toile cirée blanche qui avait dû être la partie supérieure d'un carrick de cocher.

Une assez forte liasse de papiers relevait le pan de ce manteau — comme une épée.

Avez-vous vu parfois de ces yeux myopes qui s'allongent et se raccourcissent comme des lunettes d'approche ? Mon pauvre petit homme avait cela de commun avec les escargots.

— Calvaire ! murmurait-il en agitant sa carte, Calvaire !

Je voyais sortir d'entre ses paupières et se tendre vers moi, en même temps que sa carte, deux prunelles ternes qui me semblaient supportées par des tentacules en caoutchouc. Ces prunelles avaient une expression suppliante.

Quand j'eus pris la carte, les prunelles rentrèrent chez elles et s'abritèrent derrière deux touffes de cils blondâtres, pendant que le petit homme répétait :

— Calvaire, mon bon monsieur. Vous comprendrez l'analogie. Ça fait partie de la série de mes pseudonymes raisonnés.

Ses mains faisaient toujours porte-voix.

J'étais pressé, je lui offris vingt sous et je montai en voiture.

— Hôtel des Missions Étrangères, dis-je au cocher, rue du Bac !

Mon petit homme m'adressa un gracieux salut ; mais il n'avait pas encore tout ce qu'il voulait, car je le vis gesticuler sur le trottoir et, au moment où ma voiture s'ébranlait, j'entendis sa voix grêle qui m'envoyait ce mot cabalistique :

— Calvaire !

A dix secondes de là, je ne songeais plus au petit homme. J'essayais de recueillir ma pensée pour ne pas arriver sans préparation au rendez-vous de Mme la marquise de Chambray.

Tout d'abord, j'étais bien forcé de m'avouer qu'en risquant cette démarche, je n'avais aucune intention précise, aucun but qui se pût formuler.

J'ai écrit le mot *risquer*, non pas assurément que je crusse à la possibilité d'aucun danger personnel, mais parce que je me sentais étroitement chargé des intérêts de Lucien Thibaut et que vis-à-vis d'une femme comme Mme la marquise (comme je la jugeais du moins) il y a toujours péril à laisser entamer une situation.

J'avoue que j'avais grande idée des capacités diplomatiques de cette belle Olympe.

Lucien avait eu raison d'elle un jour, mais ç'avait été par un coup de massue.

En diplomatie, puisque j'ai prononcé le mot, une démarche n'est pas toujours inopportune parce qu'elle n'a pas de but actuel ni d'utilité apparente. Il y a des démarches qui coûtent un prix fou sans autre avantage que de « voir venir. » Demandez aux joueurs d'écarté ce que rapporte le *voir-venir*, quand on a le roi et le valet contre la dame seconde.

A mes yeux, Mme la marquise de Chambray était une de ces personnes qu'il est impossible de lire. Il faut les entendre et les voir.

Mon rôle était évidemment la réserve. Ma chasse ne quêtait aucun gibier particulier : tout m'était bon. Je faisais une battue générale sur les terres de cette belle Olympe.

Et plus la voiture mangeait de pavés sur la route du faubourg Saint-Germain, plus je prenais assurance, certain de rapporter quelque chose dans mon sac, en revenant de cette guerre.

II

Une lettre du comte Albert.

L'hôtel des Missions-Etrangères est un logis de prêtres et de grandes dames départementales. On y voit des évêques et des duchesses. Les curés et les châtelaines de seconde qualité vont rue de Grenelle, à l'hôtel du Bon-Lafontaine, qui est également bien célèbre.

Mais que Dieu me garde de dire ou de penser que dans l'une ou dans l'autre de ces deux pieuses hôtelleries il y ait beaucoup de clientes comme Mme la marquise de Chambray !

Je la trouvai dans une grande chambre assez belle, mais singulièrement triste, et qui me rappela, par le contraste, les enchantements du petit salon Louis XV, où ce vieillard amoureux, M. le marquis de Chambray, avait entassé tant de merveilles artistiques.

Il faisait froid là-dedans, malgré le plein Paris et la saison, comme dans un vieux château du fond de la Bretagne.

Du reste, il y avait du feu dans la cheminée.

Mme la marquise était assise auprès de sa table, un peu en avant, de manière, à ce que la lueur du flambeau à deux branches qui brûlait à côté d'elle glissât de biais sur ses traits. Pour les mettre tout-à-fait dans l'ombre, elle n'avait à faire qu'un tout petit mouvement en avant.

Sur la cheminée, il y avait deux autres bougies. En tout quatre. Dans cette pièce morne et sombre, cela donnait un crépuscule. Les ténèbres étaient visibles.

Mme la marquise portait le deuil, un deuil très-sévère et très-élégant. Je la trouvai moins belle qu'au sortir de l'Opéra, mais plus jeune.

Ce fut ce qui me frappa en ce moment : son extraordinaire jeunesse.

Elle se leva pour me recevoir et je pus admirer la gracieuse noblesse de sa taille.

J'ai toujours pensé que certaines femmes peuvent, quand elles le veulent, mettre une sourdine à leur beauté.

Mais la beauté n'est rien, puisque cette merveilleuse Olympe avait été vaincue par Jeanne.

— Monsieur de Rœux, me dit-elle quand je fus assis en face d'elle avec les deux bougies de la table dans les yeux, nous sommes, vous et moi, de bien vieilles connaissances. J'ai sollicité le plaisir de vous voir parce que je vous crois le meilleur ami de M. Lucien Thibaut.

— Vous ne vous êtes pas trompée, madame la marquise, répondis-je. J'ignore si Lucien a un meilleur ami que moi, mais je sais que je l'aime de tout mon cœur.

Elle s'inclina. Il me sembla déjà qu'elle cherchait ses paroles.

— Hier matin, reprit-elle, à la maison de santé de Belleville, vous m'avez surprise au moment où j'accomplissais un singulier pélerinage. Je ne me cache pas de cela, ou plutôt je ne me cache de cela que vis-à-vis de Lucien lui-même. Je suis l'amie de son enfance. Quoi qu'il arrive, je resterai fidèle à cette tendresse. Puisque je ne peux pas être la femme de Lucien, monsieur de Rœux, et j'avoue que c'était là mon rêve le plus cher, je veux être la sœur de Lucien, toujours.

A mon tour, je m'inclinai.

Ses doigts, qui frémissaient malgré elle, tourmentaient son mouchoir.

— Lucien est bien malade, dit-elle encore, et bien malheureux.

— Je crois qu'il peut guérir, répondis-je. Quant à son malheur, je vous demande pardon, madame, mais je n'en connais pas encore toute l'étendue.

— C'était la première fois que vous revoyiez Lucien, M. de Rœux?

— Depuis les jours de notre enfance, oui, madame la marquise, la première fois.

— Mais vous saviez tout ce qui le concernait depuis longtemps?

— J'ai commencé cette nuit seulement à lire son histoire.

Elle témoigna de l'étonnement, mais comme si elle se fût dit : il faut bien être un peu étonnée.

— Oserais-je vous demander, M. de Rœux, poursuivit-elle comment vous avez trouvé l'adresse de Lucien?

— Par un M. Louaisot de Méricourt qui me l'a vendue trente francs, répondis-je.

Elle porta son mouchoir à ses lèvres.

— Et que pouvez-vous croire de moi? prononça-t-elle tout à coup à voix basse, pendant que la lueur oblique des bougies allumait deux étincelles aux bords de ses paupières, que croit-il lui-même? Que croirais-je si j'étais à votre place à tous les deux!

Les larmes qui tremblaient à ses cils roulèrent lentement sur sa joue. Quelque chose remua tout au fond de mon cœur.

Je me raidis. Je sentais l'influence de la sirène.

Mais je ne me raidis pas jusqu'à repousser de parti pris la vérité, si elle venait en contradiction avec mes impressions ou mes sentiments acquis.

J'avais un doute qui ne naissait pas ici. Il était préexistant.

L'idée que les événements m'imposaient au sujet de cette admirable créature était si horrible qu'un instinct surgissait au-dedans de moi pour la repousser.

Elle pleurait. J'ai vu des comédiennes pleurer au théâtre et dans le monde.

Mais elle souffrait si terriblement qu'aucune comédienne n'aurait pu rendre un pareil martyre, sans paroles ni gestes, en laissant seulement une goutte d'eau aller le long de la pâleur de ses joues.

— Monsieur de Rœux, reprit-elle en affermissant sa

voix par un grand effort, je ne vous ai pas appelé ici pour vous parler de moi. Je suis enserrée dans un tel lacet d'apparences mensongères — et calomnieuses, que je n'espère ramener ni Lucien ni vous qui ne pouvez voir que par lui...

— Vous vous trompez, Mme la marquise, interrompis-je. J'essaye de voir par mes propres yeux.

— Plût à Dieu ! fit-elle, mais sans chaleur ni espoir.

Elle poursuivit :

— Je sais ce que vous valez, M. de Rœux. Outre ce que M. Lucien Thibaut me disait autrefois, j'avais souvent, bien souvent entendu parler de vous par un autre ami qui nous fut commun, à vous et à moi : le brave, le bon, le cher Albert de Rochecotte.

Il me déplut de l'entendre prononcer ce nom. Je restai muet. Le sentiment qui était en moi se lisait sans doute sur mon visage, car elle devint plus pâle.

Auprès d'elle, sur la table, il y avait une lettre que je n'avais point remarquée. Elle la prit et me dit :

— Je l'ai cherchée et retrouvée pour vous. Elle fut écrite bien peu de jours avant la mort d'Albert. Vous savez qu'il avait demandé ma main. Dans cette lettre, il m'annonçait son mariage prochain. Lisez seulement le dernier paragraphe.

Je pris le papier qu'elle me tendait, et je lus à l'endroit qu'elle me désignait :

« ... Vous savez de quel cœur je radotais ce cri de guerre : On n'épouse pas Fanchette ! Cela reste vrai, au fond, je ne l'épouserai pas, puisque j'en épouse une autre; mais il n'en est pas moins vrai que ma position devient gênante.

« Est-ce un coup monté par la cousine Péry, j'entends la mère? ou même par ce vieux farceur de baron de Marannes? Je parie bien que vous ne devinerez pas? Il faudra vous mettre les points sur les i...

» Fanchette elle-même ne sait pas que je sais cela. Mais je le sais, morbleu! et cela me met aux cents coups.

» Aidez-moi donc, huitième merveille, vous devez bien aussi être un peu devineresse! Eh bien, Fanchette n'est pas Fanchette. Quoi! voilà le mot lâché!

» Qui est-elle, alors? Voilà que vous devinez.

» Mon Dieu, oui, c'est elle! ils ont joué ce jeu. C'était assez facile, je n'avais jamais vu ma cousine Jeanne.

» Et le diable, c'est que la pauvre chérie m'aime comme une folle! Et moi donc!

» Quand je pense que j'avais écrit à ce bon Lucien dans le temps pour lui dire...

» Voulez-vous parier une chose avec moi, cousine? c'est que tout cela finira mal.

» Si je pouvais, comme indemnité, céder à ces Péry (quels coquins!) mes droits à la succession tontinière et fantastique! Je ris, mais j'ai envie de pleurer. Après vous, c'est la plus jolie du monde. Et bonne, comme une petite panthère privée! Mais ma mère ne consentirait jamais!

» Je baise le bout de vos doigts, déesse... »

Mes yeux restèrent cloués au papier longtemps après que j'en eus achevé la lecture.

Le fait révélé dans cette lettre, à savoir que Jeanne et Fanchette ne faisaient qu'une, m'était venu à l'esprit bien des fois depuis la veille.

Y croyais-je?

Tout ce que mon cerveau peut comporter d'attention se concentrait dans l'examen de la lettre.

D'Albert, tout m'était familier : non-seulement son écriture, mais son style, ses plaisanteries courantes — sa façon de commencer la marge étroite, pour la finir large, ce qui faisait surplomber ses pages comme des maisons du quinzième siècle, — tout, jusqu'à son papier...

C'était bien l'écriture d'Albert, je l'aurais affirmé sous serment. C'était son style, c'étaient ses plaisanteries. C'était sa façon de marginer, sa plume, son encre, son papier et sa ponctuation qui différait bien un peu de celle de tout le monde.

La lettre était d'Albert.

Y croyais-je.

Je la rendis à Mme la marquise qui me dit :

— Vous vous étonnerez après cela de la part que je pris au mariage de Lucien avec ma cousine Jeanne.

— En effet, murmurai-je, de deux choses l'une...

— Non, M. de Rœux, interrompit-elle. Il y a trois choses : Lucien m'avait menacée.

Cela était vrai. La parole qu'il eût fallu dire ne me venait pas.

— Oh! fit-elle, Dieu n'a pas voulu me prendre!

— N'avez-vous point fait usage de ceci devant les tribunaux? demandai-je un peu au hasard.

— Jamais.

— Et vis-à-vis de Lucien?

— Dieu m'en garde! c'aurait été le tuer.

Cela était vrai encore.

Pendant que je songeais, elle déchira la lettre et en jeta les fragments dans le foyer.

— Que faites-vous ! m'écriai-je.

— Vous l'avez vue, cela me suffit. Je n'ai pas... Je n'avais pas de haine contre ma cousine Jeanne, et maintenant, cette lettre est inutile.

Le soupçon qui naissait en moi par rapport à l'authenticité de la lettre m'empêcha de donner attention à ces paroles dont le sens devait m'être bientôt expliqué.

III

L'incomparable Olympe.

— Monsieur de Rœux, continua la marquise après un silence, ce n'est pas seulement Lucien qui m'a calomniée près de vous.

— Madame, répondis-je, Lucien ne s'appartient plus à lui-même. Moi, je n'ai qu'un désir, c'est de vous trouver telle que les amis de votre enfance, Lucien lui-même et Albert, vous dépeignaient à moi autrefois.

Elle eut un sourire fier et triste qui fit tout à coup éclater sa beauté comme la couche de vernis illumine, sous le noir, les splendeurs inconnues d'un tableau de maître.

— Je ne suis pas adroite, moi, monsieur de Rœux, me dit-elle, je n'essayerai pas de lutter avec vous. J'ai un secret, vous le savez, et il est bien pesant, puisque j'ai prêté un jour ma maison à ma rivale pour y célébrer les fêtes de son mariage... Vous pensez à l'arrestation de Jeanne? Je lis cela dans vos regards. Vous vous trompez, l'arrestation de Jeanne me surprit, me frappa tout autant que Jeanne elle-même. Je la croyais à l'abri : j'avais des raisons de croire cela, monsieur...

Elle s'interrompit parce que mon regard, peut-être, était incrédule.

— Non! reprit-elle, ne cherchez rien en dehors du secret que je confesse avoir. Malheur ou faute, ce secret me livre en proie à un tyran sans pitié, qui ne se contente pas de m'opprimer, qui travestit mes actes et ma pensée, qui me perd — qui me déshonore !.... On vous a dit que j'étais l'héritière, après cette malheureuse enfant, Jeanne, qui venait elle-même après Albert de Rochecotte, l'héritière de la tontine, de cette fortune immense et infâme dont Paris commence à s'occuper... on vous a dit cela, n'est-ce pas?

— On me l'a dit, madame.

— On vous a menti. Cela n'est pas vrai. Ou plutôt, s'il est vrai que je sois l'héritière, il est faux que je poursuive l'héritage. Un autre est là derrière moi qui fait agir mes mains garottées... On vous dira demain que j'ai fait interdire un vieillard, — le *dernier vivant*... ce n'est pas vrai! ce n'est pas moi! c'est mon secret qui agit malgré moi. Moi, je n'ai jamais fait que porter les aliments à la bouche de ce misérable vieillard, dont la folie consiste à se laisser mourir d'inanition au milieu de ses richesses. Mais à quoi bon me défendre? Personne ne m'attaque, n'est-ce pas M. de Rœux?

— Madame, répondis-je avec beaucoup de respect, si je dois apprendre plus tard les choses auxquelles vous venez de faire allusion, au moins n'en suis-je pas encore là de ma lecture.

Elle me regardait d'un air vraiment désespéré.

— Que faire ? murmura-t-elle, sans savoir qu'elle parlait; vous avez entre les mains ce que vous croyez être mon écriture! chaque parole qui tombe de mes lèvres doit être pour vous un mensonge. Il y a quelque chose de plus odieux que le crime, c'est l'hypocrisie. Moi, pour vous, je suis à la fois hypocrite et criminelle...

Sa belle tête s'était courbée, elle la redressa.

— Mais dites-moi donc ce que vous pensez de moi, monsieur! s'écria-t-elle avec plus de douleur encore que de colère.

Et, sans attendre ma réponse qui, peut-être, aurait été difficile, elle reprit brusquement :

— Laissons cela. Il y a longtemps que je n'espère plus rien, pas même justice. J'aurais voulu seulement qu'il fût heureux... Vous savez de qui je parle... car le sentiment que j'ai pour lui survit à tout, chez moi, M. de Rœux, je l'emporterai avec moi hors de ce monde. Je n'ai pas été exaucée. Il est malheureux et son malheur va s'aggraver jusqu'au désespoir. J'ai désiré une entrevue avec vous pour savoir si vous voudriez vous charger d'apprendre à M. Lucien Thibaut une mauvaise, une cruelle nouvelle.

Son regard qui couvrait le mien s'imprégnait d'une dignité grave.

— Quelle nouvelle ? balbutiai-je, car les paroles prononcées naguère me revenaient et je craignais de deviner.

— C'est bien cela, me répondit-elle, comme si j'eusse exprimé ma crainte.

Puis elle ajouta d'une voix étouffée, mais sans baisser les yeux.

— Jeanne est morte.

A cette sinistre déclaration mon fauteuil recula malgré moi.

— J'avais fait mon devoir, poursuivit Mme la marquise, vous verrez plus tard, si vous ne l'avez pas encore vu, que j'avais contribué à l'évasion... j'avais donné asile à ma cousine, à la femme de mon seul ami dans mon château près de Dieppe... Pourquoi je n'avais pas prévenu Lucien? Ah! c'est bien vrai! mais demandez-moi aussi pourquoi je ne suis pas depuis un an au fond d'un cloître? Esclave! esclave! j'espérais pourtant donner cette grande joie à celui qu'un peu de joie ferait renaître. Je me disais : je le prendrai par la main, bientôt... Bientôt, je le conduirai à celle qu'il aime...

Elle avait des larmes plein la voix.

Encore de vraies larmes.

Je l'écoutais, je l'examinais de toute ma faculté de juger.

Eh bien! non, je ne la condamnais pas sans appel!

Le juré ne doit compte de ses impressions qu'à sa conscience. Je gardais un doute...

Mais il y avait quelque chose de plus étrange encore.
La mort de Jeanne qui m'avait d'abord porté un si

rude coup, laissait à peine une trace dans ma pensée. Etait-ce que je n'y croyais déjà plus?...

M·ᵐᵉ la marquise me tendit une lettre timbrée de Dieppe en ajoutant :

— Voici l'annonce que je reçois du malheureux événement.

Je pris la lettre et je la parcourus des yeux. Je ne crois pas que M·ᵐᵉ la marquise eût conscience du motif de ma froideur.

— Vous chargez-vous de la triste commission, monsieur de Rœux? me demanda-t-elle quand je lui eus rendu la lettre mortuaire.

Il me sembla que la lettre était d'un médecin ou du curé : un témoignage impossible à suspecter. Mais ce n'était ni le curé ni le médecin que je soupçonnais de mensonge en moi-même.

— Puisque vous le désirez, madame, répondis-je, je m'en chargerai.

Elle me remercia. Je vis bien que l'entrevue, pour elle, n'avait plus de raison d'être.

Mais moi, je n'avais pas fini.

— Madame, lui dis-je, en continuant de parler dans le diapazon ému qu'elle avait choisi elle-même, auprès de cette pauvre jeune tombe, me permettrez-vous de vous adresser une question?

— Faites, monsieur.

— Dans votre pensée, à vous, — avec ou malgré le témoignage apporté par la lettre de Rochecotte — dans votre conscience, madame, oui ou non, cette malheureuse enfant était-elle coupable?

M·ᵐᵉ la marquise ne s'attendait pas à cette question;

elle fut quelque temps avant de me répondre. Je la vis, je la sentis encore bien mieux se recueillir.

Je ne me suis pas chargé d'expliquer cette âme. Elle se détourna pour cacher une larme qui jaillissait de ses yeux.

— Non! répondit-elle avec force et comme si sa conscience eût fait explosion.

— Non! répétai-je.

Son regard revint à moi. Elle avait déjà l'œil sec.

— Monsieur de Rœux, poursuivit-elle avec une froideur soudaine, s'il m'était permis de parler, ce serait la fin de mon supplice. Ne m'interrogez plus, je ne pourrais pas vous répondre. Personne n'est coupable. Il y a un démon. Un seul démon suffit pour un monceau de crimes.

Elle se leva. Je l'imitai aussitôt.

— Epargnez Lucien, me dit-elle, pendant que je saluais pour prendre congé. Qu'il apprenne cela lentement, peu à peu. Un choc trop brusque pourrait le tuer.

Elle me reconduisit jusqu'à la porte. Ses derniers mots furent ceux-ci :

— Monsieur de Rœux, je voudrais bien être à la place de Jeanne!

Etait-ce une comédienne très habile? En regagnant ma voiture, j'avais la tête pleine. Je cherchais en vain à mettre de l'ordre parmi la révolte de mes pensées.

Avais-je eu tort ou raison de ne point prononcer les deux noms qui tant de fois étaient venus jusqu'à mes lèvres? Celui du président Ferrand — et surtout M. Louaisot de Méricourt.

J'avais souhaité cette entrevue. Je m'étais préparé pour une lutte d'où, selon moi, il était impossible que la lumière ne jaillît pas dans une certaine mesure.

Et en effet, tant que le regard triste de Mᵐᵉ la marquise Olympe était resté sur moi, il m'avait semblé que je soulevais un coin du voile.

Je croyais comprendre ou du moins deviner.

Une explication voulait naître en moi. J'entrevoyais à tout le moins, pesant sur le cœur de cette femme, une oppression qui me semblait lourde comme la fatalité.

Mais des que je fus seul, rien ne resta, sinon l'image de cette incomparable beauté qui me poursuivait mystérieuse, énigmatique comme le sphynx.

Je sautai dans ma voiture et je dis au cocher :

— Belleville, rue des Moulins.

Aussitôt assis, je crus entendre un soupir — ou un éclat de rire étouffé dans l'air qui m'environnait. Pendant mon absence, l'intérieur de la voiture avait pris une odeur de pipe. — De pipe pauvre. Car l'odeur des pipes a des degrés.

J'ai dit qu'il pleuvait. Je pensai que mon cocher avait pu chercher un abri dans la voiture.

Mon pardessus avait glissé de la banquette par terre, où il formait tas.

Comme j'avançais la main pour le relever, il s'agita. Je crus qu'il y avait un chien dessous.

— N'ayez pas peur, dit une pauvre voix cassée, pendant que la maigre figure de mon protégé du trottoir,— celui à qui j'avais donné une pièce de vingt sous — sortait de dessous le paletot.

Jamais de ma vie je n'ai vu rien de si plat que ce pauvre petit homme. En vérité, sous le par dessus, un chien eût paru davantage.

— Monsieur, ajouta-t-il quand il fut débarrassé, je ne suis pas ici dans dans de mauvaises intentions.

Je le regardais profondément ahuri. L'idée lui vint que je ne le reconnaissais pas.

— Calvaire ! me dit-il d'un ton de professeur bienveillant qui fait la leçon à son élève. Vous avez ma carte. C'est un pseudonyme analogique pour remplacer Martroy. Calvaire, Martroy (place du), à Orléans, Loiret, pour rappeler le supplice de Jeanne d'Arc, dite la Pucelle, qui est la honte de l'Angleterre !

— Ah ! ça, m'écriai-je, qu'est-ce que diable vous me voulez, vous ?

Je ne savais, en vérité, si je devais rire ou me fâcher. Ses yeux myopes, montés sur antennes, jaillirent hors de son front et vinrent me regarder avec un certain effroi.

— Je ne veux pas de scandale, reprit-il précipitamment. Je n'ai pas le moyen de le supporter. Ma position est irrégulière et me commande la prudence la plus scrupuleuse.

Il mit sa main au-devant de sa bouche en manière de porte-voix et ajouta :

— Vous n'avez donc pas lu ma carte ? Je suis obligé d'emprunter le voile du pseudonyme, monsieur. Mais je vous en donne la clef : Calvaire-Martroy !

— Martroy ! répétai-je.

Un vague souvenir me reportait au dossier de Lucien.

— J'ai vu ce nom là quelque part ! fis-je en me parlant à moi-même.

— Je crois bien! s'écria mon petit homme, qui ramena ses yeux d'escargot à leur place normale. Monsieur, vous avez vu mon nom; car il est à moi, soit dans les lettres de M. Mouainot de Barthelemicourt (pseudonyme), soit dans celles de Mme la marquise (pseudonyme) Ida de Salonay. Ida pour Olympe, deux montagnes de l'antiquité, Salonay, pour Chambray, salon, chambre, analogie raisonné série des pseudonymes logiques, tous inventés par moi, bon monsieur, comprenez-vous ?

IV

Le petit clerc

Je comprenais, en effet. Le souvenir me revenait peu à peu. J'avais devant moi l'homme qui avait écrit à Lucien pour lui proposer dix louis de renseignements.

Absolument comme un tas de pommes.

Et aussi l'homme qui effrayait tant Louaisot et Mme de Chambray, celui qu'ils appelaient « le petit clerc. »

Je n'en restais pas moins tout stupéfait à contempler mon étrange compagnon de route.

Cela le redressa dans sa propre importance. Mon étonnement, du moment qu'il ne l'effraya plus, le satisfit.

Il drapa sur ses épaules pointues le quart de carrick en toile cirée blanche qui lui servait de gilet, d'habit et de paletot, pour prendre, à ce qu'il me parut, la pose la plus solennellement oratoire dont il fut capable.

— Il ne s'agit que de s'expliquer, commença-t-il, monsieur ; les intentions ne sont mauvaises ni d'un côté ni de l'autre. Quand je vous ai entendu dire à votre cocher : hôtel des Missions Étrangères, j'ai pensé : c'est bon, il va chez elle. C'était l'heure de mon dîner, puisque vous veniez de me donner vingt sous ; eh bien ! j'ai mis un frein à mon appétit et j'ai grimpé sur le siége de derrière.

Quelqu'un ici-bas saurait-il dresser la liste des signes qui nous servent à juger nos semblables ? Souvent nous passons dédaigneux à côté d'un gros symptôme, tandis qu'une bagatelle décide notre verdict.

Il avait bien dit cela, le pauvre petit hère : « C'était l'heure de mon dîner, puisque vous veniez de me donner vingt sous. »

Il l'avait dit sans fanfaronnade de mendicité, mais aussi sans aucune nuance de respect humain. Il m'avait plu en le disant. Il m'avait presque touché.

— Asseyez-vous, M. Martroy, lui dis-je.

— Monsieur, me répondit-il, je parle avec plus de facilité debout, et j'ai préparé quelques paroles, dans le but de les prononcer devant vous... Monsieur !...

Il toussa sec pour s'éclaircir l'organe.

— Monsieur, je ne me donne pas pour un homme de lettres. Mes humanités ont été négligées et l'état d'esclavage où s'est écoulée mon adolescence, — pas dans les colonies, monsieur, en pleine France ! — me rend excusable de n'avoir pas poussé plus loin les langues mortes. Je ne veux même pas me targuer de posséder une imagination plus dévorante que celle de mes semblables.

Non, au contraire, je n'en ai pas du tout. Pourquoi donc ai-je pris la plume? Parce que je n'ai pas trouvé d'outil meilleur marché, monsieur, comprenez-vous?

Il me lança ce dernier mot par dessous sa main arrondie en porte-voix, et de la façon la plus confidentielle.

J'écoutais patiemment. C'était ici tout l'opposé de mon entrevue avec Mme la marquise. D'instinct, je sentais que j'allais faire une récolte.

— Monsieur, reprit J.-B. Martroy, dissimulé sous le pseudonyme de Calvaire, pour un sou j'eus quatre plumes d'acier au bas des marches du passage du Saumon. Et voulez-vous savoir ce que j'ai écrit? Rien que des choses authentiques. C'est tout simple, manquant d'imagination, je dis seulement ce que je sais. Et je sais des tas de choses, des grosses! J'ai été petit-clerc là-dedans. J'ai été esclave, — en France, monsieur, le pays de la liberté. Ce serait moins étonnant si c'était à Saint-Domingue, avant Toussaint Louverture.

Il sourit, et je le félicitai d'un signe de tête sur ses connaissances historiques.

— C'est comme ça, monsieur, poursuivit-il, la mémoire est bonne. Mon raisonnement n'était pas maladroit. Je me disais : les petits journaux me donneront tout aussi bien quatre sous la ligne qu'à leurs fabricants ordinaires de crimes. Ils ne sauront même pas que c'est du vrai crime, le mien, bon teint, tout laine, du crime qui est arrivé. Je gagnerai honorablement ma vie.

Monsieur, ça paraissait tout simple. Mais je suis un garçon tranquille. Une première réflexion me chiffonna : je suis seul à savoir toutes ces histoires-là, seul avec les scélérats que je démasque. Bon ! alors les scélérats devineront du premier coup qui a vendu la mèche. C'est clair. Et gare à toi, J.-B Martroy !

Oui, mais M. J.-B Calvaire ! comment trouvez-vous la parade ? A l'instant même le système des pseudonymes raisonnés analogiques sortit tout complet de mon cerveau. Oui, monsieur, tout complet.

Le système englobait non-seulement l'auteur, mais encore les personnages. C'est par suite d'une idée à peu près semblable que je me suis introduit dans votre voiture pendant que le cocher sifflait un canon. Je ne le blâme pas. Craignant les curieux, je suis venu ici pour causer plus à l'aise.

Voilà un point établi, monsieur. Revenons au système qui me permettait de mettre mes scélérats dans les feuilletons sans risquer ma peau, car ils m'étrangleraient comme un poulet, je ne vous le dissimule pas, s'ils me mettaient la main dessus.

Le système est une clef, je le trouve ingénieux. Vous connaissez déjà Ida de Salonay. Prenons mon ancien patron : Mouainot, monsieur, pour Louaisot. Même genre d'animal, mêmes originalités d'orthographe. Au lieu de Méricourt, Barthelemicourt. L'allusion saute aux yeux : Méry, Barthélemy. Ces deux grands poètes, monsieur, étaient frères en Apollon !

Quelque chose de délicat, tenez : président Ferrand se change chez moi en président Maréchal.

Maréchal Ferrand. C'est joli.

Et ce vieil olibrius, le baron Péry de Marannes ? le baron Mouru, monsieur, même participe (inusité), verbe analogue, mourir, périr. Seulement, j'ai été forcé de mettre Etangannes, au lieu de Marannes : mare-étang. C'est un peu tiré par les cheveux.

Et ainsi de suite, monsieur. Vous baillez? C'est un avertissement, j'ai fini. *Stop!* »

Il s'assit brusquement sur la banquette, vis-à-vis de moi. Il avait l'air d'une petite marionnette taillée dans du carton et vue de profil. On en aurait mis six comme lui dans la largeur du coussin.

— Et après, monsieur Martroy? demandai-je : je fais une longue course, et je ne voudrais pas vous mettre trop loin de chez vous.

— Monsieur, répliqua-t-il, ça ne me dérange pas du tout d'aller à Belleville, je demeure aux Prés St-Gervais. Bon air, mais éloigné du centre. Après? Je n'étais pas mécontent du système, mais je n'ai pas osé aller dans les journaux. Les coquins, monsieur, je ne parle pas des journaux, mais de mes ennemis : je les sentais sur mes talons! Alors, j'ai songé à vous, parce qu'en rôdant autour de la maison de santé de M. Thibaut, l'autre jour, je vous avais vu entrer et sortir.

Monsieur, voulez-vous m'acheter en bloc mes histoires à quatre sous la ligne, comme le *Petit Journal?* ou même à deux sous? ou même...

— Je ne dis pas non, M. Martroy, interrompis-je.

Ses yeux firent une véritable cabriole en dehors de ses paupières.

— Calvaire, s'il vous plaît, monsieur, rectifia-t-il d'une voix très émue. Ça m'offre plus de sécurité. J'ai l'honneur de vous remercier de tout mon cœur. Je vais donc enfin voir luire des jours plus heureux! Je ne suis pas seul, monsieur : j'ai Mme Martroy, légitime, préférablement Mme Calvaire. La pauvreté n'empêche pas l'attachement réciproque. Je suis encore plus content pour elle que pour moi. Vous serait-il égal de m'avancer trente francs sur le marché?

Je lui donnai les trente francs et même quelque chose de plus.

Il se redressa aussitôt et me dit d'un air noble :

— Monsieur vous avez mérité le titre de mon bienfaiteur. Grâce à cette faible somme, Stéphanie pourra passer la tête haute devant notre propriétaire!

Quand Calvaire-Martroy eut son argent, il souleva sa pèlerine de toile cirée blanche et exhiba une redoutable liasse de papiers qu'il portait tout simplement passée entre sa bretelle et sa chemise.

— Mon bienfaiteur, me dit-il, tout cela est à vous. Nous réglerons quand vous voudrez et comme vous voudrez. Il y a longtemps que Stéphanie Calvaire n'a vu plusieurs pièces de cinq francs à la fois, pauvre compagne! Ces papiers demandent à être remis en ordre, vous les recevrez demain. En attendant, je puis vous offrir un spécimen des titres, si vous êtes curieux de les connaître.

Sans attendre ma réponse, il déplia un chiffon et se mit à lire, les yeux sortis tout ronds de leurs orbites :

— *Histoire du baron Mouru d'Etangannes et de la mère d'Ida*. N'oublions pas les pseudonymes! Ida pour Olympe — *Histoire du mariage d'Ida*... à seize ans; Mme la marquise était un cœur, monsieur! — *Mémoires d'un petit clerc*, ou *Biographie de maître Mouainot de Barthelemicourt, notaire*, — *Du sang et des fleurs*, — *Le testament du marquis de Salonay*, — *Le codicile*.

J'avançai la main vivement à ce dernier titre.

— Mon bienfaiteur, me dit-il en éloignant de moi les papiers, vous aurez tout, en bloc, avec un rabais important puisque l'affaire est faite en gros. Mais je ne veux pas vous livrer cela comme une poignée de sottises, pas vrai? Ce sera propre et bien rangé.

— Mais vous pouvez me dire, du moins...

— Ça nuirait à l'intérêt, monsieur! j'ai mon amour-propre tout comme les autres auteurs!

Ceci fut déclaré d'un ton péremptoire,

— Pendant que j'étais sous votre par-dessus, là, reprit Martroy, en replongeant ses paperasses sous sa pèlerine, vous parliez un petit peu tout seul, dites donc? J'ai cru deviner...

— Un seul mot, interrompis-je, est-elle complice ou victime?

— Qui ça? la marquise? Dame! le patron est un coquin comme on n'en a jamais vu, mon bienfaiteur. Complice? victime? Il y a de ci et de ça. Je parie qu'elle vous aura dit que la petiote Jeanne était morte?

— En effet... serait-ce vrai?

— Je vous dis que c'était un cœur... Olympe... jusqu'à quinze ans, quinze ans et demi, mais pas plus tard. Pourquoi tuer la petiote, puisqu'elle est morte civilement par sa condamnation? Elle ne peut plus hériter, c'est clair. Seulement, il faut la bien tenir pour qu'elle ne vienne pas un matin purger sa contumace, comprenez-vous?... Voilà le haut de la butte, monsieur, les jambes me grillent d'aller porter à Mme Calvaire le premier argent que j'aie gagné avec ma plume. Permettez-moi d'ouvrir la portière ; je sais descendre d'omnibus... grand merci encore, et au plaisir de vous revoir !

— La liste, fis-je, donnez-moi au moins la liste des titres !

— On ne peut rien vous refuser mon bienfaiteur. C'est griffonné, ça fait pitié... mais vous aurez tout demain et vous en verrez de drôles !

Il me mit la liste dans la main et se laissa glisser dehors.

Je le vis un instant, pauvre chétive créature, sautiller dans la boue à la lueur des réverbères, puis disparaître dans l'ombre des maisons.

Il était environ dix heures du soir quand ma voiture s'arrêta rue des Moulins, à la porte de la maison de santé du docteur Chapart.

Mon cocher, à moitié endormi, me demanda :

— Qu'est-ce que vous avez donc jeté tout à l'heure par la portière, bourgeois ? Je ne vous avais vu embarquer ni chat, ni chien.

V

Famille Chapart

Le docteur Chapart était en famille. Ce fut chez lui qu'on m'introduisit, quoique j'eusse demandé au concierge M. Lucien Thibaut.

— Ah! ah! jeune Talleyrand! s'écria le docteur du plus loin qu'il m'aperçut. Course inutile! Trop tard! Les pensionnaires sont couchés, surtout ceux qui ont besoin de calme comme notre ami commun, car j'ai tout plein de sympathie pour ce garçon là, moi, ces dames aussi. De la part de leur sexe, c'est tout simple, puisqu'il s'agit de peines d'amour!

Il s'était levé, roulant, tournant et ronflant, pour venir à ma rencontre.

Les deux dames Chapart, une mère laide et prétentieuse, une fille laide et insignifiante, m'adressèrent un cérémonieux salut.

— Quand je dis course inutile, reprit le docteur, ce n'est pas poli pour ces dames, à qui je vais avoir le plaisir de vous présenter. Léocadie, ma bonne, et toi, Zuléma, M. Geoffroy de Rœux ! Mon cher monsieur Geoffroy de Rœux, Mme et Mlle Chapart. C'est fait ! à l'anglaise ! Vous allez maintenant l'amitié de prendre une tasse de thé avec nous, du thé-Chapart, mon cher monsieur. Ceux qui en ont goûté ne veulent plus d'autre thé. Ça rime.

Mon premier mouvement avait été de refuser, mais j'étais dans un de ces cas où l'on ne doit négliger aucune occasion d'écouter ou de voir. Je m'assis entre Mme Léocadie et Mlle Zuléma.

Le docteur me fit remarquer d'abord une théière qu'il avait inventée et qui portait naturellement son nom, après quoi il me versa une tasse de thé-Chapart que je ne trouvai pas bon.

— Parfait ! répondis-je à la question qui me fut adressée à ce sujet.

La glace était rompue. Léocadie me dit aussitôt qu'elle se faisait fort de m'en procurer au même prix que le simple thé de la caravane.

— Voyons, voyons, mesdames ! s'écria Chapart, il ne s'agit pas de caravane ! Profitez de ce que vous avez un des mystérieux sous la main pour tâcher de savoir quelque petite chose sur le mystère. Figurez-vous, monsieur de Rœux, que mes deux femmes en perdent le boire et le manger par rapport à M. Thibaut !

— C'est si drôle aussi! s'écrièrent ensemble les deux dames.

Puis la mère seule :

— Ce jeune homme si doux et si beau, on peut le dire, que personne ne vient voir, pas même sa famille...

La fille seule :

— Excepté pourtant cette belle dame dont papa ne veut pas dire le nom et qui vient le regarder dormir...

— Un garçon qui rêve tout éveillé de meurtres, de millions, de cour d'assises !

— Et qui chante toute la sainte journée sa petite Jeanne chérie...

— Une personne qui le trompait, à ce qu'il paraît, monsieur !

— Excusez ! et condamnée pour meurtre !

Ensemble la mère et la fille :

— C'est aussi par trop drôle !

— Pif! paf! brr! conclut le docteur. Ah! elles n'ont pas leurs langues rue Coquenard! Le fait est que vous devez en savoir joliment long, monsieur de Rœux, si vous avez lu ce que vous avez emporté hier ?

— Lire me fatigue, murmurai-je.

— Prenez les conserves-Chapart!... mesdames, vous êtes tombées sur un diplomate discret, vous ne saurez rien, même sur les millions du Dernier Vivant. Le fait est, mon cher monsieur de Rœux, que mes pauvres femmes portent à votre ami un intérêt extraordinaire. Ça ne se paye pas en sus de la pension, au moins ! Zuléma lui brode une chancelière-Chapart à double concentration de chaleur naturelle. Il est tout à fait de la famille, et si on venait nous dire... qu'est-ce que c'est, Bruno ?

Le domestique à tournure d'infirmier qui m'avait introduit auprès de Lucien lors de ma première visite, entra et vint parler à l'oreille du docteur.

Celui-ci sauta sur ses pieds en criant :

— Pas possible! Par où aurait-il passé?

Il ajouta :

— Vois le livre, Léocadie ; étions-nous en avance avec le pensionnaire?

Cette façon de parler donnait à entendre que la maison Chapart n'avait pas deux pensionnaires.

Mais, en vérité, je ne songeais guère à cela. L'inquiétude me prenait.

— Serait-il arrivé quelque chose à M. Thibaut! m'écriai-je.

Le docteur haussa les épaules.

Léocadie qui avait consulté le livre dit :

— Il ne doit rien, sauf le mois courant qui a commencé ce soir à dix heures.

Chapart tira sa montre impétueusement.

— Dix heures 25! proclama-t-il d'un accent triomphal. Le mois est dû! Partez muscade!

Cette gaieté-Chapart achevait de m'épouvanter, mais j'eus toutes les peines du monde à obtenir réponse à mes questions. Quand on m'eut enfin avoué que Lucien Thibaut n'était plus dans sa chambre, je m'y fis conduire d'autorité.

Le docteur était là qui tournait, qui boulait, qui criait de sa voix essoufflée :

— C'est imaginable! j'avais fait mettre une serrure-Chapart à la porte du pensionnaire. S'est-il envolé par la fenêtre?

Il n'y avait, en effet, aucune trace d'évasion : tous les meubles étaient dans leur ordre accoutumé. Le lit n'avait pas été défait.

— Est-ce que cette dame est venue ce soir? demandai-je : la dame qui le regarde dormir?

Les trois membres de la famille Chapart se regardèrent.

Puis Léocadie prit un air déterminé et dit :

— C'est égal, le mois est dû.

— Intégralement, ajouta le docteur.

Il me restait un espoir. Lucien avait pu se réfugier chez moi. Mon adresse lui était dès longtemps connue.

Je pris congé assez brusquement de la famille Chapart et je me remis dans ma voiture en recommandant au cocher de brûler le pavé.

Quand j'arrivai chez moi, il était près de minuit. Bébelle, ma petite amie du cinquième étage était encore dans l'escalier où elle s'occupait à faire les montagnes russes en se laissant glisser le long de la rampe.

— Bonsoir, monsieur, me dit-elle, tu rentres tard. Papa et maman ont été au restaurant et puis au spectacle. Je suis toute seule, ça m'amuse.

Le restaurant et le spectacle venaient ordinairement après la bataille. Cela faisait partie de la réconciliation.

Bébelle, qui avait regagné le haut de sa montagne, fila près de moi comme un trait, sur la rampe, et ajouta :

— Il y a une femme chez toi, monsieur. Tu sais, je ne dis pas une dame.

En effet, je trouvai Guzman en grande conférence avec

une superbe coiffe de dentelles, sous laquelle éclatait la santé de Pélagie.

Aussitôt que la Cauchoise me vit, elle dit à Guzman :

— Vous êtes bien honnête de m'avoir tenu compagnie. On ne s'ennuie pas avec vous.

Puis s'adressant à moi.

— Le patron m'avait donné ordre de faire faction jusqu'à votre retour. Vous me remettez-bien, pas vrai? C'est moi qui vous ai donné l'adresse de la rue des Moulins, à Belleville.

Je pris la lettre qu'elle me tendait. Le regard que j'avais jeté à mon Guzman en entrant n'était pas exempt de défiance. Je n'aimais pas voir cette brave Pélagie dans ma maison.

Sa présence arrêtait d'ailleurs sur mes lèvres la question qui les brûlait. Je n'osais prononcer le nom de Lucien devant elle.

La lettre de M. Louaisot était ainsi conçue :

« Ci-joint, mon cher monsieur, quelques épreuves du roman nouveau. Il a du succès dans un certain monde, et sa publication va engraisser l'affaire.

» Va bien le docteur Chapart? Et l'incomparable voyageuse des Missions étrangères? Qu'est-ce qu'elle vous aura dit de moi? Vous voyez si on s'occupe de vous! Vous ne faites pas une enjambée sans que vos amis ne le sachent.

» Vous devez être assez avancé dans votre dépouillement pour qu'on puisse causer *utilement*. Voulez-vous bien me faire dire par ma mule à quelle heure je pourrai avoir l'honneur de vous rencontrer demain dans la journée.

» A moins que vous ne préfériez passer chez moi ?
» J'ai à vous parler de M. L... T...
» Mes respectueux compliments, etc. »

— Voici ma réponse, dis-je à Pélagie : je serai chez moi demain toute la journée.

— Alors, j'ai campo? fit-elle, bonsoir !

Puis, se tournant vers Guzman, qu'elle enveloppa d'une œillade séduisante, mais modeste, elle ajouta :

— Je ne me plains pas d'avoir attendu avec une personne bien élevée, mais quand vous viendrez faire une commission à la maison, nous offrons à rafraîchir.

Guzman rougit jusqu'aux oreilles.

Au moment où Pélagie passait la porte, mes voisins du cinquième remontaient chez eux en chantant des hymnes patriotiques.

— Est-il venu quelqu'un? demandai-je vivement dès que la Normande fut partie.

— Monsieur, me répondit Guzman, vous avez tout de même de drôles de connaissances !

Il était tout à fait en colère.

— Si monsieur me laissait du Vespétro, poursuivit-il, pour rincer le bec aux demoiselles qui viennent chez lui comme au cabaret à des heures indues...

Je lui saisis le bras et répétai :

— Est-il venu quelqu'un ?

— Oui, il est venu quelqu'un. Encore un drôle de pistolet !... Mais cette Normande-là, voyez-vous...

— Qui est venu? m'écriai-je en le secouant,

— Croyez-vous qu'ils disent leur nom, ceux qui viennent vous voir ! Il a laissé un mot sur la table de monsieur.

Je le repoussai et je m'élançai dans ma chambre.

Une lettre cachetée était sur ma table, en effet. Du premier coup d'œil, je reconnus l'écriture de Lucien.

Guzman poussa la porte derrière moi, et je l'entendis qui disait :

— Monsieur sait ce qu'il fait, mais, moi, je ne le sais pas !

La lettre de Lucien ne contenait que quelques lignes. Elle disait :

« Ne t'inquiète pas de moi. J'ai la tête froide et calme. Je ne cours aucun danger.

» Demain, tu auras peut-être de mes nouvelles. »

— Guzman ! appelai-je.

Car je l'entendais toujours grommeler à travers la porte.

— Monsieur ?

— Celui qui a écrit la lettre s'est-il rencontré avec la Normande ?

— Non, monsieur.

— C'est bien, va te coucher.

Je déposai sur ma table de nuit les épreuves dont l'envoi était une obligeante attention de M. Louaisot, ainsi que la liste des histoires que mon pauvre petit Martroy devait m'apporter le lendemain.

Par-dessus le tout, je posai le dossier de Lucien, — et je me mis au lit.

J'étais disposé à faire une longue et laborieuse séance. La lettre de Lucien me disait : Hâte-toi.

Et j'étais de son avis : pour agir il faut savoir.

Or, j'étais encore loin de savoir.

Ainsi, pour ne citer qu'un exemple, il y avait sur la liste de Calvaire-Martroy un titre ainsi conçu : *Histoire de l'enfant d'Ida.*

Ida, c'était Olympe. Je n'avais jamais entendu dire que Mme la marquise eût un enfant...

Je me remis donc à dévorer mon dossier, désirant ardemment avoir achevé cette part de travail quand arriverait l'appoint promis par Martroy.

Je me disais :

— J'en saurai alors plus long que Lucien lui-même, et mon brave M. Louaisot ne compte pas là-dessus !

Note de Geoffroy. — J'en étais resté au n° 91 bis, qui était un permis de visiter l'accusée Jeanne Péry, femme Thibaut, délivré à maître L. Thibaut, son défenseur.

N° 92

(Ecriture de Lucien. — Non signé.)

« 29 septembre.

« Geoffroy, j'ai vu Jeanne. Je craignais de la trouver bien plus changée. Elle m'a grondé parce que je pleurais. Elle veut que j'aie confiance en Dieu.

» J'avais passé toute la soirée d'hier, toute la nuit, toute la matinée d'aujourd'hui à méditer sur ce grand acte que j'allais accomplir. Prendre sur moi la défense de Jeanne ! J'étais bien heureux, mais j'avais grand peur.

» Je comptais l'interroger minutieusement. Ne savais-je pas que la lumière sortirait de ses réponses tout naturellement ?

» Je ne l'ai pas interrogée. Le temps nous a manqué pour cela. Elle a mis sa tête sur mon épaule et nous avons parlé de sa mère.

« Mon Dieu ! je ne demande pas mieux que d'avoir confiance en vous ! Mais à voir cette tête suave, miroir d'une âme angélique, prise dans ce sombre cadre d'une cellule de prison, que croire de votre justice ?...

» Je disais cela. Elle a posé ses deux mains sur ma bouche. Elle m'a dit : Au-delà de ce monde, il y a autre chose...

» Et puis elle s'est mise à sourire, ajoutant :

» — D'ailleurs, je ne serai pas condamnée, puisque tu es mon avocat.

» Et son front a remplacé ses deux mains sur ma bouche, pendant qu'elle répétait en extase :

« — Mon mari, mon mari, mon mari ! Tu es mon mari !

» Nous nous aimons, Geoffroy, nous sommes heureux. Elle a raison. Il faut croire à la miséricorde de Dieu.

» Changerais-je mon sort contre celui d'un roi ?...

» Elle est à moi, elle est ma femme. Ils ne peuvent pas faire qu'elle ne soit pas ma femme. Voilà où Dieu est grand ! Voilà où Dieu est bon ! Que son nom soit mille fois béni !

» Dans la petite maison du Bois-Biot, du temps de Mme Péry, il y avait une chambre qui donnait sur l'ancienne avenue du manoir. Le manoir a disparu, mais les grands chênes restent.

» Mme Péry avait son piano dans cette chambre. Elle chantait bien rarement. Une fois pourtant, j'entendis le piano en passant dans l'avenue, et la voix de notre chère jeune mère descendit parmi les branches.

» Elle chantait la chanson normande, la pauvre *Chanson du Poirier*.

> Au bas de not' village,
> Ma lon lan la,
> Ma tour la-i-la,
> Au bas de not' village
> Il était un poirier.
>
> Il était un poirier (*bis*)
> Tous deux sous son ombrage
> Nous venions nous aimer.
>
> Perrine, ma Perrine,
> Ma lon lan la
> Ma tour la-i-la,
> Perrine, ma Perrine,
> Veux-tu nous épouser?...

» Dans la cellule de la prison où nous étions, Jeanne s'est mise à chanter cela. Sa mère bien-aimée revivait et souriait entre nous deux.

» Nous nous tutoyons maintenant. Jeanne m'a dit :

» — Toi, tout te fait pleurer !

» Elle n'a plus voulu chanter.

» Je n'ai pas insisté. Les gens de la prison trouveraient peut-être que c'est mal. Il vaut mieux qu'elle ne chante pas.

» C'est une histoire touchante que la Chanson du Poirier. Perrin et Perrine sont des fiancés. Ils sont trop pauvres pour faire des noces, mais ils soupirent sous le poirier.

» Perrin tire au sort. Il a un bon billet, quelle joie ! Mais il part tout de même parce que François, son frère de lait est tombé soldat et que la vieille mère de François pleure.

» Le poirier est tout en fleurs. Perrin et Perrine y viennent une dernière fois. O Perrin ! mon ami bon et brave ! je t'attendrai, je t'attendrai !

» C'est Perrine qui dit cela.

» Et Perrin :

>
> Quand ce fut à la guerre,
> Ma lon lan la
> Ma tour la-i-la,
> Quand ce fut à la guerre,
> Je me sentis trembler.
>
> Je me sentis trembler, (*bis*)
> Je voyais par derrière,
> Je voyais le poirier...

» Et sous le poirier tout ce qu'on regrette : la brise du pays, l'herbe de la prairie, et Perrine si jolie !

» Mais une voix a parlé au-dessus du canon. En avant ! c'est l'empereur qui passe.

« — Tu as peur, conscrit ? — Non, sire.

» — Comment t'appelles-tu ? — Perrin.

» — Perrin, je te fais brigadier...

» Si Perrine savait cela ! Que c'est facile, la guerre ! Une, deux, droite, gauche, et ne jamais reculer !

» Comme cela, on arrive le premier à la brèche.

» — Tiens, c'est toi, brigadier? — Oui, sire. — Ramasse une épaulette, lieutenant!

» Oh! Perrine! Perrine! Une, deux, droite, gauche, toujours, toujours — jusqu'à Moscou!

» Mais pas plus loin!

» On recule à travers les plaines glacées.

» — Capitaine! le dernier à la retraite! Voici ma croix.

» — Sire, merci.

» Mais reverra-t-il Perrine, après tant de fatigues et de blessures? Une — mais pas deux!

» Droite — mais pas gauche! Il reste une de ses jambes dans la neige, sur la route qui revient vers la patrie.

» Il y serait resté lui-même sans une vision qui réchauffa le sang de ses veines :

> Perrine, ma Perrine,
> Ma lon lan la,
> Ma tour la-i-la
> Perrine, ma Perrine,
> Priait sous le poirier...

» La guerre est finie. L'heure du retour a sonné. Comme il se hâte! Voici déjà le village. Mais le poirier?

» C'est le printemps. Le poirier devrait être en fleurs. Ils ont coupé le poirier!

» Le clocher est resté debout, lui, car les cloches sonnent. Pourquoi sonnent-elles? Pour une noce.

» — Qui se marie? — Regardez! Voilà les fiancés.

» Les fiancés montaient les marches de l'église : Perrine et François. C'est triste la guerre.

» Perrin entre, clopin clopant, derrière eux dans

l'église. Il se cache à l'ombre d'un pilier. Que va-t-il faire ? Essuyer une larme et prier,

> Prier pour sa Perrine,
> Ma lon lan la
> Ma tour la-i-la,
> Prier pour sa Perrine
> Et son frère de lait...

» Geoffroy, Geoffroy, moi, je suis aimé. Ne cherche pas pourquoi je t'ai dit la chanson normande. C'est pour me vanter de mon bonheur.

» Je me trouve si heureux, si heureux !

N° 93

(Ecriture de Lucien, non signé.)

» 30 septembre.

» J'y suis retourné ce matin. J'y peux aller tous les jours. Les gens de la prison sont bons pour moi. Dans la pitié qu'on me témoigne, il y a presque du respect.

» Personne, du reste, n'est méchant avec elle. Depuis qu'elle est arrivée d'Yvetot, elle a subi deux interrogatoires. Le juge lui parle avec douceur. Seulement il lui laisse voir qu'il ne croit pas à ses réponses.

» Elle me disait hier : il prétend que j'ai *un système*. Tout ce qui me sort de la bouche fait partie de mon système. Le greffier, tout en écrivant, marmotte le mot système entre ses dents...

» Le SYSTÈME DE L'ACCUSÉE, Geoffroy ! Je connais trop cela. Au Palais, nous nous blindons sans cesse contre le crime. Si l'innocence entre chez nous, tant pis pour elle!

» Il est bien certain que le crime est savant et que tout criminel a un système parfois très-profondément combiné.

» Et ici même, Geoffroy, dès les premiers pas que je fais dans l'instruction, mon sens de juge démêle la science d'un scélérat hors ligne.

» La pauvre Jeanne n'a pas de système, quoi qu'ils en pensent ou quoi qu'ils en disent. Mais autour d'elle, un filet à mailles serrées, œuvre d'un véritable docteur ès-scélératesses, a été lancé et retombe, l'enveloppant de ses plis.

» Il y a là ce que les Anglais appellent une *regular roguery*, seulement le *rogue* n'est pas sous la main de la justice.

» Le docteur ès-crimes a échappé par sa science même aux investigations du parquet. Il a fui comme le sauvage de l'Amérique du nord, usant tous les calculs de sa tactique à dissimuler sa retraite.

» Chacun de ses pas en arrière a été un mensonge et une déception.

» Il est là quelque part, ce virtuose de l'assassinat. Parmi ceux qui suivent l'instruction, il est le plus attentif et le plus curieux, sans doute. Il faut t'en fier à lui, Geoffroy, de tous les détails de la prison, il n'ignore rien. C'est lui qui voit, c'est lui qui sait. Il rit du juge, il défie l'avocat et sa compassion railleuse insulte à la victime.

» Oui, le crime est savant, le crime est prudent. De nos jours, il va à l'école. Des gens se rencontrent qui dépensent à faire leur cours de crimes autant de volonté, autant d'assiduité que nous mettons de mollesse et de paresse à suivre notre cours de droit.

» Ils connaissent mieux que nous ce que nous connaissons, et nous ne savons rien de ce qu'ils savent.

» Dans notre sac il n'y a qu'un tour. Aussitôt qu'un accusé est sous notre main, aussitôt qu'une série de preuves ou de vraisemblances nous indique qu'*il y a lieu de suivre*, un singulier phénomène s'opère en nous, magistrats insuffisants, amenés à la routine par la paresse.

» Nous voulons bien nous efforcer, mais nous ne voulons rien perdre de notre premier effort.

» Le commencement de notre besogne est sacré, nous élevons un autel à notre peine, qu'elle ait enfanté la vérité ou l'erreur.

» Il est à nous ce travail. Nous défendons qu'on y touche.

» Le seul moyen de ne perdre aucune parcelle de nos efforts, c'est d'en consacrer provisoirement le résultat bon ou mauvais. Ainsi faisons-nous. Par je ne sais quel travail de chimie intellectuelle, deux choses absolument opposées se mêlent en nous et se confondent. Nous faisons de l'hypothèse une réalité pour dormir dessus. Nous avons dit d'abord : supposons que l'accusé soit coupable. Voilà bientôt un point réglé. Il n'y a que le subjonctif à remplacer par l'indicatif : *L'accusé est coupable*.

» Or, un coupable est nécessairement retors.

» Et voilà comme quoi ma pauvre petite Jeanne a un système !

« Chaque profession a son écueil. C'est ici l'écueil du juge, chargé d'une instruction criminelle.

» Dès qu'on s'est dit en désignant un être humain :

voici le coupable, la conscience est entraînée sur une pente terrible.

» Comme nous avons consenti à tout voir au travers d'un certain milieu qui est notre hypothèse même, élevée à la hauteur d'un fait, toutes choses prennent pour nous la couleur de ce fait.

» Nous avons mis au-devant de nos yeux des lunettes vertes, bleues ou jaunes, nous voyons tout jaune, bleu ou vert.

» Les faits se façonnent : ils entrent par le trou qu'on leur ouvre, ils se groupent dans le moule qu'on leur présente...

» Et tout cela de bonne foi, Geoffroy, voilà le grand, le vrai malheur. Je n'ai jamais rencontré dans ma vie un seul juge qui fût de mauvaise foi. S'il en est, j'affirme qu'ils sont très-rares.

» Mais ceux qui ne savent pas et qui ne peuvent pas sont nombreux. Or, le crime est là d'un côté, la Société, de l'autre. La Société paye le juge pour la garder contre le crime.

» Pour chaque crime elle a droit à un coupable.

» Ils savent cela, les autres licenciés, les autres docteurs, ceux qui, au moyen-âge, écoutaient les professeurs de la Cour des Miracles.

» Crois-tu donc bonnement, Geoffroy, qu'une institution comme la Cour des Miracles puisse jamais tomber ?

» Elle s'est transformée comme l'Université, mais elle existe.

» Elle ne mourra pas plus que l'Université. Les grandes choses ne meurent jamais, surtout les choses gothiques. Certes, on ne passe plus sa thèse à l'école du grand Coësre d'Egypte en dévalisant un mannequin garni de clochettes, mais c'est qu'on fait mieux.

» Il y a de hautes études. Quelque part, à de mystérieuses profondeurs, le vol a ses conférenciers, l'assassinat ses philosophes.

» Pas de paresse ici! On étudie pour sa peau.

» Jamais Toullier ni Delvincourt ne furent é outés comme les maîtres de cette faculté redoutable où s'enseigne l'envers de la loi.

» Ils sont forts, ils sont habiles, ils sont hardis, ils jouent du code comme Listz pétrissait l'ivoire de son piano. Rien ne les arrête puisqu'ils ne croient à rien.

» Ils se sont dit, tout comme les autres : Il faut un coupable.

» Ils en font un — qu'ils tendent aux autres au bout d'une ficelle.

» Et les autres mordent à l'hameçon.

» Geoffroy, parlerais-je ainsi si je n'avais pas intérêt?

» Aurais-je parlé ainsi hier?

» J'ai dépouillé la robe du juge. La femme que j'aime au-dessus de tout en ce monde est une accusée. Puis-je être impartial?...

» Quand j'étais magistrat, j'ai fait de mon mieux, toujours. Je pense que mes collègues sont de même.

» Seulement, ce pauvre être sans défense, Jeanne, ils disent qu'elle a un système! quelque chose en moi s'est révolté. Qu'on la charge, qu'on l'accable, tout est possible excepté l'impossible.

» L'impossible, c'est que Jeanne ait un système !

» Elle m'a accueilli ce matin d'un air tout pensif. C'est à peine si elle m'a demandé de mes nouvelles.

» — Lucien, je voudrais savoir une chose : Qu'est-ce que c'est qu'un système ?

» J'ai senti froid dans mon sang, parce que je me suis dit : Si elle osait leur faire une question de ce genre, comme ils crieraient à l'hypocrisie !

» Je lui ai expliqué ce qu'on entend par système quand on est juge d'instruction.

» Elle a réfléchi.

» — Est-ce que je ferais mieux d'en avoir un? m'a-t-elle demandé.

» J'ai repris ma place d'hier, et sa tête est revenue sur mon épaule.

» Mais elle n'était plus si gaie. Il y avait de gros embarras dans sa chère petite cervelle.

» — Enfin, a-t-elle répété plusieurs fois, enfin, ils me croient donc vraiment capable de cela !

« J'ai répondu la première fois, et c'était la première fois aussi que j'essayais de savoir d'elle quelque chose ayant trait au procès :

» — Qu'est-ce que cela nous fait, puisque tu n'étais même pas à Paris au moment où le meurtre a été commis ?

» — Mais si fait ! s'est-elle écriée. Tu ne te souviens pas bien. Nous étions venues pour les affaires de pauvre papa. Et ce fut pendant ce voyage qu'on me vola mes ciseaux dans mon vieux nécessaire. Je leur ai dit cela.

M. Cressonneau a souri, et le greffier aussi. Je n'aime pas quand ils sourient...

» — Jeanne, lui ai-je dit, mon bon petit amour, je vais t'interroger, moi aussi, parce qu'il faut que je sache bien tout pour te défendre. Veux-tu me répondre?

» — C'est donc vrai, alors! s'est-elle écriée. J'irai-là! avec des gendarmes! maman aurait voulu venir avec moi. Ah! je suis contente qu'elle soit morte!

» Elle n'aurait pas pleuré, je crois, car elle est brave plus que je ne puis le dire. Mais ses larmes sont venues quand elle a vu les miennes couler.

» Elle a essuyé mes yeux avec son mouchoir.

» — Eh bien, après! s'il faut aller, j'irai. Tu seras-là. Mon Dieu! comme je te fais du chagrin!

J'ai poursuivi mon interrogatoire ;

» — Jeanne, tu ne connaissais pas du tout le comte Albert de Rochecotte, n'est-ce pas?

« — Si, Lucien, je l'avais vu une fois quand pauvre maman me mena à l'Opéra. Elle avait dit : il faut au moins que tu voies une fois l'Opéra. Notre cousin Rochecotte était là avec papa et des dames. Il me parut qu'ils se moquaient de papa, comme s'ils le trouvaient trop vieux pour être avec eux. Il y avait d'autres jeunes gens.

» — Et Albert te vit-il?

» — Oh! non, Maman et moi nous nous mîmes dans un endroit sombre. Maman était fâchée d'être venue.

» — Remarquas-tu la dame qui était avec Albert?

» — Quand maman me le montra, elle me dit : C'est le beau, celui qui est tout seul. Il n'avait pas de dame avec lui.

» — Tu es bien sûre de cela Jeanne?

» Une nuance rosée vint à ses joues pendant qu'elle réprimait un sourire espiègle.

» — Bien sûre, répondit-elle, puisque la dame que papa avait amenée était pour le comte Albert.

» — Toute jeune, celle-là, n'est-ce pas, Jeanne?

» — Mais du tout. Une grande brune, très-belle, trop forte, et qui paraissait bien près de ses trente ans.

» Ce n'était pas Fanchette. Je repris :

» — Jeanne, veux-tu me dire l'histoire de ton enfance?

» — Je veux bien, mais elle n'a pas beaucoup d'histoire, mon enfance. Nous habitions une grande maison de campagne, presque un château, près de Dieppe, Notre plus proche voisin était le marquis de Chambray qu'Olympe épousa plus tard.

» — Te souviens-tu bien d'Olympe en ce temps-là.

» — Non, très-peu. J'entendais dire qu'il n'y avait rien de si beau qu'elle, mais elle était trop grande pour moi.

» Nous vivions comme des riches, seulement il arrivait du matin au soir des gens qui voulaient être payés.

» Pauvre papa n'était pas méchant, au moins. Il ne grondait jamais maman que pour avoir de l'argent. Maman l'aimait bien. Une fois pourtant, elle se fâcha contre lui. Cela m'est resté. Je la trouvais trop sévère. Pauvre papa s'en alla, et maman ne mit plus jamais son cachemire de l'Inde.

» — En s'en allant, le baron l'avait emporté?

» — Oui, et les bracelets, avec la broche et les boucles

d'oreilles. Maman m'a dit depuis que c'était à lui, tout cela, et qu'il n'avait pas volé.

» — Mais qu'avait-il fait pour fâcher ta chère mère?

» — Dame... nous ne pûmes pas rester dans le pays.

» — Où allâtes-vous, Jeanne?

» — Partout. J'étais encore bien petite. J'ai été dans plus de dix pensions à la queue leu leu. Pauvre papa venait toujours, et alors nous partions.

» — Tu étais déjà grande quand vous vîntes au Bois-Biot?

» — Oh! bien grande. Ce fut quinze jours après notre arrivée que pauvre maman me dit : Il y a ici un jeune substitut qui est notre ennemi. Sais-tu que je te détestais? c'est pauvre maman qui t'excusa près de moi quand tu nous eus fait condamner. Et puis je te vis, et puis je t'aimai.

» Je l'attirai contre mon cœur.

» Nous n'en avons pas dit plus long pour aujourd'hui.

» Je saurai tout en l'interrogeant ainsi petit à petit.

» En la quittant, aujourd'hui, j'ai salué une sœur dans le corridor; elle m'a dit :

» — C'est véritablement une enfant. Est-il vrai, monsieur, que vous ayez possibilité d'établir un alibi?

» J'ai répondu non.

» La sœur a secoué la tête.

» — On annonce que ce sera la troisième affaire de la session, a-t-elle ajouté. Probablement le 17 ou le 18 octobre. Nous ne sommes pas dans les secrets de Dieu, monsieur, mais je prie pour vous deux tous les matins et tous les soirs.

» — Eh bien? et cet alibi! m'a demandé la femme du concierge.

» Là-bas, le mot alibi jouit d'une grande popularité. Je n'ai pas cru devoir être aussi explicite qu'avec la sœur. J'ai répondu :

» — Nous avons bonne espérance.

» — Bravo! mais vous feriez peut-être bien de prendre avec vous, pour vous aider, un de nos messieurs à la mode. Ça enlève une histoire. Un jury et une crêpe, voyez-vous, c'est deux choses qui se retournent sur le feu.

» Je te l'ai dit, Geoffroy, on est très-bon pour nous. »

N° 94

(Anonyme. — Écriture inconnue.)

« Paris, 30 septembre.

« *A Monsieur L. Thibaut, avocat.*

« Une personne à qui M. Thibaut a fait du bien pendant qu'il était juge, désire lui rendre la pareille.

» La personne est placée de telle façon qu'elle peut affirmer à coup sûr que l'accusée Jeanne P., innocente ou coupable est condamnée d'avance.

» Plus M. Thibaut étudiera l'affaire, plus il partagera cette malheureuse conviction.

» En ce moment les recours en grâce n'ont aucune chance.

» La personne pense qu'une évasion ne serait pas impossible dans les conditions où se trouve l'accusée Jeanne P.

» La question des frais ne devra pas arrêter M. Thibaut.

» M. Thibaut pourrait faire tenir sa réponse d'une manière sûre à la personne en employant le moyen suivant :

» Écrire une lettre d'avance, aller à Notre-Dame-des-Victoires demain dimanche à huit heures du soir : se servir de la lettre pour envelopper une pièce de monnaie, et la jeter dans la bourse de la quêteuse qui se tiendra à la porte de gauche en entrant.

» Bien entendre *la porte de gauche*, c'est-à-dire la plus voisine du passage des Petits-Pères.

» Il serait peut-être encore temps le dimanche suivant, mais des heures précieuses auraient été perdues. »

N° 95.

(Ecriture de Lucien, sans signature.)

« 1er octobr.

« Non, il n'est pas possible que la vérité reste ainsi enfouie !

» Ce sont d'honnêtes gens, Geoffroy. Ils se couperaient les deux mains avant d'accomplir ce crime horrible qui s'appelle un meurtre judiciaire.

» Je les éclairerai, je ferai passer dans leur esprit la lumière qui éblouit le mien. Ce doit être facile.

» Une évasion ! jamais ! je flaire un piége. Et puis, une évasion est un aveu. Jeanne ne doit pas avouer puisque Jeanne n'est pas coupable.

» Les vois-tu autour de nous, dans le noir, ces misérables qui ne trouvent pas suffisant le mal qu'ils nous ont déjà fait?

» Je l'ai bien dit : ce sont des docteurs. Ils ont passé tous leurs examens. Ils savent le mal comme aucun de nous ne sait le bien.

» Quel est leur but? Je l'ai cherché. Chez eux, il n'y a jamais deux mobiles. Toujours le même : l'argent. Il y a quelque part une montagne d'argent qui a déjà tué Rochecotte, et qui va me tuer ma petite Jeanne.

» Oh! qu'ils le prennent, cet argent maudit! Qu'en a-t-elle besoin? Aujourd'hui, je l'ai interrogée au sujet de cette succession qui est, pour moi son malheur. Je croyais qu'elle allait me répondre : je ne sais pas.

» Mais ici, comme pour sa présence à Paris à l'époque du meurtre, comme aussi pour le fait de s'être rencontrée au moins une fois avec Albert de Rochecotte, sa réponse a trompé mon espoir.

» Elle sait. C'était une de leurs naïves gaietés entre la mère et la fille : aux heures de misère, elles se moquaient souvent de leurs millions à venir.

» Elles n'y croyaient pas, mais elles savaient.

» Et le vieux baron faisait mieux que savoir. Parmi ses dettes il y en avait bon nombre de contractées à intérêts exorbitants qui étaient garanties par ses droits éventuels à la succession du dernier vivant de la tontine.

» Mais que prouve cela? s'ils sont des hommes, s'ils sont des juges, ils verront bien avec moi la toile d'araignée où l'on a pris cette pauvre petite mouche. Les fils en sont déliés, c'est vrai, les rets ont été fabriqués par un ouvrier-maître, mais enfin il y a des fils, je les ai dans ma main et je les montre.

» Le plus apparent, c'est celui qui a coûté la plus grande dépense d'habileté.

» Il ne faut pas trop bien faire.

» C'est là le défaut des docteurs.

» Le détail des ciseaux est *trop bien fait*. A lui tout seul il forme un roman.

» C'est une boîte à ouvrage de la fabrique de Samuel Worms, Londres-Birmingham, que la mère de Mme Péry avait rapportée de l'émigration. Selon l'accusation, Jeanne aurait pris les ciseaux de cette boîte, le jour du meurtre, et s'en serait servie pour assassiner Albert de Rochecotte pendant son sommeil.

» Car une petite fille ne tue pas un grand et fort jeune homme avec une mignonne paire de ciseaux, quand il a l'usage de ses facultés et de ses mouvements.

« Tu connaissais Albert aussi bien que moi. A ton idée, combien aurait-il fallu de fillettes pour avoir la fin de lui ? De fillettes comme Jeanne ?

» Il paraît établi, d'après l'accusation, qu'un narcotique avait été versé soit dans le vin d'Albert, soit dans son café, et qu'il s'était endormi après le dessert.

» Mais je dis, moi, que cette circonstance même étant admise, on ne tue pas avec des petits ciseaux, — à moins d'avoir une raison pour cela.

» Et la raison, la voici : elle appartient au docteur ès-crimes, la raison !

» La raison, c'est qu'il fallait faire retomber le meurtre sur une jeune fille.

» Suis bien : une paire de ciseaux, c'est une arme de jeune fille.

» Tout le monde a dit cela, dès le début.

» C'est la comédie. — Voici la réalité : les ciseaux sont volés dans la boîte à ouvrage de Jeanne, précisément pour que la comédie puisse avoir lieu.

» Par qui, volés?

» Est-ce que je sais? Par Louaisot, si Louaisot est le docteur ès-crimes?

» Cependant Louaisot n'est pas héritier. Non. Mais il connaît un héritier.

» Souviens-toi de la personne pour laquelle il me quitta, le jour où il me vendit le talisman.

» La femme au codicile était là. Elle est héritière, elle!...

» Je me suis arrêté, Geoffroy, c'est du délire. Je ne voulais assurément rien dire de tout cela. Ne crois pas que je le pense. Est-ce ma folie qui me prend?

» Je veux finir mon raisonnement et mon histoire. J'aurai le temps avant ma crise.

» Les ciseaux sont volés, voilà le fait certain. Où? dans la chambre vide où est morte la pauvre jeune mère. Personne ne défend plus cet asile. Mme Péry est au cimetière et Jeanne au couvent de la Sainte-Espérance.

» Volés par qui? je répète la question.

» Par celui ou par celle qui va s'en servir au restaurant du Point-du-Jour.

» Par Fanchette, si tu veux, car elle existe, après tout, cette Fanchette, puisque Rochecotte avait une maîtresse, et que cette maîtresse n'était pas Jeanne.

» L'accusation dit le contraire. Il faudra qu'elle le prouve...

» Le meurtre est accompli. Les ciseaux restent au pouvoir de l'accusation.

» Que devient la boîte?

» La boîte est vendue avec le pauvre mobilier. On n'entendra plus jamais parler de cette boîte, achetée à l'encan, comme le reste par des juifs inconnus.

» Voilà le vrai. Cela aurait dû être ainsi.

» Mais la comédie judiciaire a besoin de la boîte, la boîte reparaîtra.

« Tu te souviens, quand Jeanne retourna au Bois-Biot en sortant de mon cabinet de toilette? Elle trouva dans sa chambre une surprise. Elle croyait, la pauvre chérie, que j'avais eu cette attention délicate de racheter le petit meuble de famille : son cher nécessaire dont sa mère et son aïeule s'étaient servies avant elle.

» Ce n'était pas moi qui avais eu cette attention délicate.

» Quelqu'un avait racheté la boîte à ouvrage tout exprès pour que les badauds pussent dire, après l'arrestation de Jeanne et au moment de la perquisition : LE DOIGT DE DIEU EST LA !

» Et ils n'ont pas manqué de le dire, les badauds! C'est ici la maîtresse preuve et le principal témoin. L'affaire s'appelait déjà l'*affaire des ciseaux*.

« Un vrai docteur ès-crime mêle toujours à sa combinaison un élément de gros drame — pour le public.

» Car le public est juge d'instruction aussi. Et l'histoire des pesées que la foule opère sur la conviction du vrai juge serait une longue suite de pages en deuil.

» Je crois au doigt de Dieu. Il m'est arrivé de le

voir en ma vie. Le doigt de Dieu n'est pas fait ainsi.

» Le doigt de Dieu, c'est la foudre. Le doigt de Dieu ne monte pas péniblement, une à une, les pièces d'une misérable mécanique.

» C'est le doigt du démon ici. Je me lèverai seul contre tous et je leur prouverai cela!

» Désormais, je vois ma cause si claire qu'il me suffira d'ouvrir la bouche pour dissiper les ténèbres. J'ai grandi avec la nécessité. Je suis éloquent, je suis fort. Je ne me reconnais plus moi-même. Ils trembleront devant moi. Leur prétendue vérité qui n'est que mensonge et artifice... »

Note de Geoffroy. — L'écriture devenait subitement illisible.

N° 96

(Écriture de Lucien altérée et méconnaissable.)

« Sans date.

» M. L. Thibaut a toujours eu des sentiments d'estime et même de respect pour la magistrature française. Depuis qu'il fait partie du barreau cette opinion n'a pas changé.

» Sa position particulière est difficile. Sa santé n'est pas bonne. Depuis sa maladie, il se laisse aller à des mouvements de violence qu'il déplore ensuite.

» Mais M. Geoffroy de R. peut être tranquille. Cet état de fièvre s'explique par beaucoup de souffrances. Il n'est pas incompatible avec la mission que M. L. Thibaut a sollicitée, obtenue et acceptée.

» L'étude de sa cause est le travail de ses jours et de ses nuits. Sa jeune et malheureuse cliente sera bien défendue. »

N° 97

(Écriture ordinaire de Lucien. Sans signature.)

« Dimanche.

« J'ai eu ma crise. J'en laisse ici la marque.

» Mes crises sont plus rares et moins fortes. Celle-ci n'a pas duré plus d'une heure et ne m'a laissé qu'un peu de fatigue. J'ai bien dormi cette nuit.

» Jeanne a été à la messe, ce matin. Pauvre chérie! c'est elle qui dit cela. La sœur lui a prêté un paroissien et elles ont prié ensemble dans la cellule.

» Cette sœur est une douce sainte. Je la vois souvent triste.

» Quand elle sourit, elle est jeune et très-belle.

» Jeanne était toute gaie. Elle ne voulait pas causer de l'affaire. Nous apercevions sur le mur qui fait face un rayon du beau soleil d'octobre.

» Notre haie du Bois-Biot doit être riante, ce matin. On a sans doute labouré les deux champs. Celui où passe le sentier qui descend à la ferme a de grands pommiers qui doivent perdre leurs feuilles.

» — Je parie, m'a dit Jeanne, que les enfants sont sous notre châtaigner à abattre des châtaignes.

» — Il faut travailler, Jeanne, ma petite Jeanne. Les jours passent, et mon plaidoyer n'est pas achevé.

» Elle s'est assise auprès de moi. Elle a mis sa blonde tête à sa place, sur mon cœur.

» — Eh bien, travaillons, Lucien, mon mari.

» Elle sait que ce mot-là me rend heureux.

» — L'année dernière, reprit-elle, à cette époque-ci, il faisait froid. Pauvre maman et moi nous nous levâmes de bon matin pour porter du bouillon au vieux Jean Étienne qui avait gagné les fièvres à la battée. Les prés étaient déjà tout blancs... mais travaille donc, Lucien, puisque tu veux travailler !

» — A quelle date furent volés tes ciseaux, Jeanne ?

» — Je ne m'en aperçus peut-être pas tout de suite. Je brodais si peu ! Je passais mes jours auprès du lit de pauvre maman; elle voulait toujours mes mains dans les siennes. Il me semble bien que ce fut le jour où le docteur Schontz t'écrivit de venir.

» — L'avant veille de ?...

» — Oui. Oh ! tu peux bien dire de la mort. Maman ne m'a pas quittée. Elle vient toutes les nuits... Ce jour-là, je voulus prendre mes ciseaux pour arranger une de ses camisoles de malade. Je ne les trouvai plus.

» — Qui vous servait alors ?

» — Une femme de ménage. Nous n'avions plus de domestique.

» — Et tu rachetas d'autres ciseaux ? quand ?

» — A l'instant même. J'envoyai la femme de ménage en lui disant d'en prendre à bon marché. Maman était en train de me parler de toi. Cent fois par jour, elle prenait la résolution de ne plus prononcer ton nom. Et elle me défendait bien doucement de penser à toi. Mais ton nom revenait toujours, toujours.

» — Est-ce que tu emportas la boîte à ouvrage avec toi au couvent?

» — Tu sais bien que non, puisque tu me la rendis à Yvetot.

» — Ce ne fut pas moi, Jeanne.

» — Qui donc aurait songé à me faire plaisir?

» Elle a de ces mots là qui me navrent tout en faisant que son innocence est pour moi plus claire que l'évidence.

» S'ils l'interrogeaient au-dehors de leur parti pris... mais leur siége est fait. Je connais cela.

» Moi, je tâche de savoir, je fouille les détails, je fais la chasse aux dates.

» Certain que je suis de l'impossibilité du fait principal, je crois à chaque instant qu'un fait accessoire va venir appuyer ma thèse, ou plutôt lui fournir un point de départ tangible, qu'on puisse prendre en main et présenter à la discussion.

» Mon espoir est sans cesse trompé. Tout se groupe contre moi. Est-ce le hasard? Est-ce la perfection même de ce travail diabolique que je suppose accompli par un scélérat parvenu au *summum* de la science criminelle?

» J'ai été chez Nadar. J'ai acquis la certitude que les épreuves photographiques ont été livrées le jour même du crime. Il est donc naturel que Fanchette les eût sur elle au restaurant.

» Qu'espérais-je en prenant ce renseignement? En vérité, je ne saurais le dire.

» J'ai demandé au commis à qui il avait livré les

épreuves. Il m'a répondu : à la personne elle-même.

» Dès que l'esprit trouve une voie par où s'échapper dans un champ d'hypothèses nouvelles, un obstacle sort de terre : un rempart d'acier : le témoignage de Jeanne elle-même.

» Car il est certain qu'une idée s'obstine en moi, depuis qu'elle y est née. Je cherche Fanchette. — Peut-être sont-elles deux...

» Mais alors tous ces témoins qui ont reconnu la photographie ! car tous l'ont reconnue. Tous et moi-même !

Et Jeanne déclare qu'elle a posé !

» Il y a pourtant une circonstance. Dans la lettre où Jeanne me racontait sa sortie du couvent de la Sainte-Espérance, tu dois te souvenir de ce détail : *on lui avait fait changer d'habits...*

» Elle ne m'aide pas. Je ne peux pas dire qu'elle ne se doute de rien, puisqu'elle sait tout. Elle sait absolument ce dont on l'accuse et ce qui la menace.

» Mais elle ne tient état de rien. On dirait qu'elle fait un mauvais rêve, — et qu'elle n'y croit pas.

» Tout doit disparaître au réveil.

» C'est avec une résignation fatiguée qu'elle répond à mes inutiles interrogatoires. Dès qu'elle le peut, elle se réfugie dans les souvenirs de sa mère et dans la mémoire de nos jeunes amours.

» Elle me l'a dit une fois : — qu'est-ce que cela fait puisque ce n'est p moi?

» C'est bien le mot de l'enfant qui laisse à Dieu le soin de garder son sommeil.

» Qu'est-ce que cela fait?

» On pourrait amonceler bien plus de calomnies encore et serrer le réseau des ruses savamment nouées, certes, l'œil de Dieu passe au travers de tout cela.

» Mais nous sommes devant des juges qui sont hommes.

» Geoffroy, j'ai peur. La gaieté de Jeanne et son insouciance me font mal horriblement. Tout éveillé, j'ai des rêves qui me la montrent condamnée.

» Je repousse cependant l'idée d'une évasion.

» C'était aujourd'hui qu'on m'avait donné rendez-vous à l'église Notre-Dame-des-Victoires. Je n'irai pas. »

N° 97 bis

(Écrit par Lucien.)

Chaque fois que j'interroge Jeanne, je perds un espoir. Ne l'ayant jamais vue qu'au Bois-Biot, pour moi, elle et sa mère étaient des habitantes de la campagne d'Yvetot, — ce qui rendait matériellement impossibles les relations suivies entre elle et Rochecotte.

« Cela n'influait en rien sur ma conviction qui existe indépendamment de tout, mais cela me fournissait des armes.

» De loin, je voyais une foule d'obstacles matériels entre elle et le crime.

» De près, je ne vois plus rien. Elle n'est plus gardée que par ma foi profonde.

» En réalité, c'étaient deux pauvres créatures errantes. Elles venaient d'arriver au Bois-Biot quand je les y rencontrai. Elles étaient là pour le procès que je leur fis perdre. Elles vivaient d'ordinaire à Paris où la misère se cache aisément.

» Elles travaillaient de leurs mains.

» Elles vivaient dans la position exacte où M. Cressonneau aîné doit voir celle dont le pauvre Albert disait : On n'épouse pas Fanchette !

» Restait la lettre de ce même Albert, celle où il m'affirmait ne pas connaître sa cousine Jeanne Péry.

» Mais cette lettre laissait voir des répugnances qui avaient pu porter Jeanne à prendre un masque — pour s'approcher de lui.

» Aux yeux de Cressonneau, cette lettre devait précisément expliquer pourquoi la maîtresse de Rochecotte ne s'appelait pas Jeanne, mais bien Fanchette !

» On en trouverait des traces, d'ailleurs, de cette Fanchette, à moins que la terre ne se fût ouverte pour l'engloutir !

» Jeanne dit : Il faut bien qu'il y ait contre moi des apparences, mon pauvre Lucien chéri, sans cela, ils ne m'auraient pas mise en prison.

» Et elle prend mes deux mains qu'elle appuie sur son cœur en appelant mon regard sur ses yeux, qui laissent voir le fond de son âme.

» Pendant que nous restons ainsi, les heures s'écoulent.

» Je me vois au banc de la défense. Le jury me regarde et m'écoute. L'auditoire attend.

» Dirai-je à tous ceux-là : elle est innocente précisément parce qu'elle vous paraît coupable? Il n'y a ici que mes yeux pour ne point porter le bandeau qui aveugle tous vos regards? Vous subissez l'influence d'un mauvais génie...

» C'est l'exacte vérité, Geoffroy, mais on ne plaide pas ces mystiques visées. Je passe déjà pour avoir le cerveau frappé. On me taxerait d'incurable folie.

» Et le ministère public viendrait, les mains pleines de preuves mathématiques. Il jouerait avec les dates qui sont pour lui : il s'appuierait sur un ensemble concordant de témoignages...

» L'entends-tu? moi, il me semble que j'y suis, et que tout mon sang est parti de mes veines !

» Voilà ce qu'il dira :

« — Messieurs les jurés, malheureusement, ma tâ-
» che est trop facile. Laissant de côté les antécédents de
» l'accusée et ceux de sa famille, qui militeraient contre
» elle, j'arrive tout de suite aux faits de la cause. (Ici,
» le récit du crime). — Depuis que j'ai l'honneur de
» porter la robe, il ne m'était pas encore arrivé de ren-
» contrer une cause où l'ensemble des circonstances pro-
» duisit une somme d'évidences, équivalente au fla-
» grant délit.

» Voici une jeune fille qui est la cousine et l'héritière
» d'un jeune homme, au point de vue d'une immense
» succession à échoir. Cette jeune fille se rapproche du
» jeune homme sous un faux nom ; sous un faux nom,
» elle devient sa maîtresse, — et le jeune homme est
» assassiné.

» Le jeune homme était de ceux qu'on aime, noble,
» brillant et beau. La jeune fille eût consenti à parta-

» ger; elle se fût contentée du mariage. Mais le jeune
» homme avait conservé assez de sens moral pour ne
» pas choisir sa femme là où il avait pris sa maîtresse.
» Il était sur le point d'épouser une jeune personne pure
» par elle-même et par sa famille. *On n'épouse pas Fan-*
» *chette!* disait-il souvent au rapport des témoins. Fan-
» chette est jalouse, elle parle de vengeance, — et le
» jeune homme est assassiné.

» Comment est-il assassiné? Fanchette avait perdu sa
» mère. Une main secourable la place dans une maison
» pieuse. Va-t-elle dire à l'accusation : — A l'heure du
» crime je pleurais au pied des autels?... Non, il y avait
» sept jours qu'elle s'était évadée du couvent de la
» Sainte-Espérance quand le jeune homme a été assas-
» siné.

» Elle est faible, le jeune homme était fort. On a
» trouvé sous la table de l'orgie un flacon de substance
» narcotique, destiné à égaliser les forces.

» Et comme Fanchette était troublée, en sortant le
» flacon de sa poche, elle a laissé tomber deux ob-
» jets :

» Un paquet de cartes photographiées représentant
» Mlle Jeanne Péry.

» Un mouchoir taché de rouge aux initiales de
» Mlle Jeanne Péry.

» Est-ce tout? Non. Et déjà, cependant, ne peut on pas
» dire que le flagrant délit existe?

» Mais il y a autre chose; je n'ai pas parlé de l'arme
» qui a servi pour commettre le crime.

» Fanchette est de famille noble. Ses ancêtres avaient
» émigré en Angleterre à l'époque de notre glorieuse

» révolution. De l'émigration, son aïeule avait rapporté
» une boîte à ouvrage ou nécessaire, de fabrication an-
» glaise et remarquable en ceci que toutes les pièces en
» étaient burinées au même signe. Ai-je dit Fanchette ?
» C'est Mlle Jeanne Péry qu'il fallait dire.

» Fanchette, en effet, et voilà l'étonnant, a accompli
» son œuvre effroyable, un meurtre ayant nécessité plus
» de vingt blessures, avec les ciseaux de Mlle Jeanne Péry
» comme elle lui avait déjà emprunté son mouchoir et
» ses photographies !

» Et quand la justice, égarée par ce nom de Fan-
» chette, est arrivée enfin chez Mlle Jeanne Péry, qui ve-
» nait, par un déplorable hasard, de changer son nom
» contre un autre jusqu'alors universellement estimé, la
» justice a trouvé chez elle Mlle Jeanne Péry, la proprié-
» taire du mouchoir de Fanchette, l'original du portrait
» de Fanchette et la boîte à ouvrage de fabrique an-
» glaise où manquaient les ciseaux, arme révoltante, qui
» a servi au meurtre accompli par Fanchette ! »

N° 98

(Écriture de Lucien.)

« Dimanche, 9 heures du soir.

« Je suis sorti : j'étouffais. J'ignore quel est l'avocat-général qui prendra la parole dans ce procès, mais je l'ai entendu d'avance.

» Il a tout cela à dire. Il en dira peut-être plus, il n'en dira pas moins.

» C'est trop de preuves, n'est-ce pas, réponds franc ? Pour toi qui es de sang-froid, pour toi qui es un homme du monde, pour toi qui es parmi les délicats, c'est trop!

» Je suis sûr que tu t'es déjà dit : le but est dépassé.

» Eh bien! non! le docteur ès-crimes connait son monde. Il sait que le public et les juges seront d'accord ici. Après ce festin de preuves, après cette curée de témoignages accablants, s'il prenait envie au docteur ès-crimes de leur servir encore quelque grosse pièce, ils l'avaleraient du même appétit.

» La cour d'assises est une bête insatiable, et le public est plus affamé qu'elle.

» Ne crois pas que je récrimine ou que j'insulte. Je suis brisé, je suis anéanti. Je vais te montrer d'un mot ce qui reste de moi : à leur place, je penserais peut-être comme eux!

» Une machine créée dans le but exprès de trouver des coupables ne peut pas produire d'autre fonctionnement que celui-là.

» Souviens-toi qu'il y a eu un examen préparatoire, et qu'une voix autorisée a déjà dit : il y a lieu de suivre...

» Nous sommes perdus, Geoffroy. Il faudrait un miracle rien que pour nous obtenir des circonstances atténuantes. Le cœur me manque...

» J'ai été regarder la Seine couler, mais je ne veux pas mourir avant Jeanne.

» Deux fois, je suis revenu vers l'église Notre-Dame-des-Victoires. A quoi bon entrer?

» Une évasion de la Conciergerie! Tu connais la prison. C'est purement un rêve ou un leurre. D'ailleurs, je ne veux pas d'évasion.

» Et Jeanne ! Est-ce que Jeanne consentirait jamais à une évasion !

» Ce n'est pas qu'elle soit gardée aussi étroitement qu'au début. Elle n'est plus au secret. La sœur l'aime et les employés de la prison la protégent...

» La troisième fois, je suis entré dans l'église — par la porte de droite.

» C'est à la porte de gauche que la quêteuse devait m'attendre.

» Ceux qui prient sont bien heureux. Les murs de l'église disparaissent sous les *ex-voto* de marbre qui disent merci à la Vierge pour une grâce accordée. Il y en a des milliers et des milliers.

» Tous ceux-là étaient aux abois. Ils ont crié à l'aide. L'aide est descendue du ciel. C'est vrai, puisqu'ils remercient.

» J'ai eu l'idée de faire un vœu, moi aussi. Que donnerais-je ! Tout, et ma vie !...

» L'église était pleine. Je me suis agenouillé derrière un pilier. Le chant des orgues me fendait le cœur.

» J'ai traversé le bas de la nef. Mon regard a glissé jusqu'à la quêteuse :

» Une femme en deuil dont le visage disparaissait entièrement sous son voile.

» Je ne puis dire que j'ai cru reconnaître Olympe. Mais le nom d'Olympe est tombé dans ma pensée, et j'ai pris la fuite.

» Geoffroy, comment serait-il possible de s'évader de

la Conciergerie? Et quel moyen prendre pour amener Jeanne à consentir?

» Et moi? Est-ce que je pourrais me résoudre à cela?

» J'ai passé une terrible nuit. J'ai vu la cour d'assises en rêve. Tous ceux qui viennent là se chauffer ou se divertir étaient à leur poste. Sous le crucifix, les robes rouges siégeaient. Les jurés regardaient avec un étonnement plein d'horreur une enfant (Jeanne me paraissait toute petite) qui essayait de se cacher au banc des accusés.

» Moi, j'avais aussi ma robe. Et je faisais des efforts sans nom pour porter haut ma tête qui me pesait comme un fardeau de plomb.

» C'était vaste, cette salle, c'était immense, cette foule.

» Les juges écarlates me semblaient d'une taille surhumaine.

» Tout était grand, presque colossal, — excepté Jeanne, pauvre petite chérie, qui rapetissait devant ces ennemis géants!

» On s'agitait sans accomplir aucun des actes réglementaires qui constituent une séance, mais la séance allait tout de même. J'entendais autour de moi un murmure d'une profondeur inouïe qui m'enveloppait de ces mots :

» — Les ciseaux, les ciseaux, les ciseaux!

» Et de temps en temps une voix éclatait, criant :

» — Elle a tué son amant!

» Il y avait des rires qui grinçaient :

» — Et c'est son mari qui va la défendre...

» Ma mère et mes sœurs étaient là ; elles se détournaient de moi.

» A côté de ma mère, je voyais un visage de marbre, blême, mais rayonnant de lueurs étranges et qui rejetait Jeanne dans un abîme de nuit...

» La bouche d'Olympe ne s'ouvrait pas ; aucun son ne s'échappait de ses lèvres, et pourtant je l'entendais qui me disait :

» — Comment trouvez-vous que je me venge !

» Tout à coup, il y eut un grand mouvement. Quelque chose de long était sur l'estrade au devant des juges. Cela s'ouvrit. Albert de Rochecotte était couché, la tête dans ses cheveux blonds épars.

» — Les ciseaux, les ciseaux, les ciseaux !

» — Comme il était beau !

» — Et si jeune !

» — Elle a tué son amant, son amant, son amant !

» — Et voilà son mari qui parle pour elle !

» Jamais je n'entendrai plus ce silence effrayant. Tous les bruits étaient morts. On m'écoutait. Je parlais. L'attention de cette foule muette m'écrasait comme le poids d'un monde.

» Je parlais, mais comment dire cela ? ma parole était muette aussi.

» Toutes les facultés de mon être, mon cœur et mon âme s'élançaient impérieusement hors de moi, mais ne franchissaient pas le seuil de mes lèvres.

» Les pensées, les mots, l'éloquence, la colère, la passion jaillissaient pour retomber inertes et insonores. Mes efforts se débattaient en vain contre cette impuissance.

» Le cauchemar, cette hideuse caricature du désespoir, m'enchaînait dans ses morts embrassements...

» La foule ondula comme une mer. Les murailles de la salle chancelèrent, et un cri grave s'éleva :
» — Condamnée ! condamnée ! condamnée !... »

N° 99

(Anonyme. — Même écriture que celle du n° 94.)

« Paris, lundi, 2 octobre 1865.

« *A Monsieur L. Thibaut, avocat.*

« La personne qui a écrit à M. L. Th..., vendredi dernier, l'a attendu toute la soirée d'hier, dimanche, au rendez-vous de l'église Notre-Dame-des-Victoires.

» Elle l'a vu s'approcher, mais M. L. Th... a eu défiance sans doute.

» La personne n'a pas dit toute la vérité dans sa première lettre. Elle ne croyait pas avoir besoin d'insister.

» Ce n'est pas à M. L. Th... surtout que la personne porte intérêt, c'est bien davantage encore à la malheureuse fille du baron Péry de Marannes.

» Si M. L. Th... gardait des doutes, s'il voulait s'entretenir avec la personnne — la voir, — il serait sûr de la trouver demain mardi à la consultation de M. le docteur Schontz, rue de la Pépinière, n° ...

» Dimanche prochain il serait désormais trop tard, les événements se précipitent.

» M. L. Th... est supplié de ne plus hésiter. Il n'a pas le droit de refuser. La malheureuse J. P. est perdue sans ressource. »

N° 100

(Écriture de Lucien.)

« Mardi matin.

« Je n'ai pas pu écrire hier au soir. La nuit de dimanche à lundi m'a laissé tellement brisé de corps et d'esprit que je n'ai pu tenir la plume.

» C'est peut-être vrai, Geoffroy. Peut-être n'ai-je pas le droit de refuser l'offre de cette personne inconnue. Du moins est-il de mon devoir de m'informer, de savoir, de me rencontrer avec elle.

» Le nom du docteur Schontz est fait pour me donner confiance. Je le connais; je crois que tu le connaissais aussi. C'est lui qui m'avait écrit cette lettre quand Mme Péry fut à l'article de la mort. C'est grâce à lui que j'ai pu la revoir une dernière fois.

» Qui sait? peut-être que le baron de Marannes a laissé des amis.

» Je suis résolu cette fois à ne pas manquer au rendez-vous.

» Mais Jeanne? vas-tu demander. Il faudrait le consentement de Jeanne.

» Et Jeanne, ne consentirait jamais...

» Mon Dieu! c'est une bien faible chance. Je ne crois pas, moi, à la possibilité d'une évasion.

» En outre, je ne suis pas toujours dans mes accès de mortel découragement. Tout n'est pas perdu. J'ai vu M. Cressonneau. J'ai plaidé près de lui ma théorie du docteur ès-crimes. Il a ri comme un bossu. Jamais il n'avait rien entendu de si drôle,— mais j'ai vu qu'il était frappé dans une certaine mesure.

» Quand je lui ai dit : *il y a trop de preuves,* il a repris un instant son sérieux.

» Fais bien attention que c'est là surtout un argument d'homme du métier. Les jurés n'y entendraient goutte, mais cela fait réfléchir un magistrat, parce que cela en appelle à son expérience et à sa science.

» A son intelligence surtout.

» M. Cressonneau est très-intelligent. Son intelligence fait mauvaise route, voilà tout.

» Il y a dans la vérité une force latente qui peut éclater à l'improviste.

» Elle n'a pas encore éclaté pour M. Cressonneau aîné, c'est certain, car il m'a dit quand j'ai eu fini :

» — Si vous plaidez cela, cher monsieur Thibaut, on vous mènera tout doucement à Charenton à l'issue de l'audience.

» Mais sous sa fanfaronnade officielle, je te réponds qu'il a été touché. Il y a trop de preuves. Ce serait à dire que l'accusée a rassemblé à grands frais pour les déposer bien en vue, derrière elle, sur le chemin, toutes les circonstances compromettantes qu'il était possible de se procurer.

» Je disais tout à l'heure : Jeanne qui se sent innocente, rejetterait bien loin toute pensée d'évasion.

» Est-ce qu'on sait jamais avec Jeanne ? Je le croyais. je me trompais.

» Elle me met en colère et je l'admire.

» Son innocence est au-dessus de ce qu'on rêve. On pense savoir à quel point ce cœur enfant est en dehors du mal et des craintes que le mal iuspire. On en est à cent lieues.

» Hier matin, soucieux, malade, gêné par cette responsabilité nouvelle à propos d'une entreprise dont je ne connais ni la nature ni les garanties (s'il y en a), je l'aurais bien défiée de m'égayer.

» Je n'étais pas avec elle depuis trois minutes que je souriais à son sourire.

» Tu penses bien que je n'avais pas le cœur de lui raconter mon rêve.

» Mais elle me racontait les siens : de l'herbe verte, du soleil, du vent de campagne qui a si bonne odeur ! Et des fossés sautés, et des sentiers qui tournent dans les taillis !

» — Ils m'ont le jour, ici, disait-elle ; mais la nuit, je me sauve.

» L'occasion était bonne, j'en ai profité.

» — Est-ce que tu te sauverais, Jeanne, si tu en avais le moyen ?

» Elle s'est arrêtée au milieu d'un sourire argentin qui scandalisait ces murailles de prison.

» Puis elle s'est levée brusquement. Elle avait envie de bondir.

» — Écoute, m'a-t-elle dit, essoufflée déjà par la joie, je te connais. Si tu me parles de cela, c'est que tu y as pensé, mon Lucien chéri, c'est que c'est une chose possible !

» Je restais devant elle tout décontenancé.

» — Oh ! que tu es bon ! que tu es bon ! Je ne pense qu'à cela, moi, mais je n'osais t'en parler. J'aurais bien fini pourtant par te le demander. J'avais déjà songé à ce que ça coûterait. Je suppose que ça doit coûter très-cher.

» — Je ne sais pas, voulus-je dire.

» — Qu'est-ce que cela fait ? interrompit-elle. Je ne connais pas très-bien cette affaire-là, vois-tu, mon Lucien, mais pauvre maman m'avait dit souvent que si notre cousin Albert de Rochecotte mourait...

» Je devins pâle.

» — Qu'as-tu donc ? fit-elle. Il est mort, nous n'y pouvons rien, et puisqu'il est mort, je suis l'héritière du vieil homme qui a des millions. Eh bien, si tu veux, nous donnerons la succession aux pauvres, puisqu'on dit que c'est de l'argent mal acquis. Car on dit cela. Nous donnerons toute la succession, excepté ce qu'il faudra pour payer ma liberté. Vois-tu, mon Lucien, l'idée d'aller là-bas, devant le monde, entre les gendarmes, me rend folle. Oh ! je ris quand tu es là, mais c'est pour que tu n'aies pas de la peine. Les gendarmes ! les gendarmes !

» J'étais émerveillé. Je suis toujours émerveillé près d'elle.

» Les paroles ne peuvent pas exprimer pour toi tout ce que cette horreur des gendarmes avait d'enfantin.

» — Mais, dis-je, ce n'est donc pas d'être condamnée que tu as peur Jeanne ?

» — Puisque je n'ai rien fait, Lucien.

» Elle revint auprès de moi pour ajouter :

» — Si fait, pourtant, j'ai peur un peu. Ceux qui m'interrogent ont bien l'air de me croire coupable. Si je ne t'avais pas pour me défendre... mais tu ne peux pas m'empêcher d'aller entre deux gendarmes. J'ai vu passer une fois une pauvre fille qu'ils conduisaient. Oh !...

» Elle cacha sa figure dans ses mains.

» Puis, tout à coup souriant :

» — Et le temps que je perds ici sans toi, loin de toi ! Et nos champs ! Si je pouvais encore courir, courir avec toi, sous les arbres où pauvre maman aimait tant à se promener...

» Elle mit sa tête sur mon cœur et je vis une larme, un diamant qui tremblait au bord de sa paupière.

» Il est deux heures et demie. Je pars pour mon rendez-vous chez le docteur Schontz. »

N° 101

(Écriture de Lucien.)

« Mardi, 5 heures du soir.

» Je reviens de la consultation du docteur Schontz.

» Ce n'est pas Olympe. Cette frayeur restait en moi, mais je suis absolument certain que ce n'est pas Olympe.

» Elle est beaucoup moins grande qu'Olympe. Elle serait plutôt de la taille de Jeanne elle-même.

» Tu ne l'as donc pas vue? me demanderas-tu. Non, je ne l'ai pas vue.

» Alors, rien n'est fait?

» Je ne sais que répondre. J'ai confiance un peu. Je crois que cela se fera.

» A tout le moins, cela se tentera.

» Le docteur Schontz est pour l'évasion.

» Il ressemble à la lettre qu'il m'écrivit voici quelques mois, celui-là. Je ne l'aurais pas reconnu. Le travail l'a vieilli. C'est un vrai médecin qui a usé son corps, mais gardé la jeunesse de son cœur.

» Quand je suis entré, il était là, en compagnie de la quêteuse voilée.

» Elle portait le même costume de deuil que la veille, et le même voile épais qui ne laisse pour ainsi dire rien voir de ses traits.

» De près, elle m'a paru très-jeune : l'âge de Jeanne. Et je ne sais pourquoi ce visage invisible était, dans ma pensée, ressemblant au visage de Jeanne.

» La voix est bien différente pourtant. Jeanne gazouille comme un cher petit oiseau. Celle-ci parle d'un accent décidé et presque viril.

» Je me suis assis après avoir salué l'inconnue et serré la main du docteur Schontz.

» Celui-ci a parlé le premier.

» — J'étais l'ami de Mme Péry de Marannes, a-t-il dit. Non-seulement je crois à l'innocence de sa fille, mais j'en suis certain.

» Ma main, qui venait de quitter la sienne, s'est avancée de nouveau. Il l'a serrée.

» — En épousant Jeanne Péry, M. Thibaut, a-t-il repris, vous avez risqué le repos de votre vie, cela est vrai, mais j'espère encore que vous serez récompensé par un avenir de bonheur.

» — J'aime Jeanne, répondis-je, et je ne puis être récompensé que par le bonheur de Jeanne.

» Schontz approuva du geste. La quêteuse dit :

» — Avant de songer à son bonheur, il faut l'empêcher de mourir misérablement.

» Schontz s'inclina encore. Il y eut entre nous trois un silence.

» — Monsieur Thibaut, reprit la jeune femme, vous voudriez savoir qui je suis.

» — Il est vrai, madame. Votre lettre me disait que je vous entendrais et que je vous verrais.

» — Les promesses de ma lettre ne seront pas tenues, monsieur, à cet égard, du moins; j'ai une raison majeure pour vous taire mon nom et pour vous cacher mon visage. Je vous prie de vous contenter de la garantie du docteur qui va vous affirmer que cette raison n'est point de nature à justifier votre défiance.

» — Je l'affirme, en effet, sur l'honneur, a dit Schontz.

» — Puis-je au moins savoir, ai-je demandé, quel est le motif de l'intérêt que vous portez à Mme Lucien Thibaut?

» Elle m'a tendu à son tour sa main gantée de noir.

» — J'aime à vous entendre l'appeler ainsi, monsieur, a-t-elle dit, et il y avait de l'émotion dans sa voix. Vous êtes un digne cœur !

» Elle a repris après un instant :

» — Mon motif, c'est mon devoir. Je voudrais vous parler autrement que par énigmes : j'aime Jeanne, mais je ne la connais pas. Je lui ai fait du mal sans le vouloir et même sans le savoir. Je donnerais une part de mon sang pour guérir le mal que je lui ai fait. J'ai pourtant des raisons plus compréhensibles. Vous êtes ici, vous, pour votre femme, le docteur pour M%%me%% Péry, son amie : Mettez que, moi, je représente feu M. le baron Péry de Marannes, ce sera vrai dans toute la force du terme. Mais, je le répète : ce qui me fait agir, c'est surtout mon devoir : un devoir impérieux, un devoir sacré !

» Sa voix restait grave, mais l'émotion la faisait profondément vibrer.

» Le docteur Schontz dit :

» — Tout cela est l'expression exacte de la vérité, je l'affirme.

» Geoffroy, j'avais confiance. D'ailleurs, que risquais-je à entamer les préliminaires ? On allait sans doute me soumettre un plan, me détailler les voies et moyens qu'on devait employer pour arriver à un résultat que la première vue montrait presque impossible.

» Il y avait en moi plus que de la curiosité. Je cédai à ce mouvement et je dis :

» — Mettons que nous sommes d'accord. J'admets aussi, je suppose que j'admette la nécessité d'une évasion. Quel genre de concours vient-on m'offrir ?

» — M. Thibaut, me répondit la jeune femme, je vous offre plus que mon concours. Vous n'aurez à vous mêler de rien ; je me charge de tout.

» Mon visage dut exprimer de la surprise, car la jeune femme reprit vivement :

» — Votre rôle sera de recueillir votre femme après la réussite et de l'emmener dans l'asile sûr que vous aurez choisi,

» Elle appuya sur le mot *sûr*.

» Son ton était redevenu tranchant.

» — Pour le reste, poursuivit-elle, j'agirai seule. C'est une condition que je pose rigoureusement.

» — Cependant, voulus-je dire, je désirerais connaître...

» — Mes moyens? je ne vous les dirai pas. Que savez-vous s'il m'est permis de vous les dire? Il vous importe peu quels soient mes moyens, s'ils rendent votre femme libre. Et moi, il m'importe de ne pas trahir le secret d'autrui.

» Sais-tu l'idée qui me vint, Geoffroy? Je connais tout ce qui touche au palais. C'est du palais seulement que peut venir la possibilité d'une évasion.

» Si la femme d'un dignitaire, une de ces femmes-maitresses qui obtiennent tout ce qu'elles veulent, se mettait dans la tête de déménager la Sainte-Chapelle... ma foi...

» Que veux-tu? je cherchais. Le dehors ne peut rien, il faut partir de là; le dedans seul a une faible possibilité de s'entr'ouvrir lui-même.

» Le secret d'autrui! Évidemment la serrure qui devait livrer passage était attaquée d'avance.

» — Du moment que je n'ai pas voix au chapitre, dis-je, et que ma coopération n'est pas désirée, je ne vois pas pourquoi on a pris mon avis.

» — Cher M. Thibaut, répliqua la quêteuse dont la voix s'adoucit encore une fois (on devinait le sourire derrière son voile) vous n'avez pas voix au chapitre, c'est vrai, et je vous en demande bien pardon; mais votre coopération est fort souhaitée, et même formellement réclamée. Je vous connais trop pour ne pas savoir que dans une occurrence si grave, vous mettrez de côté volontiers une vaine curiosité. Je vous déclare que je ne pourrais pas vous donner le plus léger renseignement sur notre manière d'opérer, sans tromper la confiance de quelqu'un, d'abord, — de quelqu'un qui se met en péril pour nous servir, et ensuite sans compromettre gravement le succès de notre entreprise.

» Le docteur Schontz approuva d'un geste qui m'était adressé et qui contenait une prière.

» — Madame, dis-je, tout sera donc comme vous l'exigez. Je pense pouvoir vous demander maintenant en quoi consistera l'aide que vous attendez de moi?

» — Elle aura trait au rôle de Jeanne. Jeanne n'a rien à faire, sinon à se tenir prête de nuit comme de jour au premier signal. L'instant propice sera peut-être court, il faut pouvoir en profiter. Que Jeanne soit donc toujours habillée. Qu'elle veille, et quand la sœur Marie-Joseph lui dira : suivez-moi...

» — La religieuse! m'écriai-je, sachant quelle est la position de ces dames dans les prisons, et quelle lourde responsabilité pèserait sur elle.

» — Vous voyez bien! fit la jeune femme, dont la patience n'était décidément pas le fort, vous ne savez rien et vous voulez déjà discuter! Que serait-ce si vous saviez? Je veux bien vous dire, mais ce sera le premier et le dernier éclaircissement, que la sœur Marie-Joseph n'est pas complice. Elle ne sait rien, elle ne risque rien. Seulement, la consigne sera de la suivre à n'importe quelle heure du jour ou de la nuit. Pensez-vous obtenir cela de Jeanne?

» — Je l'obtiendrai,

» — Merci pour elle, car c'est son salut. Maintenant, passons à ce qui vous regarde personnellement. Vous ne contribuerez pas à la victoire, cher M. Thibaut, mais vous en profiterez. Et votre rôle exige au moins un grand dévouement, une grande patience. Nous sommes aujourd'hui à mardi. A partir de vendredi soir, souvenez-vous bien de cela, toutes les heures du jour ou de la nuit peuvent voir se livrer la bataille. Il faut donc qu'il y ait une voiture, à toute heure, prête à recevoir la fugitive, en un lieu que nous allons choisir tout de suite si vous voulez. J'ajoute qu'il y a vingt chances contre une pour la nuit.

» La question du lieu où la voiture devait attendre fut agitée à nous trois. Il fut convenu qu'on choisirait plusieurs places, selon les heures ; pour ne pas donner l'éveil par un stationnement trop prolongé.

» Les endroits désignés étaient tous à cinq ou six cents pas de la cour du palais.

» Aussitôt que ceci fut convenu, la jeune femme se leva.

» — A dater de vendredi soir, neuf heures, dit-elle en se résumant, Jeanne prête nuit et jour à suivre la sœur, — à dater du même moment, voiture stationnant aux places désignées, suivant l'échelle d'heures que nous avons réglée et qui vous sera adressée par écrit. Je ne sais pas si nous nous verrons jamais face à face, M. Thibaut, mais je vous offre la main et je vous dis : vous avez en moi une amie.

» Elle secoua ma main d'un mouvement bref, salua le docteur Schontz et se retira.

» Dès qu'elle fut partie, le docteur me dit :

» — Vous n'en saurez pas une syllabe de plus, cher monsieur Thibaut. Ayez bon courage et faites exactement comme il a été convenu. Excusez-moi, j'ai déjà pris beaucoup sur l'heure de mes visites.

» Il était plus de cinq heures. Je pris congé aussitôt. »

N° 102

(Ecriture de Lucien.)

« Mardi, minuit.

» Je n'ai pas pu revoir Jeanne. J'aurais voulu me consulter avec elle. Il y a une pensée qui tourne autour de mon cerveau. Cette personne accomplit un devoir en travaillant au salut de Jeanne.

» Un devoir impérieux!

» Elle représente, dit-elle, le père de Jeanne.

» Jeanne pourra me dire, peut-être...

» Il y a des moments où mon cœur se dilate tout-à-coup. Je me sens léger et fort. Cette horrible crainte de la justice, entêtée dans son égarement, ne pèse plus sur moi. Je viendrai seul devant les juges, je serai sûr de moi. La vérité jaillira de ma poitrine si haute et si éclatante, dès que le danger de Jeanne ne sera plus là...

» Voici une pensée qui a heurté mon esprit comme un choc : il y a bien longtemps que je n'ai entendu parler ni de M. Louaisot ni d'Olympe.

» Se reposent-ils dans leur victoire?

» Je suis terriblement seul, Geoffroy. Je ne connais pas à Paris une créature humaine à qui je puisse demander conseil! »

N° 103

(Écriture de copiste.)

Sans date.

« J. B.-M. (Calvaire) a déjà eu l'honneur d'offrir ses services à M. Thibaut. Ce nom de Calvaire est un pseudonyme raisonné analogique. Le danger qui menace mon existence m'empêche de m'expliquer plus clairement.

» On me traque comme un renard. M. Mouainot de Barthelémicourt et Mme la marquise Ida de Salonay ont juré de faire la fin de moi.

» Pour des prix relativement doux, je mettrais M. Thibaut à même de terrasser ses ennemis.

» Écrire poste restante, au nom de Calvaire et mettre un petit bon dans la lettre.

(Mention de la main de Lucien),

» Doit être le même qu'un nommé Martroy, qui m'avait déjà écrit.

» Tout ce fatras doit être d'un intrigant ou fou. »

N° 104

(Ecriture de Lucien.)

« Mercredi.

» Voilà tout ce que m'a dit Jeanne quand je l'ai priée de bien interroger ses souvenirs d'enfance :

» — Je n'ai pas besoin d'interroger mes souvenirs. Je sais que j'ai une sœur. Et j'ai pensé bien souvent à ma sœur depuis que je suis accusée.

» J'étais debout et je la tenais dans mes bras. Le souffle m'a manqué. J'ai été obligé de m'asseoir.

» — Et quel nom a-t-elle, ta sœur, Jeanne?

» — Pour nous, elle n'avait pas de nom. Pauvre maman l'appelait « la fille de mon mari. »

» — Tu ne l'as jamais vue?

» — Jamais. J'entendais parler d'elle quand père venait chercher de l'argent pour payer sa pension.

» Je me souvins alors de cette pension de 600 fr. que le baron servait à un enfant.

» Je ne sais pourquoi j'avais cru dans le temps que cet enfant était un fils.

» — Et c'était Mme Péry qui payait cela! m'écriai-je.

» — Pauvre maman était bien bonne.

» Geoffroy, le baron avait deux filles. Fanchette doit exister. Fanchette existe!

» Je sais maintenant de quel impérieux devoir me parlait hier la jeune femme voilée.

» J'ai tout raconté à Jeanne, sauf mes soupçons au sujet de sa sœur.

» As-tu vu une fillette à l'annonce de son premier bal? Amère tristesse du présent, menaces accumulées de l'avenir, où étiez-vous?

» Jeanne me fait peur souvent avec ce prodigieux enfantillage. Elle qui est si vaillante et si intelligente! Elle que j'ai vu tenir si dignement une place si difficile à l'hôtel de Chambray, dans les jours qui précédèrent notre mariage! Elle qui a toutes les délicatesses, elle qui devine toutes les sciences qui sont le charme et l'honneur de la femme!

» Il y a des instants où je la vois jouant à la poupée.

» J'ai cru qu'elle allait m'entraîner à valser autour de sa cellule.

» Une évasion ! un roman, un mystère, des dangers, la nuit, dans Paris !

» Et plus de gendarmes !

» Puis elle a cessé tout à coup de sauter, de m'embrasser, de bavarder pour prendre un air plus grave.

» — Mais sais-tu, Lucien, m'a-t-elle dit, qu'il va falloir bien de la prudence !

» A cette découverte qu'elle faisait, je n'ai pu m'empêcher de sourire. Elle m'a grondé.

» — Je suis votre femme, monsieur, m'a-t-elle dit, c'est mal de me traiter toujours comme une petite fille. Mais grand Dieu ! comment vais-je faire pour attendre ? Je grille déjà. Et la sœur ! la bonne sœur ! comme je l'aime ! Qui se serait douté ?... Je vais la regarder si bien dans le blanc des yeux... Mais non, au contraire. Ne faisons semblant de rien, n'est-ce pas ? c'est la consigne. Peut-être qu'on me déguisera en sœur de charité, moi aussi, ou en porte-clés... Enfin, on ne sait pas. Attendons.

» Oh ! celle-là sera prête à l'heure, elle va compter soixante secondes dans chaque minute !

» Celle-là, c'est Jeanne Péry, Geoffroy, la fille sanglante dont parlent tous les journaux, le monstre qui fait frissonner les familles !

» Quand j'ai été pour m'en aller :

» — Dis au docteur que je l'aime bien, et à la dame que je l'adore ! Oh ! il y a encore de bons cœurs ! mais tâche qu'ils se dépêchent. Qu'est-ce que ça leur fait d'avancer un petit peu ?

N° 105

(Même écriture que les deux lettres de la quêteuse.)

(Sans signature.)

Sans date.

A M. L. Thibaut, ovocat, etc.

» Rien pour vendredi. Samedi soir au plus tôt.

N° 106

(Même écriture que la précédente.)

Samedi, 6 octobre 1865.

« C'est pour ce soir, veillez. »

N° 107

(Ecriture de Lucien.)

Samedi, 3 heures du soir.

» Je pars. Geoffroy. Il est trop tard pour prévenir Jeanne, mais je sais que c'est inutile. Depuis qu'il est question de notre tentative, elle n'a pas eu une heure de sommeil.

N° 108

(Ecriture de Lucien.)

Dimanche, 1 heure du matin,

» Me voilà revenu. Rien.

» J'ai veillé dans ma voiture deux heures sur le quai, au coin du Pont-Neuf, deux heures entre le pont Notre-Dame et l'Hôtel-de-Ville, le reste du temps autour de la cathédrale.

» Vers minuit moins le quart, un homme enveloppé d'un manteau s'est approché. J'étais rue d'Arcole. J'ai reconnu le docteur Schontz. Il m'a dit :

» — Vous pouvez aller vous reposer, mais revenez demain.

» Je suis très-inquiet.

N° 109

(Ecriture de Lucien.)

« Dimance, 2 h. de l'après-midi.

» Je n'ai rien dit à Jeanne. Ce serait pour la rendre folle. Elle vit de fièvre.

» En quittant Jeanne, je suis monté au palais. Je voulais voir si le greffe était ouvert, ayant une pièce à y prendre.

» J'ai passé devant le cabinet de M. le conseiller Ferrand qui doit présider les assises.

» Au moment où je tournais l'angle du corridor, la porte du cabinet s'est ouverte. Une femme en est sortie.

» J'ai regardé de tous mes yeux, car je pensais à Olympe.

» Mais ce n'était pas Olympe.

» Je ne voyais pas le visage de la femme qui portait un voile-masque de dentelle noire, et qui, d'ailleurs, me tournait le dos, en se dirigeant rapidement vers l'escalier de sortie.

» Je n'ai jamais vu le visage de la quêteuse : c'est pour cela que je la reconnais plus aisément sous le voile.

» C'était elle, j'en suis certain. Le son sec de son talon sur les dalles m'a frappé comme une voix qu'on reconnaît.

» Et je n'ai pas été surpris de la rencontrer au palais. C'est quelque chose comme cela que je m'étais figuré.

» Je pars pour ma faction. Vais-je encore attendre en vain ?

» Quelque chose me dit que c'est aujourd'hui le grand jour. »

N° 110

Extrait de la *Gazette des Tribunaux* (imprimé).

Lundi, 3 octobre 1865

» Au moment de mettre sous presse, on nous annonce une nouvelle que nous accueillons sous toute réserve.

» L'accusée Jeanne Péry, femme Thibaut (affaire de l'assassinat du Point-du-Jour), se serait évadée de la prison de la Conciergerie.

» Le fait nous est affirmé par une personne digne de foi, mais le temps nous manque pour contrôler son dire. »

Même numéro. Coupé dans les faits divers.

» On a trouvé, ce matin, sur le quai de l'Horloge, aux environs de la maison Lerebours, le cadavre d'un jeune homme paraissant être un étudiant. La mort paraît être le résultat d'une rixe. Il y a des traces de strangulation. Le corps a été déposé à la Morgue. »

N° 111

Extrait de la *Gazette des Tribunaux* (imprimé).

Mardi, 9 octobre.

« La nouvelle que nous avons donnée hier, concernant l'évasion de l'accusée Jeanne Péry est malheureusement trop exacte et un pareil événement, survenu à la veille de l'ouverture des assises, n'a pu que produire une profonde émotion au palais.

» Nos lecteurs comprendront l'extrême réserve que nous voulons mettre à parler de cet incident. La justice informe, l'administration fait une enquête. Nous n'avons pas à contrecarrer l'une ou l'autre dans leurs efforts.

» Il doit nous être permis, cependant, de consigner les bruits très-vagues et parfois contradictoires qui circulent dans la ville.

» Tout d'abord, nous sommes autorisés à démentir le dire d'un journal d'hier soir, selon lequel une sœur de Saint-Vincent-de-Paul aurait été arrêtée. La sœur M. J. n'a pas quitté son poste à l'infirmerie de la prison et n'est compromise en rien dans cette affaire.

» Nous donnons ici le résultat de nos informations :

» Depuis quelques jours, la surveillance, sans se relâcher, autour de l'accusée Jeanne Péry, lui laissait la possibilité de traiter une légère affection des bronches, pour laquelle l'infirmerie lui fournissait des médicaments par l'entremise de la sœur de service.

» Elle était toujours au secret, mais l'instruction se

trouvant absolument complète, les précautions, comme il arrive en pareil cas, ne gardaient plus le même degré de minutie.

» Cependant, elle ne voyait, et elle n'a jamais vu, pendant tout le temps de son séjour à la prison que, maître Thibaut, son avocat, qui est en même temps son mari.

» Maître Thibaut n'est d'ailleurs jamais entré dans sa cellule qu'aux heures réglementaires et ne paraît pas avoir prêté la main à l'évasion,

» Dimanche soir, c'est ici le dire intérieur de la prison, l'accusée se sentit plus souffrante et demanda les soins d'un médecin. — D'autres prétendent que la sœur Marie-Joseph prit sur elle de la conduire à l'infirmerie, où M. le docteur Schontz venait justement d'être appelé pour un cas grave.

» L'accusée grelottait la fièvre en arrivant à l'infirmerie. Elle était gardée par deux employés, dont l'un fut requis pour tenir le malade dont le docteur s'occupait en ce moment et qui était en proie à un accès de délire.

» L'autre employé a disparu en même temps que l'accusée elle-même.

» Maintenant, par quel moyen l'employé et l'accusée, ensemble ou séparément, sont-ils parvenus à gagner la sortie de la prison, puis l'une des issues du Palais de justice ? nous ne pouvons, à cet égard, satisfaire la curiosité de nos lecteurs.

» La sœur Marie-Joseph avait quitté l'infirmerie avant le départ de l'accusée et vaquait à son service ordinaire.

9

» Le docteur Schontz est sorti seul. Plusieurs témoins sont là pour l'affirmer.

» On peut dire, du reste que, l'accusée a glissé comme une ombre à travers la prison, car personne n'y a rien vu de suspect. Les gardiens des différentes portes sont unanimes. Personne n'est passé au moyen de leurs clefs, sinon ceux qui avaient droit.

» L'absence de Jeanne Péry n'a pu être constatée qu'à la visite de nuit.

» On a pris immédiatement toutes les mesures nécessaires, mais elles sont restées jusqu'à présent sans résultat.

Dernière information.

» On pense que l'accusée a pu sortir par la partie du Palais qui avoisine la Préfecture de police et qui est en reconstruction.

» Une échelle a été trouvée contre le mur, et les maçons ont déclaré ne l'y avoir point dressée.

» Mais resterait toujours à savoir par quel miracle la fugitive aurait pu voyager sans être aperçue, depuis l'infirmerie jusqu'à cette portion des bâtiments. »

N° 112

Extrait du journal *Le Moustique* (imprimé).

Mercredi, 10 novembre 1865.

» *Morituri te salutant, Cæsar!*

» César, c'est vous, ô bon public ! ceux qui vont mourir vous font la révérence.

Ceux-là, les moribonds, c'est nous, la rédaction du *Moustique*.

» Rendez le salut, car nous allons trépasser pour vous.

» La chose triste, c'est que ça vous est bien égal.

» Nous agonisons sous les coups du parquet. Le parquet nous traque parce que nous disons la vérité. Voilà un crime qui ne se pardonne pas en l'an de grâce 1865.

» Tuez votre amant dans un bouge, à petits coups, j'entends dans un bouge élégant, à Ville-d'Avray ou au Point-du-Jour, et on vous laissera vous évader, si vous êtes jeune, gentille et de bonne maison, mais imprimez la vérité, on vous mettra à la lanterne.

» Voyons! à quoi va-t-on nous condamner parce que haute et puissante demoiselle Jeanne-Hildegonde-Ermengarde Péry, dame de Marannes et autres lieux a jugé à propos de prendre la clé des champs?

» Nous ne lui en voulons pas pour cela, mais on va nous condamner à quelque chose, c'est certain.

» Nous avons déjà eu quinze jours de prison et 2,000 francs d'amende pour avoir osé dire autrefois que dame Justice faisait exprès de ne pas mettre la main sur cette noble demoiselle.

» Quel supplice va-t-on inventer à notre usage! car nous sommes bien forcés de murmurer que dame Justice a fait exprès d'ouvrir les doigts pour permettre à l'oiseau en question de prendre sa volée.

» Ce n'est pas une pauvre ouvrière de nos faubourgs qu'on aurait mise à même de pratiquer une si miraculeuse évasion!

» Vous savez, personne ne s'en est mêlé. Les employés de la prison sont tous des anges de vigilance et de fidélité. La sœur Marie-Joseph a fait pour le mieux. Le docteur Schontz n'avait pas mission de fermer les portes à double tour, que diable !

» C'était dimanche, M. le directeur faisait son whist dans une bonne maison. M. le sous-directeur mangeait la chasse de M. l'économe, M. l'inspecteur avait mené quelqu'un — ou quelqu'une à la seconde de l'Ambigu. Quoi de plus légitime?

» Les concierges? ils dînaient en famille. Défend-on l'oie maintenant?

» Et M. le Président des assises... mais chut! veux-tu décidément sauter, ô ma tête!

» Ils ont tous fait leur devoir. Demoiselle Jeanne aussi, qui s'en est allée, dit-on, finir sa soirée au bal Valentino...

Coups d'aiguillon. (Même numéro.)

» Le *Moustique* voudrait bien savoir, avant sa dernière heure, s'il est vrai que M. le docteur Schontz soit entré dans le service de la Conciergerie par les soins d'un éminent magistrat, arrivé depuis peu de Normandie et qui va faire ses premières armes, comme président de la cour d'assises à la prochaine session. Réponse, S. V. P.

*
* *

» Le *Moniteur universel* annonce qu'on va faire à la chambre une demande de crédit pour remplacer le carreau par où Mlle Jeanne Péry a passé.

*
* *

» L'affaire des ciseaux s'appellera désormais l'affaire du carreau.

» Il y a une dame en noir dans l'histoire. Elle a été vue dans la cour du palais.

» Soupirait-elle une sérénade sous les balcons de certain conseiller qui était justement dans son cabinet à cette heure?

» On offre de parier que la dame en noir n'est pas celle qui se glissait quelquefois le long des corridors austères et qu'on appelait *Mam'zelle la Présidente*.

N° 113

(Extrait du *Moniteur universel* (imprimé.)

« 12 novembre 1865.

« *Partie non officielle*

» Nous rougirions de mettre en garde nos lecteurs contre les fausses nouvelles, les insinuations ridicules, les détails controuvés qui défraient certaine presse à propos de l'évasion de dimanche dernier.

» L'enquête sévère à laquelle on se livre découvrira sûrement la vérité.

» L'employé fugitif qui était le gardien même du secret, a été manqué de quelques minutes à la frontière. Tout porte à croire qu'il a reçu une forte somme d'argent.

» Quant à l'accusée elle-même, nos renseignements particuliers nous permettent d'affirmer qu'il lui a été impossible de quitter Paris, où elle n'échappera pas longtemps désormais aux investigations de la police.

N° 114

(Extrait de la *Gazette des Tribunaux*. (Imprimé.)

Paris, 13 novembre 1865.

» Le journal le *Moustique* vient d'être déféré au parquet, dans la personne de son gérant, pour un article contenant des outrages à la magistrature.

» On pense que l'affaire du Point-du-Jour (Jeanne Péry) sera renvoyée à une autre session.

» M. L. Thibaut qui devait débuter comme avocat dans cette cause, est, dit-on, gravement malade. Sa famille l'a fait entrer dans la maison de santé du docteur Chapart, médecin aliéniste. »

Même numéro

Coupé dans les *faits divers*.

« Le cadavre, trouvé devant la maison Lerebours, et qu'on supposait appartenir à un étudiant, a été reconnu par les agents du service de sûreté. C'est celui d'un repris de justice. On ignore la cause de ce meurtre, qui a été accompli sans armes d'aucune sorte, par simple strangulation. »

N° 115

(Ecriture de Lucien, très-altérée.)

Belleville, 2 décembre.

» M. L. Thibaut n'a pas perdu la raison. Il a perdu le repos après une déception terrible. Voilà bientôt un mois que Jeanne a quitté la prison. Depuis lors, M. L. Thibaut n'a reçu aucune nouvelle de Jeanne.

» L'opinion d'un ami lui serait bien précieuse. Y eut-il de sa faute? Aurait-il pu prévenir ce grand malheur?

» Dès qu'il aura un peu de force, il essayera de raconter, d'expliquer...

» Les assises sont closes. C'est aujourd'hui qu'on a jugé Mme Thibaut par contumace. M. Thibaut n'a pu la défendre. Oh! non, il n'a pas pu!...

» Il ne connaît pas le résultat de l'audience.

» Mais il le devine.

» Il est seul horriblement. Ceux qui ont un ami ne sont jamais tout-à-fait malheureux. »

N° 115

(Anonyme.)

Salle des Pas-Perdus, 5 h. du soir, 2 décembre.

M. L. Thibaut

« *As pas peur!* Elle est condamnée à mort, mais par contumace. On en revient.

» Nous allons bientôt commencer à nous revoir, monsieur et cher client. L'affaire maigrit, il faut mettre ordre à cela. Portez-vous bien.

» La santé de notre chère petite amie n'est pas trop mauvaise. Elle vous dit mille choses aimables.

Nº 116

(Etrait de la *Gazette des Tribunaux* (imprimé.)

« Paris, 3 décembre.

« La fameuse affaire des ciseaux, qui menaçait d'encombrer la salle des assises pendant plusieurs séances et qu'on disait remise à une autre session, a été jugée aujourd'hui presque à huis-clos. L'absence de l'accusée avait découragé la curiosité publique.

M. L. Thibaut, dont on dit la santé à tout jamais perdue, ne s'est pas présenté. La défense avait été confiée d'office à Mᵉ Moreau qui n'a pas eu à plaider.

» La cour, présidée par M. le conseiller Ferrand, a condamné Jeanne Péry, femme Thibaut à la peine capitale par contumace. »

Nº 117

(Ecriture de Lucien.)

« Belleville, 15 février 1866.

« Geoffroy, aujourd'hui, pour la première fois, je suis sorti dans le jardin. Je pense avoir été bien près de la mort, et cela me fait peur.

» Il me semble que je n'ai pas le droit de mourir.

» Voici maintenant trois mois que j'ai perdu Jeanne. D'autres à ma place la croiraient morte, mais je suis sûr qu'elle vit.

» Pendant ces trois mois, je me suis éveillé rarement, et chaque fois pour un instant bien court. Mon état ordinaire était celui que M. le docteur Chapart désigne sous le nom de *métapsychie*.

» Le mot n'est pas mal choisi. En cet état, je ne suis pas moi, je suis *à côté de moi*.

» Je ne puis l'expliquer par moi-même puisque mon retour ne garde aucun souvenir de mon absence, mais ceux qui m'entourent me renseignent et j'ai un moyen de contrôler leurs informations.

» Dans mon état d'absence, j'écris une considérable quantité de lettres, où je parle toujours de moi (tu sais déjà cela) à la troisième personne.

» Je sais donc que, pour moi, je ne suis pas moi. Qui suis-je? Rien dans mes lettres ne me l'indique, et il paraît que dans les paroles assez rares que j'échange avec les gens de la maison, rien non plus ne peut le faire deviner.

» Les premières fois, je me refusais à reconnaître mon écriture, tant elle est changée en ces moments où la crise physique accompagne sans doute l'aliénation morale. Il a fallu les assertions de ceux qui m'entourent.

» — C'est vous qui avez écrit cela, me disent-ils.

» Et une fois, le garçon de chambre m'a demandé :

» — Où donc le prenez-vous ce M. Geoffroy, à qui vous écrivez? Dans la lune?

» Car c'est là une chose qui me frappe fortement. Tu es chez moi le lien entre la réalité et le rêve. Dans l'un et l'autre de ces états tu ne m'abandonnes jamais.

» Quand je suis moi ou quand je suis l'autre, c'est toujours, toujours à toi que j'écris.

» Jeanne qui est ma vie, et toi qui es mon espérance, voilà ce que je garde.

» Cela me donne une foi superstitieuse en toi. Mon amitié s'obstine, mon espoir grandit au lieu de s'éteindre.

» Quand je perds courage, il y a un coin de mon cœur où je me réfugie. Ce coin, c'est celui qui me parle de toi.

» J'ai détruit les innombrables pages où ma plume avait tracé de confus griffonnages — parfois des hiéroglyphes que je ne pouvais déchiffrer moi-même

« Je n'ai gardé qu'un seul spécimen, que j'ai classé sous le n° 115 ci-dessus et qui remplacera pour toi tous les autres.

» Car ils se ressemblaient tous. C'était toujours une timide protestation contre la folie, un remords exprimé au sujet de la tentative d'évasion.

» Et la pensée de Jeanne.

» Tu remarqueras que tout ce qui concerne Jeanne est net et lucide. En moi, l'idée de Jeanne n'a jamais été folle.

» Je dois dire pourtant que le billet classé sous le n° 115 était de beaucoup le plus raisonnable. C'est pour cela que je l'ai conservé.

» Il y a une chose qui m'effraie, c'est le récit que j'ai te faire de la nuit du 7 au 8 octobre, — du dimanche au lundi : la nuit de l'évasion. »

» Je sens qu'il le faut.

» Mais si tu savais combien mes souvenirs sont à la fois vagues et douloureux ?

» Cette nuit là, j'ai tué un homme.

» Et j'ai perdu Jeanne!
» J'essaierai demain. »

N° 118

(Ecrite et signée par Louaisot de Méricourt.)

« Paris, 15 février 66.

« *A monsieur L. Thibaut, maison de santé du docteur Chapart...*

« Eh bien! mon pauvre cher monsieur, vous allez donc un peu mieux? J'en suis vraiment tout à fait content.

» On s'attache, vous savez. J'ai envoyé plus d'une fois ma mule savoir de vos nouvelles. (Mule, employé ici par métahprase pour signifier Pélagie et sa coiffe.) Elle aime monter chez vous parce qu'on passe par la Courtille. Ça n'a pas fait son éducation première au Sacré-Cœur, mais c'est libertin tout de même.

» Quand vous allez vous repiquer tout-à-fait, comme je l'espère, passez donc chez moi, rue Vivienne.

» Vous me devez 3,000 fr., mais ce n'est pas pressé, ne vous gênez pas de cela.

» Nous jabotterions tous deux amicalement. On peut avoir besoin l'un de l'autre. L'affaire se porte diablement bien, la gaillarde! Mon cabriolet n'est pas loin et il pourrait bien se changer en calèche.

» Dame! je ne l'aurais pas volé!

» Venez, quand vous aurez un quart d'heure à jeter par la fenêtre. Ce n'est pas que j'aie rien à vous vendre pour le moment, mais la semaine prochaine, qui sait? Peut-être demain, dites donc!

» Dans les maisons de curiosités comme la mienne, on trouve quelquefois de drôles d'occasions.

» Meilleure santé et à bientôt.

» *P. S.* — J'ai ouï dire par dessus les moulins que certaine jeune personne était établie tranquillement en Amérique, pays tout neuf et remarquable par la croustillance de ses demoiselles honnêtes. Moi, ça m'est égal. »

N° 119

(Ecriture de Lucien.)

« 16 février.

« Ce ne sera pas encore pour aujourd'hui, l'histoire de ma terrible nuit.

» Je suis trop ébranlé. J'ai eu des visites auxquelles je ne m'attendais pas.

» Ils sont venus tous ensemble. Tu ne devinerais pas qui. Je parie que tu penses à la quêteuse? Celle-là, je l'ai attendue nuit et jour pendant trois mois. Elle n'est jamais venue.

» Le docteur Schontz, lui, s'est présenté deux fois, pendant que j'étais hors d'état de le recevoir. Je lui ai écrit depuis, il ne m'a pas répondu. Je sais qu'il est absent pour un grand voyage.

» Non, ceux qui sont venus aujourd'hui, tous ensemble, c'est M. le conseiller Ferrand, ma mère et mes deux sœurs.

» Comment t'exprimer le sentiment que m'a fait éprouver la vue de M. Ferrand? Quoique ma famille fût là, il était pour moi le personnage principal.

» Te voilà bien avancé dans ta lecture. Tu touches aux dernières pages de mon dossier. As-tu jugé cet homme comme moi?

» Je l'ai sincèrement aimé, et beaucoup estimé.

» Tu as pu voir par les articles des journaux qu'il est soupçonné de n'avoir pas été étranger à l'évasion de Jeanne.

» Ces choses me touchent peu. La magistrature qui mérite souvent d'être blâmée est constamment relevée et sauvée par la calomnie stupide.

» Loin de poursuivre certaines feuilles, moi, je leur payerais une prime. Elles rehaussent si bien ce qu'elles croient outrager !

» Tu verras d'ailleurs demain ou après qu'il y a deux choses dans l'évasion de Jeanne : un effort loyal et secourable d'abord, ensuite une trahison.

» A supposer que M. Ferrand, à son insu, comme cela arrive, ait contribué à ouvrir une porte, à décrocher une serrure, il était du côté de Schontz et de la quêteuse, c'est-à-dire du parti loyal et généreux.

» Mais je suis bien sûr qu'il n'a rien fait, sinon regarder avec faveur une jeune et jolie personne.

» Comme beaucoup d'hommes graves, il a une façon dangereuse d'être galant.

» Je te demandais comment tu le juges. Moi, je le juge ainsi, de ce seul mot : il est austère et regarde les femmes.

» Il n'y a plus de mousquetaires. Pour eux, ce n'était

pas péché de boire, de jouer, d'aimer. Leur vie était une chanson et un éclat de rire.

» Mais les gens qui ne chantent pas, les gens graves, les magistrats, surtout, ces demi-prêtres, j'ai peur d'eux quand ils ont un roman d'amour.

» M. le conseiller Ferrand a été l'esclave d'Olympe. Il l'est peut-être encore : je jurerais sur mon propre honneur qu'il est resté honnête homme dans le sens bourgeois du mot.

» Quand je dis esclave, cela implique-t-il nécessairement amour? Il fut fait grand bruit de la passion d'Olympe pour moi, et M. Ferrand ne parut pas m'en vouloir à cause de cela.

» Au contraire, il était partisan de mon mariage avec Olympe.

» Tu comprends ces choses-là bien mieux que moi, qui te les explique.

» Caprice inamovible, galanterie du XIXe siècle!

» Nous ne sommes ni vertueux, ni poètes.

» Aussi le *Journal officiel* est presque toujours aussi coquin que le journal insulteur. Il ment par l'admiration salariée comme l'autre ment par l'outrage qui rapporte.

» Ni ces excès d'honneur ni cette indignité ne sont mérités par nos pères conscrits, qui sont parfois de très-remarquables esprits, sans avoir droit par leur caractère, à la moindre statue.

» Revenons à la visite que j'ai reçue.

» Il y avait de la tendresse vraie dans le baiser théâtral que ma pauvre maman m'a donné en entrant. Mes sœurs étaient plutôt curieuses qu'émues. Elles n'ont pu s'empêcher de me dire qu'elles avaient renoncé au mariage à cause de moi.

» Ma mère a mis ses deux mains sur mes épaules pour me regarder longuement.

» — Ton éducation a pourtant coûté les yeux de la tête ! a-t-elle fait entre haut et bas.

» — Vas-tu revenir avec nous en Normandie, Lucien ? m'a demandé Célestine.

» Et Julie a ajouté :

» — Tu pourrais trouver peut-être un emploi dans le commerce.

» M. Ferrand m'a donné la main comme si nous nous étions quittés de la veille.

« La conversation aurait langui sans ma mère qui m'a raconté les évènements d'Yvetot. Mlle Agathe a épousé M. Pivert, mon remplaçant. Elle a eu deux cachemires, et le meuble de sa chambre à coucher est lilas. Mlle Maria se marie la semaine prochaine avec un baigneur d'Etretat, pas le duc.

» Il n'y a que la longue Sidonie qui reste pendue au porte-manteau.

» — Et les deux pauvres minettes ! a ajouté ma mère en étouffant un gros soupir à l'adresse de Célestine et de Julie qui m'ont tendu la main noblement.

» Geoffroy, ce serait une amère tristesse pour moi si je me sentais cause de leur condamnation au célibat. Mais il n'y avait aucun mariage sur le tapis.

» Je trouve un peu injuste la responsabilité dont on m'accable, et j'avoue que je supporte impatiemment la clémence de mes deux chères sœurs.

» Au moment où ma mère a fait mine de se lever,

M. Ferrand l'a prévenue. Il m'a pris par la main et m'a conduit dans une embrasure.

» — Mon cher Thibaut, m'a-t-il dit, nous avons été confrères, et j'espère que nous sommes toujours amis.

» J'ai répondu :

» — Du moins n'ai-je aucune haine contre vous, monsieur Ferrand, je l'affirme.

» Il a retiré sa main en murmurant :

» — C'est peu dire.

» Nous nous regardions en face. Je ne t'ai pas encore assez répété, Geoffroy, que je tiens M. Ferrand pour un homme d'honneur.

» Cela implique-t-il qu'il soit un juge impeccable? Non. Il n'y a point de juge comme cela.

» Nos convictions ne descendent pas du ciel, elles naissent sur la terre.

» Tout ce qu'on peut demander à un homme juge ou non, c'est d'agir selon sa conviction.

» M. Ferrand a repris :

» — Je ne croyais pas qu'ayant été magistrat et me connaissant, vous pussiez garder contre moi de la rancune ou de la défiance. J'ai accompli un devoir.

» — C'est ainsi que je l'entends, ai-je répondu. Seulement il doit m'être permis de déplorer que vous vous soyez trompé en accomplissant votre devoir.

» Il a gardé un instant le silence.

» J'entendais ma mère et mes sœurs qui discutaient tout bas, mais avec énergie, la question de savoir si on irait au sermon ou à la Porte-Saint-Martin.

» Le père Lavigne prêchait, mais on jouait les *Mousquetaires*.

» — Mon cher Thibaut, poursuivit M. Ferrand, il est superflu de vous dire que j'ai écouté ma conscience. Voici maintenant pourquoi j'ai voulu vous entretenir en particulier. J'ai le désir, le grand désir d'être ramené à un autre sentiment. La condamnation n'est pas définitive. Il se peut que, volontairement ou par suite des circonstances, l'accusée Jeanne Péry revienne devant nous. Savez-vous quelque chose de particulier qui puisse m'éclairer ?

» — Oui, répartis-je sans hésiter, je sais beaucoup de choses.

» — Voulez-vous me les dire ?

» Nous nous touchions. Le grand jour nous enveloppait. Mes yeux étaient dans les siens.

» J'aurais surpris dans son regard la plus fugitive des pensées.

» Je n'y vis rien, sinon ce qui était exprimé par ces paroles : le loyal désir de savoir.

» Et aussi, peut-être, car ses paroles impliquaient également cela : la certitude qu'il n'avait plus rien à apprendre.

» — M. Ferrand, répliquai-je, je prends votre démarche comme elle doit être prise, en bonne part. Mais je refuse de vous dire ce que je sais jusqu'au moment où je jugerai utile ou nécessaire de rompre le silence. Vous avez raison, je puis vous l'affirmer : l'affaire n'est pas finie. Si Dieu me laisse l'existence et la faculté de penser, je m'engage à consacrer ce qui me reste de vie à la manifestation de la vérité.

» Je devinai une question sur ses lèvres. Il ne la proféra pas.

» — Au revoir donc, mon cher Thibaut, me dit-il en me tendant de nouveau sa main que je pris, je ne regrette pas ma démarche qui aurait pu être mieux accueillie. Quand vous jugerez à propos de venir à moi, souvenez-vous que ma porte — et ma main vous seront ouvertes à toute heure.

» Je remerciai et nous rejoignîmes ces dames.

» Le sermon avait eu tort. On s'était décidé pour la Porte-Saint-Martin.

» Mère m'embrassa de bon cœur et sans même m'appeler imbécile. Mes deux sœurs me concédèrent l'accolade chrétienne que le martyr doit à son bourreau.

» Et je restai seul, — brisé comme si je m'éveillais d'un cauchemar.

N° 120

(Ecriture de Lucien.)

« 18 février.

» Je vais réellement beaucoup mieux. M. Chapart, mon docteur, a inventé un sirop. Il me vend de ce sirop qui n'est pas plus mauvais à boire que les autres sirops.

» Il attribue *ma cure* à son sirop.

» J'en jette un verre le matin et le soir par la fenêtre.

» Cela consomme les bouteilles.

» Hier, j'ai commencé le récit que je t'avais promis. Je n'ai pas pu. J'ai lancé au feu trois ou quatre pages.

» Je recommence aujourd'hui. Si je ne réussis pas, je n'essaierai plus.

Nuit du 7 au 8 décembre. — Évasion de Jeanne.

Récit fait par Lucien de ce qui se passa sur le Quai de l'Horloge

« J'avais pris la même voiture que la veille. Le cocher était déjà habitué à la manœuvre. Je lui avais dit qu'il s'agissait d'un enlèvement et je le payais en conséquence.

» Depuis trois heures de l'après-midi jusqu'à onze heures de nuit, nous fîmes quatre stations en gardant notre distance de cinq ou six cents pas autour de la Conciergerie.

» Notre dernière station fut au coin du quai de l'Horloge et du Pont-Neuf, vis-à-vis de la maison Lerebours.

» Il faisait un temps froid et noir. La neige tombait

par intervalles. Quoique ce fût dimanche, le pont était presque désert.

» Mon cocher me dit :

» — C'est à ne pas jeter un étudiant dehors !

» Moi, je remerciais le hasard. Pour nous, c'était un bon temps.

» Vers minuit moins le quart, les voitures roulèrent. La sortie de l'Odéon mit une cinquantaine de groupes grelottants sur le pont, puis les autres théâtres vinrent en sens contraire.

» Cela dura une demi-heure. Les cafés de la rue Dauphine et du quai de l'École s'étaient fermés. A minuit et demi, il ne passait pas une âme devant la statue.

» Ce fut juste à ce moment, l'horloge des bains sonnait la demie de minuit, que cinq ou six jeunes gens qui me parurent être des étudiants ou des commis, ayant passé leur soirée du dimanche dans un lieu de plaisir, arrivèrent de la rue Dauphine, longèrent le pont et tournèrent l'angle de la maison Lerebours pour prendre le quai de l'Horloge.

» Ils allaient le nez dans leurs collets relevés, et ne semblaient pas du tout d'une gaîté folle.

» Ils passèrent. Un seul d'entre eux parut remarquer la voiture.

» Moi, je remarquais tout. Je crus voir qu'ils s'arrêtaient le long d'une maison en réparation, située à égale distance de la rue Harlay-du-Palais et du magasin Lerebours.

» Ils étaient entrés quelque part, peut-être, car j'eus beau écouter et regarder, je ne vis plus aucun mouvement, je n'entendis plus aucun bruit.

» Dix minutes tout au plus s'écoulèrent.

» Au bout de ce temps, et précisément à la hauteur de cette maison du quai de l'Horloge qui était en réparation, et où j'avais vu les jeunes gens disparaître, des cris de femmes retentirent.

» Un homme s'élança hors de la place Dauphine, dit en passant près de la voiture : « Ce sont elles ! » et disparut au détour du pont, dans la direction de la rue de la Monnaie.

Cet homme était enveloppé dans un manteau. Je ne suis pas sûr d'avoir reconnu le docteur Schontz.

» Il n'avait pas fini de parler que j'étais déjà hors de la voiture.

» Deux femmes, toutes deux vêtues de noir, arrivaient en courant, poursuivies de près par les six jeunes gens qui se donnaient maintenant des airs de gens ivres.

» L'une des femmes était bien ma Jeanne, car sa pauvre chère voix, brisée par l'épouvante, criait :

» — A moi, Lucien ! au secours !

» Je n'avais pas d'armes. Je n'ai jamais d'armes. Je méprise et je hais les armes.

» J'aurais donné dix ans de vie, non pas pour tenir en main un pistolet, mais une massue.

» L'autre femme ne criait pas. Elle était voilée. Je savais que c'était la quêteuse.

» Je m'élançai en avant, la tête basse et les poings fermés.

» Il me semblait simple et facile de tuer ces six jeunes gens avec mes mains.

» La quêteuse était serrée d'un peu plus près que Jeanne. Son voile volait au vent derrière elle.

» La main de celui qui la pousuivait put saisir la dentelle.

» Il tira — mais la dentelle lui resta dans les doigts.

» Et la figure de la quêteuse fut découverte.

» Elle arrivait juste sous le reverbère.

» C'était Jeanne!

» Et pourtant, l'autre Jeanne qui venait de trébucher contre un tas de neige criait de sa pauvre douce voix en détresse :

» — Lucien! au secours! au secours!

» J'hésitai l'espace d'une seconde, ne sachant à laquelle aller.

» Le son peut tromper.

» Celle qui avait appelé entra à son tour dans la lueur du reverbère.

» C'était Jeanne aussi!

» Je les vis toutes deux pendant un instant.

» Il y avait deux Jeanne!

» Je me crus fou, mais cela ne m'arrêta pas.

» Jamais je ne m'étais battu. Je pense que je ne me battrai plus jamais.

» Je plantai ma tête dans la poitrine de celui qui avait arraché le voile. Il fut enlevé de terre et retomba en poussant un râle sourd.

» Je me retournai sur celui qui allait atteindre l'autre Jeanne, et je le précipitai le front sur le pavé.

» En ce moment, je me souviens bien que j'entendis la voix de la quêteuse qui disait, à moi, sans doute :

» — Nous sommes trahis! c'est un guet-à-pens!

» Je ne la vis plus après cela.

» Je ne vis plus que ma petite Jeanne, entourée par trois hommes.

» Le quatrième, car ils restaient quatre debout, me barrait le passage.

» Je bondis à sa gorge comme un loup. Nous luttâmes. Il était fort. Il me mit dessous.

» Pendant que nous luttions, — et que je ne voyais plus rien, car le corps de mon adversaire me couvrait, — j'entendais la voix de Jeanne qui s'éloignait, criant :

» — Au secours, Lucien, au secours !

» Mes doigts se crispaient autour de cette gorge que j'avais entre les mains. Je ne me défendais pas, j'essayais d'étrangler. — La gorge râla.

» J'entendis le pavé qui sonnait sous les roues d'une voiture.

» Les mains qui me garottaient se lâchèrent — et le corps devint plus lourd.

» Je parvins à le soulever. Il retomba inerte...

» Je me remis sur mes pieds.

» — Jeanne ! Jeanne ! où es-tu ?

» Pas de réponse.

» — Jeanne ! Jeanne !...

» Le silence.

» Tout était désert autour de moi.

» La voiture elle-même était partie et c'était elle sans doute qui avait servi à emmener Jeanne.

» Il n'y avait plus là que l'homme mort — et moi dont le cerveau chancelait comme une ruine.

» Ma dernière lueur de raison fut d'écouter attentivement pour saisir au loin le bruit des roues.

» Mais je n'entendis rien, sinon ce murmure uniforme

que rendent les quatre aires de vent dans les nuits de Paris.

» Je retombai sur le pavé et je restai assis dans la neige à côté du mort.

» Je ne tâtai pas si son cœur battait.

» Je me souviens que j'entendais sonner les heures.

» Quand le jour vint, j'étais encore là. Je vis la figure du mort.

» Il me regardait.

» Je m'enfuis pour éviter ce regard qui me blessait. Je marchai longtemps dans les rues, — et je vins tomber au seuil de ma porte où je m'évanouis. »

N° 121

(Ecriture de Lucien.)

« 30 février.

» Je ne reçois aucune nouvelle.

» Le plus étrange pour moi, c'est que je n'ai plus entendu parler de cette femme : La quêteuse. — S'ils l'avaient tuée !

» Tu comprends bien que j'ai méfiance de moi-même et que je ne crois pas complètement au témoignage de mes sens.

» Je viens de relire ce récit qui a déjà deux semaines de date. Je n'avais pas espéré l'écrire si clair, mais ai-je vu réellement deux Jeanne?...

» Geoffroy, la question qui va suivre, te l'es-tu adressée?

» Si j'ai vu deux Jeanne, l'une d'elles est Fanchette.

» L'une d'elles a poignardé Albert de Rochecotte, son amant.

» L'une d'elles a réfugié son crime derrière l'innocence de l'autre !

» A quoi croire? A qui se fier? Où porter son regard et sa pensée? Le cercle des menaces se resserre.

» Je ne sais rien de plus mortel que de découvrir un ennemi sous l'apparence d'un bienfaiteur.

» S'il y a du sang aux mains de la quêteuse, si elle est Fanchette, qu'a-t-elle fait de Jeanne? »

N° 122

Même écriture que les deux billets anonymes, attribués à la quêteuse de Notre-Dame des Victoires. — Sans signature.)

« Londres, 30 février 1866.

» *A M. L. Thibaut.*

» Il se peut, il se doit même que vous ayez défiance de moi. Vous avez vu mes traits. C'est un très-grand malheur *pour vous, — et pour elle.*

» Vous en savez assez pour condamner. Vous ignorez trop pour juger.

» J'avais accompli un acte très-difficile, presque impossible, dans la nuit du 7 au 8 décembre. On m'a volée du résultat de mes efforts.

» Ce qui avait été fait pour elle a tourné contre elle.

» Je ne me suis pas découragée. Mon devoir reste le même : mon devoir impérieux.

» J'arrive de New-York. Une fausse indication m'avait dirigée sur l'Amérique où je croyais trouver Jeanne.

» Jeanne n'a pas quitté la France, peut-être même n'a-t-elle pas quitté Paris. J'y retourne.

» Ne craignez aucune catastrophe immédiate. *Quelque chose protége Jeanne.*

» *Et quelqu'un aussi.*

» N'avez-vous pas des amis? N'avez-vous pas au moins un ami? Personne n'est sans avoir un ami.

» Appelez à votre aide. Tout n'est pas désespéré.

» Il serait de la plus haute importance de trouver un homme du nom de J.-B. Martroy, qui doit être à Paris en ce moment.

» J'ai lieu de croire qu'il se cache. Encore une fois, appelez à votre aide. Efforcez-vous.

» La protection qui couvre Jeanne peut faiblir — ou disparaître. »

(Mention de la main de Lucien) :

» Cette lettre fut trouvée par moi à mon ancien logement, lors de ma première sortie. On m'y demandait si j'avais un ami. Geoffroy, je songeai à toi.

N° 123

(Ecrite et signée par Lucien.)

« Belleville, rue des Moulins, maison de santé du docteur Chapart, 4 avril 1866.

» *A Monsieur le chef du personnel au ministère des affaires étrangères, à Paris.*

» Monsieur,

» J'ai recours à votre obligeance pour connaître la résidence actuelle de M. Geoffroy de Rœux, récemment attaché à l'ambassade de Turquie.

» J'aurais une communication importante à lui adresser. L'affaire est urgente.

» Veuillez agréer, etc.

N° 124

Du ministère des affaires étrangères. — Division du personnel (2e bureau.)

« Paris, 9 avril 1866.

Monsieur L. Thibaut, avocat.

« Monsieur,

» En réponse à la demande que vous m'avez adressée, j'ai l'honneur de vous informer que M. Geoffroy de Rœux, attaché à la légation d'Italie, est rappelé à Paris, où il a reçu l'ordre de se tenir à la disposition de S. Exc. M. le ministre des affaires étrangères.

» Veuillez agréer, etc.

N° 125

(Ecrite et signée par Lucien.)

« Paris, 10 avril 1866.

» *A monsieur Geoffroy de Rœux, attaché à la légation d'Italie, rue du Helder, à Paris.*

» Mon cher Geoffroy,

» J'ai grand besoin de toi. Tu m'entends : besoin, besoin! Viens *tout de suite* ou écris-moi un mot qui me dise où je pourrai te trouver. La chose presse, malheureusement. Viens vite. »

Note de la main de Geoffroy. — Cette lettre, exactement semblable à celle que je reçus en Irlande et qui interrompit mes excursions autour du lac Corrib, ne fut pas envoyée, puisque je la retrouvais au dossier.

Si elle eût été envoyée chez moi, elle m'eût rencontré lors de mon passage à Paris où je touchai barre en revenant de Turin, vers le 15 avril.

Ce retard va être expliqué dans la suite de la correspondance.

N° 126

(Ecriture de Lucien.)

« 14 avril.

» J'ai eu trois jours de crise. La crise va revenir. Elle n'est pas loin, je la sens, elle me guette. — Depuis quinze jours, j'en ai souvent.

» Je n'étais pas assez misérablement impuissant! Il me faut ce surcroît.

» Ta lettre est encore sur mon bureau : la lettre que je t'ai écrite.

» Que vais-je te demander, si tu viens? que peux-tu faire? Tu as une carrière. Puis-je exiger de toi que tu me donnes ta vie?

» Et sur quels indices te mettrais-je en campagne?

» Un billet anonyme, écrit par cette femme qui m'a déjà trompé...

» Je suis découragé jusqu'à l'agonie.

» Ta lettre est là. Elle y reste...

» Te souviens-tu? Ce Martroy dont parle la quêteuse s'est présenté à moi de lui-même au moins deux fois, peut-être trois fois...

» Je viens de feuilleter tout le dossier : c'est trois fois.

» La dernière fois, qui est assez récente, il prenait le nom de J.-B. Calvaire et me disait de lui écrire poste restante. C'était vers la fin de septembre.

» J'ai écrit ce matin poste restante et j'ai mis un bon dans la lettre.

» Mais de septembre en avril! sept mois! Il a dû se fatiguer d'aller au bureau de poste sans y jamais rien trouver.

» J'ai remords de ma négligence. Que de fautes il y a dans mon malheur!

» Et d'un autre côté, puis-je accorder confiance à un avis qui me vient de cette femme!

» Que le bon Dieu ait pitié de moi! »

N° 127

(Ecriture de Lucien.)

« 16 avril.

» Je me suis levé avec l'idée d'aller chez toi, rue du Helder. Cela vaudrait bien mieux qu'une lettre. Pourquoi ne l'ai-je pas tenté plus tôt?

»Ma détresse a quelque chose de misérable et de ridicule à cause de ma lâcheté. Je ne m'aide pas.

» Quand je pense que tu es peut-être à deux pas de moi, et que j'ai un si ardent désir de te voir !

» J'ai demandé une voiture. M. le docteur Chapart est venu lui-même. Il m'a tâté le pouls. Défense de sortir. Double dose de sirop-Chapart. Calme absolu. Rien que des potages.

» Le fait est que je suis cruellement malade, Geoffroy.

» Je n'aurais pas pu aller, ma tête se brouille.

» Je n'ai pas reçu réponse de J.-B. Martroy. »

N° 128

(Ecriture de Lucien.)

» 30 avril.

» Rien de ce Martroy. Plus rien de la quêteuse.

» La lettre à ton adresse est toujours là.

» Mes crises se rapprochent d'une façon effrayante.

» Il me semble que je me sauverais moi-même si je pouvais travailler à la sauver.

» Je ne peux pas. Je ne peux rien. J'ai toujours été un être faible. Même quand je tue un homme, cela ne sert à rien.

» L'homme que j'ai tué, je le revois quelquefois dans la neige, avec sa face terreuse et presque noire. Il était tout jeune. Il avait les cheveux blonds. Les journaux ont dit que c'était un malfaiteur. Tant mieux.

» Je n'aurais pas eu de remords, même sans cela.

» Voici juste vingt jours que ta lettre est là. Je n'ai plus l'idée de te l'adresser.

» A quoi bon ? »

N° 129

(Écriture de Lucien.)

» 1ᵉʳ mai.

» A quoi bon! Oh! tu es jeune, toi, tu es fort, tu connais la vie — et tu as des amis!

» Je me déchirerais la poitrine avec mes ongles! *A quoi bon?* C'est moi qui ai écrit cela! Mais elle se meurt, peut-être!

» Je suis dans mon lit. J'ai soif, je brûle. Je la vois si pâle! Où s'est envolé son sourire? Il y a de grosses larmes qui roulent lentement le long de ses joues. Je les vois...

» De mon lit je vois Paris par ma fenêtre. Elle est là. Où? Il y a des moments où mon œil se dirige comme si une voix l'appelait.

» C'est qu'elle m'appelle, va, Geoffroy!

» Vais-je mourir sans combattre! Ma force! Ma jeunesse! Moi, je ne me sers pas d'armes. Que Dieu me montre l'ennemi de Jeanne, j'irai à lui, fût-il Satan, et je l'étranglerai!

N° 130

(Ecriture de Lucien, mais pénible et altérée.)

17 mai.

» Ces deux semaines ont été comme un rêve douloureux.

» Ma mère est venue hier, toute seule. Elle a pleuré

en me voyant. Je dois être bien changé. Elle m'a demandé si je répugnerais à voir un prêtre.

» J'ai écrit à Jeanne, comme je t'écris à toi, pour laisser mon cœur parler.

» Si nous devions nous retrouver dans l'autre vie...

» Voilà maintenant dix-neuf jours que je ne me suis levé. Mes yeux faiblissent; je ne vois plus bien Paris.

« Quand ma mère est partie, elle a parlé au docteur dans l'antichambre. J'ai entendu qu'il lui disait : Ça peut durer un mois, deux mois, mais ça peut finir brusquement.

» Il me semble que Jeanne est morte. J'ai hâte de mourir aussi.

N° 131

(Ecriture de Lucien.)

18 mai.

» Je suis debout! je vois Paris! Jeanne y est. Jeanne m'a écrit, Jeanne m'a parlé, Bonté de Dieu! moi qui désespérais!

» Ce matin, on a laissé entrer chez moi un beau jeune garçon de douze à treize ans. J'ai cru au premier aspect que c'était Olympe déguisée, tant il lui ressemble.

» Il venait de la part de M. Louaisot de Méricourt, dont il est le neveu.

» M. Louaisot m'envoyait des compliments, et désirait avoir de mes nouvelles,

» Le beau jeune garçon n'est pas resté plus de deux minutes. J'étais à me demander pourquoi M. Louaisot me l'avait envoyé lorsque j'ai vu une petite enveloppe sur ma table de nuit. Je l'ai prise. Il n'y avait rien à l'extérieur.

» J'ai déchiré le cachet. Tout ce qui me reste de sang s'est précipité vers mon cœur. J'avais reconnu l'écriture de ma Jeanne.

» Rien que deux pauvres petites chères lignes :

» *Je ne peux pas te dire où je suis. Je me porte bien. Je t'aime de tout mon cœur. Je ne serais pas malheureuse, si je n'étais loin de toi...*

» Cette lettre ne peut avoir été apportée que par le jeune garçon !

» Avant son arrivée je suis sûr qu'il n'y avait aucun papier sur ma table de nuit.

» Olympe n'a pas de frère — ni de fils. Elle est d'ailleurs trop jeune pour avoir un enfant de cet âge-là.

» Il lui ressemble étrangement !

» A-t-il apporté cela de lui-même ?

» Est-ce un envoi de Louaisot qui voyait de loin que la lampe allait s'éteindre ?...

» Je crois être sûr qu'il a besoin de moi vivant — pour nourir l'affaire.

» Ce qui est certain, c'est que les deux lignes sont de Jeanne.

» Je les défie bien de me tromper en contrefaisant son écriture ? Je les ai baisées, ces deux lignes, cent fois, mille fois. Il reste quelque chose de son âme à mes lèvres.

» **Je suis ressuscité.**

» J'ai recopié ta lettre — ta lettre qui attendait là depuis trente-huit jours. Je te l'ai adressée.

» Elle est à la poste. Tu l'as déjà peut-être.

» Tu vas venir, je le devine, je le sens. Un bonheur n'arrive jamais seul.

» Ma mère est revenue. J'étais si mal hier qu'elle avait peur de ne pas me retrouver vivant.

» Quand elle m'a vu, elle a crié au miracle.

» Le docteur Chapart a brandi la bouteille de médicament qui est toujours sur ma commode.

» — Madame, s'est-il écrié, vous avez dit le mot : c'est un miracle. J'espère que vous répandrez parmi vos amis et connaissances qu'il est dû au sirop-Chapart !

» C'est une effrontée boule de chair que ce gros petit homme ! Il sait que son sirop me sert à arroser la plate-bande qui est sous ma fenêtre, — et qu'il n'y vient jamais rien...

» Voilà midi. Tu as ma lettre. Je suis seul. Je veux préparer notre causerie de tantôt.

» Car tu vas être ici vers deux heures. C'est si loin, Belleville ! Je changerai de logement pour me rapprocher de toi, quand même je devrais perdre le sirop Chapart.

» Je te disais l'autre jour que j'ignorais ce que tu pourrais faire pour moi. J'étais mort. Je suis vivant aujourd'hui. Je sais ce que tu feras.

» Ou plutôt ce que nous ferons, car je veux travailler avec toi nuit et jour.

» Il y a une Fanchette ! Nous possédons un point de départ.

» Mais d'abord, retrouvons Jeanne. C'est facile. Quand

je tiens quelqu'un à la gorge, c'est un collier de fer. Louaisot sait où est Jeanne. Je le lui demanderai dans le langage que j'ai tenu à l'homme étranglé.

» Tu verras le trésor de renseignements que j'ai amassé. Nous sommes dans les délais pour former opposition à l'arrêt du 2 décembre. Jeanne sera réhabilitée, — quand je devrais traîner Fanchette aux pieds de la Cour!

» Et quand même rien de tout cela ne serait possible, quand notre dernière ressource serait la fuite, partout où elle sera, j'aurai ma patrie.

» Deux heures qui sonnent! la route est longue et la grande rue monte. Je t'attends.

» J'ai fermé ma fenêtre. L'air est froid. Ou bien, c'est moi peut-être qui ai des frissons...

» Deux heures et demie! Aujourd'hui tu viendras trop tard, Geoffroy. Je sens *l'autre moi* qui pousse ma pensée hors de mon cerveau. Le voilà. Ma plume tombe...

N° 132

(Écriture de Lucien.)

19 mai.

» Tu n'es pas venu Geoffroy. Je fais ce que j'aurais dû faire dès hier : j'envoie chez toi.

» Je suis bien, très-bien. J'ai la lettre de Jeanne...

» Ma crise d'hier a été longue, mais elle ne touchait que l'esprit. Le corps ne souffre plus.

» Pourtant, je ne retrouve pas toute ma vaillance

d'hier. Les ennemis que nous aurons à combattre toi et moi sont bien résolus et bien puissants...

» Mon messager revient de chez toi. Tu n'es pas à Paris. Où ma lettre te trouvera-t-elle ?

» Ces gens sont de bien habiles faussaires. Il y a des moments où je me demande si ma chère lettre est bien de Jeanne...

» Le temps est sombre. Ma crise vient à l'heure ordinaire.

» Je crois que j'ai espéré pour la dernière fois.

N° 133

(Écriture de Lucien.)

7 juin.

» Je n'écris plus, même pour moi. Tu étais mon prétexte. Je te parlais...

» Je n'aurais jamais cru que mon appel pût rester sans réponse.

» J'attends depuis trois semaines !

N° 134.

(Écriture de Lucien.)

29 juin.

« Je n'attends plus... Adieu ! »

FIN DU DOSSIER DE LUCIEN.

Note de Geoffroy. — Ceci était la dernière feuille. Je m'endormis en la tenant dans mes mains. Il était cinq heures du matin, et c'était ma seconde nuit sans sommeil.

Au moment où je perdais connaissance, je me souviens que je répétais en moi-même cette parole de Lucien ayant trait au fait qui m'avait le plus frappé dans ma lecture de cette nuit :

— Elles sont deux Jeanne !

RÉCIT DE GEOFFROY

Je m'éveillai avec la même pensée. En rassemblant les pièces du dossier, passablement en désordre, pour les remettre dans leur chemise, je me surpris à parler tout haut, disant :

— Elles sont deux, c'est certain...

— Parbleu ! fit une voix de basse-taille qui partait de l'embrasure de ma fenêtre.

Je me retournai vivement et je reconnus avec surprise M. Louaisot, assis commodément à côté de la croisée, et dont les lunettes mettaient deux ronds de lumière sur le journal qu'il lisait.

— Je n'ai aucune espèce de droit à en user familièrement dans votre domicile, mon cher monsieur, me dit-il d'un ton beaucoup plus « homme du monde » que je ne l'aurais attendu de lui. C'est à peine si je pourrais me vanter d'être au nombre de vos connaissances, mais comme votre valet de chambre était absent et que je vous apportais de la pâture...

Au lieu d'achever sa phrase, il allongea le bras et mit un paquet d'épreuves sur ma table de nuit.

J'avais tôt réprimé un mouvement de fierté blessée.

Ce n'est pas pour peu de chose que j'eusse consenti à me brouiller avec M. Louaisot !

Il reprit en se levant pour retourner son fauteuil.

— J'ose espérer que vous m'excuserez.

— Mais très-volontiers.

— Je vous rends grâce... Alors nous avons achevé notre lecture ?

— Comme vous voyez.

— Et nous n'y avons rien compris du tout ?

— Mais, si fait, monsieur Louaisot. Je crois pouvoir dire au contraire...

— Quant à cela, vous pouvez dire tout ce que vous voudrez !

— Permettez...

— Je permets. Seulement vous n'y voyez goutte.

— Quand ce ne serait que ce fait de l'existence des deux sœurs ?

— Elles sont trois, cher monsieur

— Comment, trois !

— Pas une de moins !

Je le regardais avec inquiétude, ne sachant s'il se moquait de moi.

— Trois, répéta-t-il, je dis trois sœurs : une, deux, trois ! et toutes trois de beaux brins, quoi qu'il y en ait une qui n'ait plus ses dix-huit ans... Et que pensez-vous de l'incident Ferrand ? L'histoire de la quêteuse ? et celle de ce douceâtre docteur Schontz ?

— Je pense, répondis-je en le couvrant de mon regard fixe, car j'avais recouvré tout mon sang-froid, je pense que vous avez mis tous ces pauvres gens-là en avant, vous, monsieur Louaisot, et qu'ils ont tiré les marrons du feu pour vous.

Ses lunettes laissèrent passer un rayon de triomphante vanité.

Il ébaucha même le geste de se frotter les mains.

— Moi, monsieur Louaisot, répéta-t-il, surnommé de Méricourt, je n'aurais pas du tout honte de vendre des marrons, si ce métier-là était de ceux où l'on fait fortune.

M. Louaisot croisa ses jambes l'une sur l'autre, en homme qui prend position définitive, et fredonna tout bas, non pas

Ah ! vous dirais-je maman,

c'était bon pour chez lui, mais la romance sentimentale de Bérat :

J'aime à revoir ma Normandie,
C'est le pays qui m'a donné le jour.

Ce qu'il trouvait sans doute plus habillé.

C'était vraiment un scélérat de bien bonne humeur.

— Rien, rien, rien, cher monsieur, reprit-il tout à

coup, je vous dis que vous n'y comprenez rien! L'affaire est simple, voilà ce qui vous déroute au milieu de toutes les complications dont on l'a entourée. Ce pauvre bon garçon de Lucien a pourtant raison quand il dit qu'il y a un homme de talent là-dedans. Mais pourquoi le désigne-t-il sous le nom de docteur ès-crimes et autres appellations injurieuses? Pourquoi? je vais avoir l'honneur de vous le dire. Les gens à courte vue détestent ce qu'ils ne conçoivent pas. Et ce cher excellent M. Thibaut, avant d'arriver à l'état de ramollissement où nous avons le chagrin de le voir réduit, n'avait pas inventé la poudre!

— Lucien, dis-je, n'est pas un adversaire aussi méprisable que vous le pensez.

— Il étrangle bien! dit M. Louaisot. Ah! saperlotte, quand je me suis permis de mettre mes lunettes dans son grimoire, j'ai distingué ce passage. Le gredin du quai de l'Horloge fut proprement étranglé; mais voilà : Cela donne la mesure exacte de son intelligence. Il étrangle un détail et il laisse le fait principal passer son chemin.

— Quand vous êtes seul contre six, monsieur Louaisot, tout docteur que vous êtes...

— Jamais il ne faut être seul contre six!... Mais sur cette pente, notre discussion deviendrait un assaut de pensées philosophiques, et nous ne sommes ni l'un ni l'autre des fainéants... Vous n'avez pas été en Russie?

— Non. Pourquoi?

— Parce que vous avez inspiré de l'intérêt à la plus jolie femme du monde, et qu'il manque un attaché à l'ambassade de Saint-Pétersbourg.

— Si on me nomme, je peux donner ma démission.

— Vous êtes nommé, mon cher monsieur.

Je gardai le silence.

— Voulez-vous que je vous dise? s'écria M. Louaisot en haussant les épaules. Voilà de la guerre bêtement faite! La femme la plus intelligente est toujours un très-petit homme. Vous n'avez pas cru à la mort de Jeanne Péry, j'en suis sûr. Quand vous jouez à l'écarté, marquez vos points, c'est la mode, mais il est d'autres jeux...

— M. Louaisot, interrompis-je, je voudrais avoir une affirmation ou une négation sur ce sujet : Jeanne est-elle morte?

Il piqua ce coup de doigt qu'il donnait à ses lunettes et il me regarda d'un air de franche supériorité.

— Quand vous refléchiriez une fois en votre vie, cher monsieur, dit-il, vous n'en mourriez pas. Selon vous, depuis déjà du temps, Jeanne est entre les mains du démon, n'est-il pas vrai? Eh bien, quand une pauvre colombe languit dans les griffes du vautour, la question de savoir si elle a été mangée hier ou si elle sera mangée demain est parfaitement oiseuse. Cela dépend du vautour... Je vous dis, moi, que le brave Thibaut est beaucoup moins convaincu de nos scélératesses qu'il ne le croit. Nous sommes à Paris, que diable! La France est le pays de l'univers où il en coûte le moins pour raconter à la justice les bourdes les plus pitoyables. Suis-je un prince pour qu'on n'ose me dénoncer? Non. Il y a un fou, là-dedans, voyez-vous, et tout participe un peu de sa folie. Mme la marquise elle-même, à force d'aimer ce fou, est très-gentiment un peu folle. Mais je suis sage, moi...

Ici, M. Louaisot s'arrêta et prêta l'oreille.
On marchait dans mon antichambre.

J'arrive à raconter un fait qui paraîtra peut-être peu important et même trivial.

C'est alors que je n'aurai pas su le rendre, car il me frappa singulièrement.

Il y a des hommes-limiers. Je ne le savais pas, je le vis.

Juste au moment où M. Louaisot s'arrêtait, la porte s'ouvrit lentement et sans bruit aucun. La maigre figure de J.-B. Martroy se montra sur le seuil, humble et souriante.

Sur ses lèvres, on devinait qu'il allait dire :
— Mon bienfaiteur, vous voyez que je suis fidèle au rendez-vous !

Mais il ne parla point, parce que son regard rencontra, entre lui et moi, la titus touffue de M. Louaisot, qui lui tournait le dos.

Jamais je n'ai vu décomposition chimique plus rapide. Il n'y a pas de poison foudroyant qui puisse produire un semblable effet.

Instantanément, Martroy devint couleur *de mort*.

Il se retint au chambranle pour ne pas tomber, puis il disparut, fermant la porte sans bruit, comme il l'avait ouverte.

Louaisot s'était remis à parler en disant je ne sais quoi d'insignifiant.

Il avait, j'en étais sûr, entendu la porte s'ouvrir, puis se refermer.

Il ne s'était pas retourné. Aucune glace n'était posée

de manière à lui montrer les objets placés derrière lui.

La physionomie d'un interlocuteur peut servir de miroir, mais j'étais sûr de n'avoir pas bronché.

Il cessa de nouveau de parler deux ou trois secondes après la fermeture de la porte, — juste le temps qu'il aurait fallu au fumet d'un animal, — d'un gibier pour arriver de l'antichambre jusqu'à lui.

Ses yeux devinrent vagues derrière ses lunettes éteintes. Son nez ondula positivement, puis ses narines se gonflèrent avec force.

— C'est un fumeur, dit-il, et c'est un pauvre.

— Qui donc? demandai-je.

Sa figure avait déjà repris son aspect ordinaire. Il souriait.

— Je suis docteur, vous savez? fit-il avec bonhomie. Nos examens comprennent des quantités de matières, et votre baccalauréat n'est rien auprès du nôtre. Avez-vous remarqué que chaque pipe a son odeur?

— L'odeur d'une pipe, oui.

J'essayais de rire, mais ma poitrine se serrait.

— Je m'exprime mal à ce qu'il paraît, reprit M. Louaisot. Je voulais dire qu'un homme qui fume la pipe est reconnaissable par l'odeur particulière de sa pipe comme il est reconnaissable par sa voix, par son pas, par son écriture, par toute chose enfin qui lui est propre. J'ai beaucoup étudié ces choses-là. Les sauvages d'Amérique ont des rocamboles encore plus subtiles... Voilà longtemps que je n'avais senti cette pipe-là.

J'eus froid pour ce pauvre petit diable de Martroy.

— Guzman! appelai-je.

— Vous souhaitez quelque chose? me demanda M. Louaisot.

— Je voudrais voir si vous connaissez la pipe de mon valet de chambre.

— Ne prenez pas cette peine-là, dit-il en se levant. Guzman est un garçon bien nourri. Le tabac et la misère combinent un coquin de parfum qu'on n'oublie plus quand on l'a respiré... Je vais avoir l'honneur de prendre congé, car l'estomac me tire. Je vous laisse mes épreuves; le roman va bien : nous allons faire une réputation à ce vieux cancre : le Dernier Vivant... Résumons-nous : vous pataugez, mon cher monsieur, parce que vous prenez les almanachs d'un homme qui barbotte. Vous voyez des démons où il n'y a que d'estimables industriels, et des victimes dans ceux ou celles qu'on essaye de sauver.

Et puis, je savais bien que j'avais quelque chose à vous dire! et puis, tout diplomate que vous êtes, vous conservez d'enfantins préjugés.

Voltaire s'entendait quand il voulait inventer le bon Dieu.

Vous, « *vous croyez que c'est arrivé,* » comme dit le militaire de Pélagie.

Le titre de magistrat, de président, de conseiller vous fait quelque chose. Vous hésitez à vous dire tout franchement à vous-même : « Celui-là est une canaille ! » Pardonnez-moi l'expression. Elle a le mérite de la simplicité.

Mon cher monsieur, je ne donnerais pas dix centimes de vos dossiers, ni de toutes vos instructions pour rire.

Quand vous voudrez savoir le fin mot, j'en tiens boutique. Mais ça coûte bon. Au plaisir de vous revoir.

Il me salua et prit la porte. J'entendis sa basse-taille dans l'antichambre qui chantait :

> Quand tout renaît à l'espérance
> Et que l'hiver fuit loin de nous...

Toujours *ma Normandie* de feu Bérat.

Je restai sous l'impression d'un sentiment qui ressemblait à de la peur.

M. Louaisot avait-il vraiment reconnu Martroy ?

J'appelai Gusman.

— M. Louaisot a-t-il parlé ?

— Il m'a demandé si je voulais faire trente points en fumant ma pipe !

— Qu'as-tu répondu ?

— Que j'en sortais, et que je ne fume que des petits bordeaux.

— Et l'autre, où est-il passé ?

— Quel autre ? Je n'ai vu personne.

L'habitude de faire trente points ne peut être rangée dans la catégorie des forfaits qui ne méritent pas de merci, mais elle empêche de bien garder une maison.

Je renvoyai Guzman en lui recommandant de faire entrer Martroy aussitôt qu'il viendrait.

J'avais ressenti tout à l'heure une impression véritablement pénible et comparable à celle qu'on éprouverait à voir une bête féroce s'approcher d'un enfant endormi.

Cela s'effaçait peu à peu. Je me taxais moi-même d'exagération. Et j'essayais de démêler, parmi les discours de Louaisot, le motif réel de sa visite.

Ce motif se cachait-il dans le *post-scriptum* de notre entrevue? Il en voulait beaucoup à M. Ferrand. Cela me rangeait à l'opinion de Lucien, qui déclarait ce galant magistrat homme d'honneur.

Je pris les épreuves du roman commencé dans le *Pirate : La Tontine des cinq fournisseurs*. J'en avais maintenant trois gros paquets à lire.

Au moment où je mettais les feuillets en ordre sur ma couverture, Guzman introduisit Martroy.

Le pauvre petit homme gardait bien quelque chose de l'aspect effarouché d'une chouette qui vient d'échapper à l'épervier, mais sous son désordre, il y avait un naïf triomphe.

— Tout de même, me dit-il en entrant, M. Mouainot de Barthélémicourt n'y a vu que du feu! Est-ce qu'il vient souvent? Ça rendrait mes visites plus rares.

J'étais à m'interroger pour savoir s'il fallait l'avertir ou lui laisser sa sécurité.

— Où vous êtes-vous caché, Martroy? demandai-je. Etes-vous bien sûr qu'il ne vous a point reconnu sous la porte cochère ou dans la rue?

Il cligna de l'œil d'un air malin.

— Quand on est costumé comme cela, répliqua-t-il en touchant sa pélerine de toile cirée blanche, il ne faut pas se cacher à moitié. Le patron est le meilleur chien de chasse que je connaisse, mais je suis son élève et nous pouvons faire notre partie, tant qu'il ne m'a pas vu. Ce n'est pas avec lui qu'on se dissimule derrière un fiacre ou dans une allée.

— Comment avez-vous fait?

— Au lieu de descendre, j'ai monté. J'ai été m'asseoir

dans le petit escalier du grenier, au sixième étage. Je n'étais pas sans inquiétude, car il a un nez de possédé. Mais heureusement, j'en ai été quitte pour la peur. Il s'en est allé tout droit et je l'ai vu par la lucarne qui tournait tranquillement le coin du boulevard.

Il prit à la place ordinaire, sous sa toile cirée, entre sa chemise et son unique bretelle un gros paquet de papiers, noués avec une faveur rose qu'il déposa sur mon lit.

— Tiens! fit-il en voyant les épreuves du *Pirate* vous donnez là-dedans?

— Est-ce que vous connaissez cet ouvrage?

— C'est du Louaisot. Pas besoin de connaître. Une cuisine faite avec une miette de vérité, sautée dans un tas de mensonges!...

— Tandis que moi, poursuivit-il en pointant ses manuscrits du bout du doigt, rien que du vrai. Pas d'imagination pour un sou!

— Voulez-vous être payé tout de suite? demandai-je.

— Ça me flatterait, rapport à Stéphanie que je veux mettre sur un pied étonnant! Il y a du temps que je la vois en rêve avec des falbalas! Elle est toute fraîche relevée de ses couches. Elle voiturera le petit à la promenade dans une brouette à ressorts, avec une robe en mérinos tout laine et un tartan, tout laine aussi, rouge, vert, bleu et jaune, que j'ai lorgné au grand magasin de nouveautés du faubourg du Temple.

J'avais préparé d'avance la somme que je voulais lui allouer. Il prit sans compter. C'était une manière de petit gentilhomme.

Et il m'appela son bienfaiteur.

De poche, il n'en avait point, mais il avait installé un nœud coulant à sa bretelle qui servait à tout. Il passa mes quatre billets de cent francs dans le nœud, donna un tour à la ficelle, et tout fut dit.

— C'est là, déclara-t-il, comme dans une sacoche de la Banque de France!

— Quant à ça, reprit-il en montrant les épreuves que j'étais en train de mettre de côté pour prendre ses papiers, c'est son fort, la tontine. Il la connaît comme personne. Il est né dedans. C'est son papa qui l'avait faite. Au lieu de lui conter des histoires de ma mère l'Oie, le bonhomme le berçait avec la tontine. La première fois qu'il a pensé, il a pensé à la tontine. La première fois qu'il a parlé, il a parlé de la tontine. C'est sa vie, quoi! Il appartient à ça, et ça lui appartient. S'il voulait dire la vérité... mais je t'en souhaite!

Il fit son geste favori, mettant sa main au-devant de sa bouche, pour bien marquer le caractère tout confidentiel de l'exclamation.

— Vous en verrez plus dans deux de mes pages, reprit-il, que dans tout le fatras qu'il a dicté ou commandé à cet écrivailleur du journal. Au moins, moi, je n'ai pas d'imagination... Et j'ai été dans la tontine presque autant que lui, puisqu'il m'y tenait noyé jusque par dessus la tête. C'est un homme habile, c'est un homme savant, c'est un homme terrible! Pas méchant, quand il ne s'agit pas de la tontine... mais capable de mettre le monde à feu et à sang pour la tontine. Il y en a là-dedans, du sang!

Son doigt pointait le manuscrit.

— Ah! fit-il en baissant la voix, c'était un joli ange

que Mlle Olympe Barnod, la première fois que je la vis. Entre nous deux, on peut lâcher de côté les pseudonymes raisonnés. Mais M. Louaisot l'a choisie pour arriver à l'argent de la tontine, et l'ange est devenue une diablesse. Vous allez voir, vous allez voir! Je ne veux pas vous gâter la lecture de mes ouvrages en vous disant d'avance ce qu'il y a dedans. Et puis, je ne le cache pas, je suis pressé de porter à Stéphanie le bénéfice de ma littérature.

En l'écoutant, un scrupule me prenait.

J'avais d'abord pensé à ne point troubler sa joie, mais n'était-il pas plus dangereux de le laisser ainsi dans l'ignorance?

Le lecteur devine que je veux parler des théories de M. Louaisot de Méricourt touchant l'odeur de la pipe.

A supposer que j'eusse accordé trop d'importance à ce qui n'était peut-être qu'une fantaisie, Martroy devait être mis au fait. Il était le meilleur juge.

— Je crois devoir vous prévenir, commençai-je, d'un fait qui vient de se passer ici.

Le petit homme, qui avait déjà fait un pas vers la porte, revint tout tremblant.

— Vous n'avez pas prononcé mon nom devant lui! s'écria-t-il.

— Non certes.

— Ni mon pseudonyme analogique... Il est si rusé!

— Non. Ecoutez-moi.

Son regard faisait le tour de la chambre.

— Il n'y a pourtant pas de glace où il ait pu me voir! murmura-t-il, et le bois du lit ne mire pas.

Je lui racontai la chose exactement comme elle avait

eu lieu. A mesure que je parlais, le sang abandonnait ses pauvres joues. Il devenait vert.

Quand j'eus fini, il dénoua la ficelle qui tenait ses billets.

— Vous enverrez ça à Stéphanie, me dit-il. Je suis un homme mort.

— Voyons, voyons, Martroy...

— Oh! fit-il, c'est réglé... à moins... avez-vous un coin de cave où me cacher?

— S'il le faut, certainement.

— Non, cela ne se peut pas. Stéphanie m'attend.

Il était en proie à une agitation inexprimable.

— On avait loué notre grenier à d'autres, murmura-t-il. Je ne sais pas s'il y a beaucoup de malheureux pour avoir souffert comme nous. C'est vrai que j'avais commis des péchés... Nous couchions dans la basse-cour depuis deux semaines. Hier, quand on m'avait vu de l'argent, on m'avait permis de mettre le lit sur le carré pour que Stéphanie soit un peu à l'abri. Je vous l'ai dit: elle n'est pas belle, c'est une estropiée, mais nous nous aimons bien... Et maintenant elle allait ravoir une chambre! J'étais riche!... Et voilà la mort!

— Voulez-vous rester ici, Martroy?

Il eut des larmes en me prenant les deux mains.

— Merci, mon bienfaiteur. Vous l'auriez fait comme vous le dites, mais ça ne se peut pas. Nous sommes les derniers des derniers. Nous n'avons rien, pas même notre conscience. Vous verrez dans ces papiers là que j'ai été un malheureux enfant... et coupable... Mais que voulez-vous, on s'aime comme il faut... et on a beau trembler, on est brave tout de même, allez! Ce que je voudrais, si c'était un effet de votre bonté et que ça se pourrait, c'est quelques vieilles hardes pour me déguiser un petit peu.

Je sautai hors de mon lit. Je ne voulais pas mettre Guzman dans l'affaire.

J'étais d'ailleurs à peu près sûr qu'il était à faire trente points quelque part.

J'entrai dans ma garderobe et j'en resortis avec une brassée d'effets.

C'était quelque chose de touchant que de voir sur les traits du petit homme le combat de la détresse et de la joie.

Il était, j'en suis sûr, bien plus coquet que Stéphanie.

Du reste, il n'y mit point de façon ; il se dépouilla nu comme un ver et passa un de mes costumes, considérablement trop grand pour lui, mais dans lequel il se trouvait le supérieur d'Apollon.

J'héritai du pantalon déguenillé, de la bretelle, de la toile cirée blanche et des bottes à la poulaine.

En s'habillant et en acceptant mes soins de valet de chambre sans aucune espèce de cérémonie, il me disait :

— Si vous vous intéressez à M. Lucien Thibaut et à sa petite femme, c'est sûr que vous serez récompensé de votre bonne action, car il y a dans mes ouvrages de quoi tourner la face du procès sans dessus dessous... Voilà une culotte qu'on dirait taillée pour moi si elle n'était pas si longue... et si large ! Voyez-vous il ne mangera pas, lui qui est si gourmand, il ne dormira pas, lui qui aime tant son traversin, avant de m'avoir mis la main dessus ! Ah ! c'est un homme de talent ! Il est là quelque part à me guetter. Pas tout seul : il a une demi-douzaine de bassets et sa mule qui est une rusée commère... ma meilleure chance c'est qu'il doit croire que j'ai pris mes jambes à mon cou après l'avoir vu ici: alors ils doivent me chercher entrant et non pas sortant. C'est un point à marquer de mon côté; mais il y en a tant à marquer du sien !

— Martroy, mon garçon, dis-je en admirant sa toilette achevée, le Diable ne vous reconnaîtrait pas !

— J'aimerais mieux avoir affaire au Diable qu'à lui, me répondit-il.

Pourtant, quand il se fut regardé dans la grande glace de ma psyché, qui le montra à lui-même du haut en bas, il ne put retenir l'expression de sa complète satisfaction.

— Voilà pourquoi on était laid, dit-il, c'est qu'on n'avait pas de toilette !

Avant de lui poser un chapeau presque neuf sur l'oreille, je lui époussetai les joues avec de la poudre de riz.

— C'est la vie que vous me sauvez, mon bienfaiteur, reprit-il en se lorgnant toujours du coin de l'œil.

Puis, avec un éclair de gaieté et en dessinant son geste confidentiel :

— Stéphanie ne va pas oser m'embrasser !

Je me plaçai à distance pour le dernier coup d'œil :

— Martroy, prononçai-je avec solennité, si vous marchez posément, les pieds en dehors et que vous ne ramassiez pas de bouts de cigare, je réponds de votre traversée !

Il prit ma main et la porta rapidement à ses lèvres.

— Puisque vous le dites, je le crois, répliqua-t-il. En tous cas, ils ne me feront rien aujourd'hui. Pas si bêtes !

Ils me suivront, et, en passant, ils remarqueront le bon endroit... Le bon endroit, c'est là-bas, à deux cents pas du village de l'Avenir... il y a un terrain qui s'appelle la Carrière... Si vous voyez dans les journaux, demain ou après, qu'on a fait un mauvais coup par là, n'oubliez pas Stéphanie.

Je lui donnai une bonne poignée de main. J'étais entièrement rassuré.

J'affirme que je l'aurais croisé dix fois dans la rue sans le reconnaître.

Dès qu'il fut parti, je fermai ma porte à clé. J'étais vraiment curieux de parcourir son manuscrit.

Je dénouai la faveur rose qui manquait peut-être au dernier bonnet de la pauvre Stéphanie et j'ouvris le premier cahier qui portait pour titre :

ŒUVRES DE J.-B.-M. CALVAIRE

ROMANCIER SANS IMAGINATION.

Il y avait d'abord un préambule en forme d'avis au lecteur pour établir que les drames réels sont généralement bien supérieurs à ceux que les auteurs prennent la peine d'inventer.

Martroy partait de là pour jurer ses grands dieux qu'il n'y avait pas un seul fait dans « ces pages » qui ne fût de la plus plate exactitude.

Dans chaque scène, il avait été témoin ou acteur.

Il s'excusait en parlant du rôle assez peu recommandable qu'il jouait dans certaines parties de la pièce, alléguant sa misère, sa faiblesse et son esclavage.

Il n'avait jamais rien tant désiré en sa vie, prétendait-il, que d'être un honnête homme à son aise et vivant de ses rentes.

Bien entendu, il expliquait compendieusement son système de pseudonymes analogiques raisonnés, inventés par lui pour éviter des désagréments qu'il ne spécifiait point.

Tout cela était d'une belle écriture ronde de copiste, aussi facile à lire que de l'imprimé.

Pour faire, moi aussi, mon petit bout de préambule, j'annonce que je supprime le système des pseudonymes analogiques et que je modifie légèrement le style de J.-B. Martroy, dans l'intérêt raisonné du lecteur.

Et j'ajoute que nul poète, en le supposant même juge d'instruction, n'aurait pu résoudre d'une façon plus lumineuse les énigmes posées par le dossier de Lucien.

Cela dit, je donne son œuvre telle quelle.

I

Le Fils Jacques.

AVIS POUR M. DE RŒUX. — Vous êtes prié de commencer par le commencement, dans votre propre intérêt, quand même vous seriez alléché par quelque titre particulier, comme par exemple l'*Aventure du codicile* ou l'*Histoire de l'enfant d'Olympe*. Ça viendra à son tour, et vous y gaguerez de mieux comprendre.

Je suis natif des environs de Dieppe, dans le département de la Seine-Inférieure. Mon père était un vieil homme qui s'était marié sur le tard à une femme presque aussi âgée que lui. Mon père tenait l'emploi de clerc-expéditionnaire chez M. Louaisot l'ancien. Ma mère polissait des couteaux à papier d'ivoire en chambre.

Je ne leur en veux pas de ce qu'ils me firent chétif. On va selon ses moyens. Les voisins croyaient qu'ils ne m'auraient pas fait du tout, et ma naissance fut regardée comme un tour de force.

Voilà déjà où vous pouvez juger que je ne suis pas un charlatan de romancier ordinaire, puisque je ne me donne pas une taille de cinq pieds six pouces, sans souliers et la figure agréable d'un archange.

Le mariage ne réussit pas à mon père qui laissa là au bout d'un an son buvard et ses fausses manches pour s'en aller en terre. Je l'ai peu connu à vrai dire. J'avais trois mois quand il décéda; mais je respecte sa mémoire.

Ma mère, infirme, obtint un lit à l'hôpital et je fus mis dans un asile de petits pauvres. Ce début-là n'est pas gai, mais j'ai mangé mon pain encore plus dur par la suite, et plus sec aussi.

M. Louaisot l'ancien vint un fois à notre hospice chercher un petit saute-ruisseau « pour le pain » comme on dit à Dieppe. Je n'avais jamais vu d'homme si imposant que lui, quoiqu'il portât un bonnet de coton blanc par dessous son chapeau et que ce bonnet ne fût pas propre.

On fit ranger les petits de huit à dix ans dans la cour et M. Louaisot l'ancien nous passa en revue. Quand il arriva à moi, il me donna un soufflet parce que je me mouchais avec ma manche.

— Comment s'appelle ce polisson-là?
— Jean-Baptiste Martroy.
— Martroy! J'ai été pendant quarante ans le bienfaiteur de ton père. Jean-Baptiste, à ton tour, je vais te donner une position. Veux-tu venir avec moi?

Ça m'était bien égal. Je ne pensais pas qu'on pût être plus mal quelque part qu'à l'asile. On me fourra dans la carriole de M. Louaisot l'ancien qui dormit pendant toute la route, parce qu'il avait déjeûné deux fois et dîné trois — chez des clients.

Moi, j'avais faim, aussi on m'envoya coucher sans souper.

M. Louaisot l'ancien était notaire royal au gros bourg de Méricourt-lès-Dieppe. J'entrai chez lui maigre comme un coucou et j'y devins étique. Il faisait de nombreuses affaires dans les campagnes. Il trouvait toujours que je mangeais trop et que je ne voyageais pas assez. J'étais en route depuis le point du jour jusqu'au soir. Cela ne me fit pas grandir à cause de mon ordinaire, qui était le jeûne.

Après avoir tiré la jambe toute la semaine, on me mettait le dimanche, pour me reposer, à « curer l'étable », comme le bonhomme appelait lui-même son étude.

Je suppose qu'il pensait aux écuries d'Augias, car il était facétieux et instruit, autant que pas un notaire de la campagne normande, où ils sont tous pétris d'esprit.

Le fils Jacques, héritier unique de M. Louaisot, était en ce temps-là au collége. C'était un grand et beau garçon d'une quinzaine d'années, très-luron, très-gai, très-gourmand, très-voleur, et que les clercs regardaient comme un demi-dieu.

Le bonhomme l'adorait. Je l'ai vu lui donner dix sous pour son dimanche !

Il lui donnait, mieux encore que cela : il le comblait de leçons dont le fils Jacques a bien profité depuis.

Je ne comprenais pas beaucoup ces leçons où l'on parlait d'honnêteté ; mais, petit à petit, j'en vins à regarder l'honnêteté comme l'art d'être filou sans qu'il en résultât aucun désagrément.

Il y avait un nom qui revenait presque aussi souvent que le mot honnêteté dans les leçons du bonhomme : la Tontine.

Quand le fils Jacques eut fini ses humanités, vers ses dix-huit ou dix-neuf ans, il vint passer ses vacances à Méricourt, avant de partir pour l'école de droit, car il fallait qu'il fût reçu *capax* pour prendre l'étude de son père.

On causa de la Tontine depuis le matin jusqu'au soir.

Qui donc était cette Tontine dont les fonds étaient déposés chez M. Louaisot ? Cela m'intriguait au plus haut point.

Vingt fois, j'avais entendu le bonhomme dire au fils Jacques :

— Il faut que la Tontine fasse ta fortune.

Je pensais que ce devait être une vieille rentière, facile à paumer.

Le plus ancien de mes souvenirs date de cette époque. Je pouvais bien avoir douze ans. Le fils Jacques était en vacances depuis une quinzaine.

La veille, son père lui avait dit : « trouve une combinaison, fanfan, tu me la soumettras et je te la corrigerai. Ces mécaniques là, c'est comme les versions et les thèmes. »

Le fils Jacques avait répondu : Je chercherai.

Donc, ce soir-là, je venais de monter dans ma soupente, où j'étais à portée de la voix du vieux. Le vieux s'occupait à compter sa recette après souper. Tout à coup le fils Jacques fit irruption dans sa cabine en criant :

— Papa, je viens de trouver le joint !

Le bonhomme ferma sa caisse et rabattit son bonnet de coton sur ses oreilles en regardant son héritier du coin de l'œil.

— Si tu as vraiment inventé une mécanique, garçon, dit-il d'un ton encourageant, je n'y vas pas par quatre chemins : je te flanque trente sous pour ton dimanche !

Le fils Jacques répondit avec fierté :

— Je veux trente francs !

Pour le coup, le vieux se mit à rire. Mais le fils Jacques frappa du pied, disant :

— Ça vaut un million comme un liard ! deux millions ! trois millions ! et le reste !

— Alors, cause, garçon, on t'écoute :

— Le saute-ruisseau dort-il dans son trou ?

— Comme une marmotte. Cause, je te dis !

J'étais en effet bien près de m'endormir, mais quand je vis qu'ils craignaient d'être entendus, je me frottai les yeux et j'écoutai de toutes mes oreilles.

Le fils s'assit auprès de son père. C'était vraiment un joli gars. Il avait de la flamme dans les yeux.

Ce qu'il conta, je ne le comprenais pas bien alors, et pourtant je m'en souvins mot pour mot quand il fut temps pour moi de le comprendre.

— Papa, dit le fils Jacques, les jeunes ramassent ce que les vieux laissent tomber. Tu baisses et moi je monte.

— Prends garde de glisser, Fanfan, dans l'escalier !

— Allons donc ! j'ai étudié l'affaire à fond et je la sais

mieux que toi. Sur les cinq membres il n'y en a qu'un de commode pour mon idée. Le bedeau, le pauvre, le maquignon et le déserteur ont des familles auxquelles le diable ne connaîtrait goutte. Quand on aurait bien travaillé, quelqueva nu-pieds de cousin ou quelque drôlesse de cousine sortirait de terre au moment où l'on s'y attendrait le moins, et adieu mon argent!

— Le fait est, Fanfan, que les familles des malheureux sont bien gênantes à cause de ça. On les croit seuls ici-bas. Dès qu'ils meurent, vous voyez tout un régiment autour de leur paillasse, — quand il y a quelque chose dedans.

— Au contraire, poursuivit Jacques, Jean Rochecotte, tout facteur rural qu'il a été, est sorti d'une maison de gentilhommerie. Ses parents sont connus. On les compte, et puis on se dit : Voilà, c'est tout, il n'y en a pas d'autres.

Le vieux fit un signe de tête qui voulait dire : « Fanfan, tu m'étonnes par ta capacité. »

Il demanda tout haut :

— Et combien en comptes-tu de parents au facteur rural?

— Rien que trois *têtées*. C'est avantageux.

— Tu trouves?

— Un marquis, un comte, un baron.

— C'est vrai, pourtant! grommela le vieux.

Le fils Jacques poursuivit :

— Première têtée, première ligne, le comte de Rochecotte, à Paris; seconde ligne et seconde têtée, le baron Péry de Marannes, à Lillebonne; troisième ligne, M. le marquis de Chambray, à la porte de chez nous.

— Juste, Fanfan, je vois le château de Chambray de ma fenêtre, quand il fait jour. Après !

— Ça tombe sous le sens, papa. Pour le bien de la combinaison, il faut que Jean-Pierre Martin, le bedeau ; Vincent Malouais, le maquignon ; Simon Roux, dit Duchêne, le déserteur, et Joseph Huroux, le mendiant, passent de vie à trépas avant Jean Rochecotte.

Le vieux se gratta l'oreille sous son bonnet de coton et dit :

— Diable ! diable ! tu en juges quatre d'un coup !

— C'est tout simple, papa, puisque Jean Rochecotte doit rester le dernier vivant.

— J'entends bien, mais...

— Il n'y a pas de mais : tout part de là.

— Soit. Voyons d'abord le thème tout entier, nous marquerons les fautes après.

— Il n'y a pas de fautes, papa.

— Et ensuite ?

— Ensuite, il faut que j'hérite du dernier vivant.

— Vraiment !

— Dame ! Sans ça, ce ne serait pas la peine de se creuser la cervelle !

— Et tu as un moyen d'hériter du dernier vivant ?

— Parbleu !

— Quel moyen ?

— Un mariage.

— Jean Rochecotte n'a pas de fille.

— Je sais bien, et c'est dommage. D'un autre côté, je ne peux pas épouser M. le comte de Rochecotte à Paris.

— Ça paraît clair, Fanfan. Sais-tu que tu m'amuses ?

— Ni le baron Péry non plus.

— Ni le marquis de Chambray, je suppose?

— Celui-là, si fait, papa.

— Comment! s'écria le bonhomme qui se mit à rire.

— Ne riez pas, la langue m'a fourché. Ce n'est pas moi qui épouserai M. le marquis.

— A la bonne heure!

— Ce sera ma petite amie Olympe Barnod.

— Beaucoup plus tard, alors? Elle n'a que six ans.

— Oui, plus tard, papa. Le temps ne fait rien. Je suis jeune.

— Et puis encore?

— Le reste n'est pourtant pas bien difficile à deviner.

— Tu épouses Olympe Barnod, je parie?

— Parbleu!

— Mais il faut au moins qu'elle soit veuve!

— Ça tombe sous le sens, papa. Elle le sera.

Il y eut un silence pendant lequel ils se regardèrent fixement tous les deux.

Le bonhomme baissa les yeux le premier.

— Mais, reprit-il, d'une voix que je trouvais singulièrement changée : Olympe Barnod ne sera pas héritière si elle devient veuve.

— Elle aura un enfant, repartit le fils Jacques sans hésiter.

— Si le bon Dieu le veut, oui, mais en ce cas là même, il y aura toujours deux lignes entre elle et l'héritage du dernier vivant : La tétée Rochecotte et la tétée Péry de Marannes.

— Papa, répondit le fils Jacques, il suffira peut-être du temps pour éteindre ces deux lignes-là.

Le bonhomme, au lieu de répliquer, prit la lampe qui

était sur sa table et monta l'escalier de ma soupente.

Heureusement que j'entendis son pas. Je me retournai le nez contre le mur. Cette position ne lui permit point de passer la lampe au-devant de mes yeux.

Il redescendit. Le fils Jacques sifflait auprès de la table.

Le vieux se rassit. Il était tout pensif.

— Garçon, dit-il enfin, tu n'es pas de mon école.

— Non, papa, je suis de la mienne.

— J'ai pourtant assez bien mené ma barque, garçon !

— Dans votre mare, oui, papa, mais moi, je veux aller au large.

— Prends garde de te noyer ! Tu as de l'intelligence, mais tu n'as pas de sens pratique.

— Qu'est-ce que c'est ça, papa, le sens pratique ?

— Fanfan, c'est l'intelligence qui ne s'égare pas du côté de la cour d'assises.

— Tu sais où elle est, papa, la cour d'assises, répondit cet effronté fils Jacques. Alors, selon toi, ma combinaison ne vaut rien ?

— Non.

— Moi, je la trouve bonne ; qui vivra verra.

Le vieux lui prit la main et l'attira contre lui.

— Voyons, garçon, fit-il en essayant un peu d'attendrissement paternel. Je t'ai pourtant donné des principes. Tu m'affliges véritablement. Tu vas là, et du premier coup en dehors de l'honnêteté, qui est proverbiale dans notre profession !

Le fils Jacques se mit à chanter : Ah ! vous dirais-je maman...

— Réponds, au moins, garçon !

— Ah ça! papa, est-ce que vous avez la prétention d'être honnête, vous?

Le vieux se redressa.

— Fils Jacques, fit-il sévèrement, nous ne nous entendons plus tous deux. J'ai une prétention, en effet, c'est de mourir dans mon lit. Je ne suis pas un grand philosophe, moi. J'appelle honnête tout ce qui peut passer à côté d'un gendarme sans mettre un faux nez et des lunettes vertes. Tu finiras mal, fils Jacques. Je te souhaite de n'avoir rien de plus fâcheux en ta vie que les lunettes vertes et l'emplâtre sur l'œil... Ne répliquez pas! Vous êtes un méchant blanc-bec, allez vous coucher!

II

Les revenus de la tontine.

Quand Louaisot l'ancien le prenait sur ce ton-là, il ne faisait pas bon continuer de rire. Le fils Jacques alla se coucher l'oreille basse.

Le fils Jacques est devenu avec le temps le grand M. Louaisot de Méricourt que nous voyons un peu tombé dans sa boutique de renseignements, mais qui a eu vraiment son jour, — un jour où il a pu croire que Louaisot l'ancien était une ganache.

Au pays, là-bas, il n'y avait pas beaucoup de gentils-hommes qui eussent une posture meilleure que le jeune M. Louaisot, notaire, membre du conseil général, maire de Méricourt, tuteur de Mᶩˡᵉ Olympe et oracle de toutes les familles à vingt lieues à la ronde.

Ce jour-là ne dura pas. Le pied de M. Louaisot glissa parce qu'il avait voulu grimper trop vite, mais il se raccrocha lestement aux branches.

Il ne tomba pas plus bas que mi-côte.

Et jusqu'à ce moment, la prophétie de Louaisot l'ancien ne s'est pas encore réalisée. Le fils Jacques a passé souvent auprès de la cour d'assises et n'y est pas entré.

Mais il continue sa route le long de cette haie dangereuse. Il n'a pas atteint son but. Il y marche sans que rien l'en puisse détourner.

Il se peut encore que Louaisot l'ancien se trouve avoir été bon prophète.

Cette combinaison, en apparence si folle, dont j'entendis l'exposé sans le comprendre, ce fut la première idée de M. Louaisot de Méricourt.

Il n'a jamais eu que cette idée là en toute sa vie.

C'est ce qu'il appelle l'AFFAIRE par excellence.

Quand il parle « d'engraisser l'affaire, » il s'agit de cette idée là.

Elle a déjà marché considérablement entre ses mains. Elle est parvenue, on peut le dire, aux trois quarts et demi de la route qui conduit au succès.

Mais le dernier demi-quart restant est toujours le plus difficile à faire.

Voyez au mât de cocagne! Combien dégringolent au moment même où ils avancent la main pour saisir la montre ou la timbale?

J'ai aidé (que Dieu pardonne au pauvre esclave!) j'ai aidé parfois à faire avancer l'idée de quelques pas, mais en ce moment je suis en train de lui passer la jambe, comme on dit dans les milieux vulgaires.

Ceci, j'espère, servira d'expiation à cela.

Je la connais sur le bout du doigt, l'affaire. Elle est loin d'être aussi absurde que Louaisot l'ancien le supposait. Elle est une dans sa complication et si le principal rouage de la mécanique — *la femme* — ne s'était pas montré rétif dans une certaine mesure, l'idée serait peut-être parvenue à exécution depuis longtemps.

Elle peut encore réussir. Si je n'étais pas là, moi que je désignerai (l'expression est assez heureuse) par le nom de vermisseau providentiel, je dirais qu'elle *doit* réussir.

En somme, n'exagérons rien : étant donnée la valeur intellectuelle de M. Louaisot, on pouvait trouver mieux comme idée.

Mais l'idée étant admise pour ce qu'elle vaut, tous ceux qui connaissent un peu la partie vous diront, s'ils sont de bonne foi, que M. Louaisot de Méricourt a dépensé pour la réaliser des trésors de patience, d'audace, d'activité et de scélératesse et même de génie. Vous allez voir.

Le fils Jacques partit pour l'Ecole de droit sans se réconcilier avec son père. Son absence ne fit ni chaud ni froid à ma situation, qui était celle d'un petit noir dans les colonies, avant l'émancipation. Tout y était, même le fouet. Louaisot l'ancien aimait à donner le fouet quand sa digestion ne réussissait pas comme il voulait.

Je ne sais comment exprimer cela : je ne me déplaisais pas chez lui — à cause de la tontine.

La conversation entre le père et le fils m'avait ouvert

l'esprit d'une façon singulière. Je ne prenais plus la tontine pour une vieille dame. Je savais que c'était un tas d'or qui allait grossissant incessamment — comme les boules de neige qu'on roule au dégel.

Elle valait déjà, la boule de neige, en l'année où nous étions alors (1843), plus de quatre millions.

Avais-je, du fond de ma misère, une notion bien exacte de ce que pouvait être un million, je n'en sais rien, mais on peut affirmer que chez les enfants l'idée du million est plutôt au dessus qu'au dessous de la réalité.

La première fois qu'on essaie de l'évaluer, on a peur que le monde ne contienne pas assez d'or pour parfaire cette énormité.

La tontine, quand je voulus la définir, fut donc pour moi une bourse de quatre millions, devant doubler dans une période de quinze années et qui avait cinq propriétaires.

Etait-ce bien cela? Si c'eût été cela, les cinq propriétaires auraient pu partager. Or, les cinq propriétaires mouraient de faim en regardant au loin ce festin, gardé par une barrière magique et auquel leurs longues dents ne pouvaient atteindre.

Non, ce n'était pas cela. L'essence de la tontine est de n'appartenir qu'à un seul. Tant qu'ils étaient cinq ayant droit, elle n'appartenait donc à personne.

Ou plutôt elle appartenait à M. Louaisot l'ancien, dragon de ce trésor, qui avait mission de le garder captif sous une demi douzaine de clefs.

Mais j'ai déjà dit combien ce vieux Normand de notaire qui faisait entrer la cour d'assises dans la définition de l'honnêteté, était fanatique partisan du travail. Je ne me couchais jamais le soir sans être à moitié expirant de fatigue.

M. Louaisot usait du même système vis-à-vis de ses autres clercs. Pourquoi, faisant exception pour l'argent de la tontine, l'aurait-il laissé honteusement se reposer?

Comme il ne se mettait jamais en dehors d'une certaine régularité, rogue comme le puritanisme coquin, il faisait grand bruit de l'immaculée candeur de sa caisse. Je penche à croire que sa caisse était en état, mais il s'y faisait des affaires à la petite semaine sur une échelle vraiment imposante. On venait lui chercher des sous jusque de l'autre côté de Rouen.

Les paysans normands sont très fins, mais très nigauds. L'idée de posséder les affole; ils ne savent pas résister aux attraits d'un lopin de terre. Aussitôt qu'un paysan a emprunté vingt écus, il est pris. M. Louaisot le tient par la patte et ne le lâche plus. En Normandie M. Louaisot l'ancien se nomme légion. Je ne veux même pas dire ce qu'une pièce de 5 francs peut rapporter au bout de l'an à ces monts-de-piété campagnards. On ne me croirait pas.

Mais, soit qu'on les nomme banques, études, agences, soit même qu'on les appelle cabarets, si le titulaire vend du cidre, échopes s'il raccommode des savates ou s'il fait la barbe en foire, je puis bien constater que ces boutiques de liards pullulent à tel point chez nous qu'il faut compter au moins un bourreau pour chaque douzaine de victimes.

Aussi les bourreaux eux-mêmes commencent à maigrir. On rencontre de ces sangsues toutes plates et qui languissent. Le métier ne va plus.

Le métier allait toujours pour Louaisot l'ancien qui était le dieu de cette arithmétique rabougrie. Il faisait en grand. Banquiers, perruquiers, agents, rebouteurs, usuriers de tout poil et de toute engeance étaient ses tributaires. C'était moi qui faisais circuler les capitaux, et sous ma petite houppelande en guenilles, je portais une vieille sacoche où il y avait parfois plus que la recette d'un garçon de banque.

J'ai souvent galopé derrière la diligence en demandant un petit sou, avec des paquets de billets de banque entre ma houppelande et ma peau, — car Louaisot l'ancien disait que les chemises enrhument la jeunesse.

Quoique le principal du métier soit de prêter aux pauvres, les pauvres étant la seule espèce humaine qui puisse payer trois ou quatre cents pour cent d'intérêt par an, Louaisot l'ancien aussi prêtait aux riches. Je garantis que l'argent de la tontine ne moisissait pas.

Il y avait pourtant quatre gaillards de mauvaise mine à qui M. Louaisot ne prêtait jamais. Quand ils venaient, on les mettait à la porte, quoiqu'ils offrissent de donner vingt francs pour cent sous. Je fus du temps à apprendre leurs noms, parce que ma vie se passait par vaux et par chemins.

Mais je finis bien pourtant par savoir que ces quatre déshérités à qui Louaisot l'ancien ne voulait pas prêter — même à la demi-semaine — étaient Jean-Pierre Martin, l'ancien bedeau, Vincent Malouais, le maquignon démissionnaire, Simon Roux, dit Duchesne, le soldat déserteur et Joseph Huroux, le seul des quatre qui eût gardé un état, car il tendait la main sur les routes :

C'est à dire quatre des ayant droit aux millions que M. Louaisot tenait sous son pressoir et dont il tirait tant de bon jus !

Le cinquième membre de la tontine, Jean Rochecotte, vivait heureux en comparaison des autres. Son cousin, le Rochecotte de Paris lui faisait une pension de sept francs par semaine, qui se payait chez nous. Aussi, à celui-là on avançait tout ce qu'il voulait, jusqu'à concurrence de 3 fr. 50 c., le reste étant pour l'intérêt.

On s'étonnera peut-être que, dans ce pays de tripotage, des héritiers présomptifs de plusieurs millions ne trouvassent pas à emprunter une pièce blanche. Il y avait plus d'une raison pour cela. D'abord Louaisot l'ancien leur tenait la tête sous l'eau tant qu'il pouvait, sachant bien que si la voix leur poussait une fois, ils hurleraient comme des diables autour de sa caisse ; ensuite, ils avaient pris soin eux-mêmes d'épaissir un tel brouillard autour de leur association que les trois quarts et demi du monde regardaient la tontine comme une pure menterie.

Ils avaient eu si grande frayeur au début des poursuites du gouvernement ! Et M. Louaisot avait exploité si savamment leur épouvante !

« Argent volé ne profite pas, » dit le proverbe. Je ne sais pas si jamais on put en rencontrer preuve plus lamentable que celle qui était offerte par ces quatre malheureux.

Excepté Joseph Huroux qui savait son état de mendiant, les autres mouraient littéralement de misère. Quoiqu'on ne crût pas à la Tontine, le souvenir des méfaits qui avaient donné naissance à la rumeur courant depuis tant d'années, au sujet de cette même prétendue Tontine, s'était perpétué de père en fils dans la campagne cauchoise. Ces gens-là étaient, pour tous, des voleurs.

Et non pas des voleurs ordinaires, mais des voleurs sur l'autel !

Des fournisseurs ! — chose qui accumule sur soi plus de mépris et plus de haine que toutes les autres infamies rassemblées en monceau !

Je n'en sais pas bien long. J'ignore si cette haine est méritée et si ce mépris est toujours équitable. Je suppose qu'il peut se trouver un honnête homme par ci, par là dans la partie.

Mais quand on songe que dans toutes nos guerres c'est la même farce ! L'ennemi est bien nourri et bien couvert : ah ça ! ils n'ont donc pas de fournisseurs, les Russes ou les Prussiens ?

Nos soldats, eux, arrivent à la bataille sans souliers, sans culottes, l'estomac creux et souvent la giberne vide.

Et c'est bien rare qu'on entende dire qu'il y a eu un fournisseur écartelé à quatre chevaux. Je n'en ai jamais vu.

J'en connais un, un gros, qui passe pour avoir *fourni* la dyssenterie à tout un corps d'armée avec de la viande, morte dans son lit. Eh bien ! l'autre jour, il a condamné aux galères, comme juré, un méchant gars qui avait passé une brèche pour tirer un lièvre dans un bois réservé.

Bien sûr le méchant gars avait eu tort, mais le gros

fournisseur ! Peut-être qu'il n'y aura plus de révolutions le jour où on fera juger les fournisseurs par les braconniers.

Dame ! et tenez, je rencontrai, moi, un jour Jean-Pierre Martin, le bedeau, qui dormait au coin d'un mur. Ce ne fut pas bien brave : je lui donnai mon pied quelque part.

Que voulez-vous ! Quand je vois ces gens-là c'est comme si j'entendais crier les âmes des tourlourous qui sont morts de froid et de faim tout exprès pour leur fourrer du foin dans leurs bottes !

Il n'y avait pas que moi à taper sur les quatre fournisseurs.

Ordinairement, ces gens-là sont gardés par leur coquin d'argent. Ceux-ci n'avaient pas d'argent pour se garder, on les menait à coups de fourches.

Mais le plus drôle c'est qu'ils se battaient entre eux partout où ils pouvaient se rencontrer. Ils essayaient de s'entretuer, c'est sûr, et ça se conçoit puisqu'ils devaient hériter les uns des autres.

Ils se cherchaient quand ils avaient bu par hasard. C'était chez eux une idée fixe qu'un verre de cidre éveillait. Joseph Huroux qui buvait un peu plus souvent que les autres parce qu'il était bon mendiant, passa trois fois à la police correctionnelle d'Yvetot pour avoir essayé d'assommer avec ses sabots, savoir : Jean-Pierre Martin à deux reprises, et une fois Simon.

Il faut se rendre compte de ceci que la farce durait déjà depuis TRENTE ANS, en 1843.

Non-seulement il n'y en avait pas un de mort, mais ils se portaient tous comme des charmes, excepté Jean

Rochecotte qui s'en allait vieux et qui était tout malingre.

On aurait dit que leur misère les conservait comme du vinaigre.

C'est sûr qu'ils devaient être enragés.

III

Coup-d'œil sur la belle société des environs de Méricourt

Voilà donc que le fils Jacques resta à Caen deux années au lieu d'une pour se faire recevoir *capax*. Il mena là une vie assez luronne, et le vieux se plaignait qu'il dépensait beaucoup d'argent.

Lors de son retour, c'était le plus beau gars que j'aie jamais vu de ma vie. Il ne faudrait pas le juger par ce qu'il est maintenant. Quand il quitta le pays, longtemps après, ce ne fut pas tout à fait de bon gré; il se cacha de ci de là pendant plusieurs années, et *il se fit une tête* qu'il a gardée.

Ce qu'il n'a pas pu changer, c'est son polisson de regard qui vous poignarde derrière ses lunettes. Quand il revint de Caen, tout son individu était comme ses yeux : brillant et tranchant.

Il portait moustache, s'il vous plaît, et ses cheveux bouclés tombaient sur ses épaules. Il y avait encore des romantiques en Normandie. Il fut chez nous l'élégant des élégants.

Mme Barnod, la mère de la petite Olympe, était une très jolie femme, sévère, dévote, mais qui aimait bien les beaux gars. Elle avait une des meilleures maisons de campagne du canton. Elle faisait de la musique et parlait littérature.

Elle attira chez elle le fils Jacques, qui avait grand goût pour les maisons de gentilhommerie. Le fils Jacques se rencontra là et se lia avec deux personnages que nous reverrons plus d'une fois : le baron Péry de Marannes et M. Ferrand, le juge.

Je pense bien que le bonhomme Barnod n'était pas encore défunt. Celui-là ne faisait pas grand bruit dans le monde. Il avait le goût de la minéralogie. Je me souviens de l'avoir rencontré souvent avec son sac et son marteau. Jamais il n'entrait au salon gêner sa femme. Il était de Genève et protestant. Mme Barnod parlait toujours de lui comme d'un grand savant, mais elle le laissait aller par les chemins sans chaussettes.

Il avait un ami, presque aussi original que lui, qui ne ramassait pas des pierres, mais bien des bahuts et de la faïence : M. le marquis de Chambray, l'homme riche du pays. Ils allaient parfois ensemble faire des courses énormes. M. de Chambray pouvait avoir alors la quarantaine bien sonnée. Il ne fréquentait pas le salon de Mme Barnod.

Le juge Ferrand avait dans les trente ans. C'était aussi un joli homme, mais pas romantique. Il passait pour avoir devant lui un brillant avenir.

Mais quelqu'un qui plaisait aux dames, surtout à Mme Barnod, c'était ce farceur de baron : M. le baron Péry de Marannes. Il devait bien friser la quarantaine, sinon la dépasser, c'est égal, c'était toujours un chérubin pour la gaieté et la folie. Il faisait la cour à tout le monde, même à Mme Louaisot — la propre femme de Louaisot l'ancien, dont je n'ai pas eu encore occasion de parler.

C'était celle-là qui me coupait mon pain bis et mon petit morceau de viande. Je ne me souviens pas d'avoir rencontré une plus vilaine bonne femme en toute ma vie. Le fils Jacques en fit pourtant un beau jour une manière de grande dame qui mettait de la dentelle sur ses sales cheveux gris, mais c'était le sorcier des sorciers. Nous verrons la chose en son lieu.

Pendant que je suis au pain bis et à la viande, je peux bien parler un peu de moi. Je courais entre quatorze et quinze ans, la deuxième année du retour du fils Jacques. Je n'avais pas grandi d'un demi-pouce ni grossi d'une demi-livre. Mon père et ma mère m'avaient peut-être fait ainsi étant par trop anciens : j'étais de la vieille étoffe. Mais il est sûr que dans la maison Louaisot on ne me donnait pas assez à manger. Par contre, ils me faisaient trop travailler. Il y avait des temps de presse où la bonne femme venait me réveiller la nuit.

Le vieux Louaisot et elle faisaient bon ménage. Elle le respectait beaucoup pour un motif qu'elle exprimait ainsi :

— Depuis trente ans que nous sommes mariés, M. Louaisot en est encore à lever la main sur moi !

Son air peignait sa reconnaissance profonde et solennelle quand elle disait cela. On voyait bien qu'elle pouvait vivre cent ans et qu'elle ne guérirait jamais de son étonnement.

Elle buvait du cidre avec plaisir, mais sans se déranger, se lavait les mains les jours où elle allait en ville, et obtenait quelquefois — pas souvent — des écus de cinq francs pour le fils Jacques qui la traitait par dessous la jambe en toute occasion.

Si j'étais maigre comme un petit clou, je n'étais pas faible. J'accomplissais une somme de besogne qui eût découragé un homme fort. Outre mon état de petit clerc et mes fonctions de saute-ruisseau, j'étais le valet de chambre des deux Louaisot père et fils et la camériste de la bonne femme.

Faut-il l'avouer ? Dès cet âge si tendre j'avais un talisman : l'amour. Stéphanie, jeune paysanne un peu plus âgée que moi et légèrement disloquée, qui raccomodait le linge et les vêtements tout en faisant la cuisine, avait su me plaire.

Je n'ai pas un tempérament à m'étendre sur les secrets de ma vie privée. Qu'il me suffise de dire qu'un cœur content fait passer par-dessus bien des désagréments matériels, et que Stéphanie, sans manquer à l'honneur, me donnait bien quelques rogatons et quelques caresses.

Le fils Jacques chantait très bien. Mme Barnod aimait à dire des morceaux d'opéra devant le baron de Marannes, qui l'écoutait religieusement en faisant des mines à la femme de chambre. Le fils Jacques s'insinua surtout en proposant ses services pour le duo de *Guillaume Tell*. Les choses suisses avaient une plus-value dans le salon Barnod.

Jacques fut en outre chargé d'apprendre le solfége à la petite Olympe, qui attrapait ses et qui était jolie comme les amours.

Je ne saurais pas trop dire comment elle était avec le fils Jacques. Des fois (c'était beaucoup plus tard, il est vrai), j'ai cru qu'elle l'adorait. D'autres fois, il m'a semblé qu'elle le détestait comme la colique.

Elle avait, en ce temps-là, un petit ami de son âge, un vrai séraphin, qui s'appelait Lucien Thibaut. Je crois bien qu'ils s'aimaient comme deux enfants qu'ils étaient, si toutefois Mlle Olympe Barnod a jamais été un enfant.

Ce Lucien Thibaut est tombé par la suite des temps dans un trou de malheur qui semble sans fond. J'ai essayé de lui porter secours, moyennant rétribution, bien entendu, mais il ne me connaissait pas, il n'a pas voulu de mes services.

Il a eu grand tort.

Pour le moment, il ne s'agit pas de lui, ce que je veux raconter, c'est le mariage de ce polisson de baron, et je me souviens bien maintenant que le pauvre bonhomme Barnod n'était pas mort, car on se moquait assez de lui.

Le baron Péry de Marannes avait beau écouter chanter Mme Barnod, tout en faisant des signes à sa domestique, cela ne l'empêchait pas de courir encore ailleurs. C'était un séducteur n° 1. Il m'a fait peur une fois au sujet de Stéphanie.

Pauvre ange, elle était bien au-dessus de cela !

Voilà donc que tout d'un coup Mme Barnod abandonna le duo de *Guillaume Tell* pour jaunir et maigrir que ça faisait peine à voir. Je rencontrais le fils Jacques qui riait sous cape, car il a toujours aimé plaies et bosses, et un jour, de ma soupente je l'entendis, qui disait à Louaisot l'ancien :

— Tu es bien heureux d'avoir épousé une honnête femme, toi, papa !

— Le fait est, répondit le bonhomme, que Mme Louaisot, ta mère, ne m'a jamais donné lieu de concevoir le moindre soupçon. Je suis d'un caractère vif, garçon, et je n'aurais pas toléré de certaines manières.

Ce gueux de fils Jacques avait grand peine à s'empêcher de rire.

Moi, l'idée ne m'était pas encore venue que Mme Louaisot eût été, en son temps, une personne du sexe capable d'avoir de certaines manières et d'inspirer de certaines inquiétudes. C'était pour moi Mme Louaisot : une laideur à la fois auguste et redoutable. Elle me suffisait comme cela.

— Papa, reprit le fils Jacques, aimes-tu les cancans ?

— Je les ai toujours méprisés, Fanfan, mais, si tu en sais, dis-les moi.

Le fils Jacques se mit à rire.

— Je n'en ai qu'un, dit-il, mais il se porte bien ! Tu sais, ma combinaison ? Elle n'est pas cause si tu ne l'as pas comprise. Je la mûris depuis le temps et je te préviens qu'elle a déjà une certaine tournure. C'est pour ma combinaison que je fréquente la maison Barnod, et sans ma combinaison je t'aurais déjà dit de veiller à ta balance avec le baron Péry... mais tu n'as pas besoin de conseils, papa... Il y a donc que Mme Barnod est partie ce matin pour Vichy.

— Avec M. Barnod?

— Ah! mais non!

— Serait-ce avec le baron de Marannes?

Louaisot l'ancien dit cela avec indignation. Il était filou mais chaste.

— Non plus, hélas! répondit le fils Jacques. Ce monstre de baron se marie.

— Qui épouse-t-il? demanda vivement l'ancien.

— Une jeune personne du pays, qui a une fort jolie fortune et qu'il rendra malheureuse comme les pierres.

L'ancien dit:

— Ça regarde la jeune personne. D'où est-elle?

— Du côté de Rouen, je crois.

— Et c'est avancé, le mariage?

— On les publie dimanche.

— Fanfan, fit observer .. Louaisot, je ne vois pas là de cancan.

— Ce n'est pas là non plus qu'est le cancan, papa. Il roule sur la route de Vichy.

— Voudrais-tu me donner à entendre?...

— Voilà. Si tu ne veux pas savoir, papa, il est encore temps de te boucher les oreilles.

Le bonhomme posa son bonnet de coton sur l'oreille et dit:

— Il est bon d'être au fait de toutes circonstances dans une localité. Cause mais sois bref. Ces faridondaines là ne valent pas la peine d'être délayées.

— Eh bien donc, papa, le cancan, c'est cet affreux baron! au moment où l'affaire de son mariage prenait tournûre ! Je crois même qu'il a dû emprunter deux ou trois centaines de louis dans la maison Barnod pour faire les beaux bras, auprès de sa nouvelle famille !

— Satané farceur ! dit l'ancien d'un ton presque caressant. J'aimerais encore mieux être à la place de Mme Barnod qu'à la place de la pauvre petite qu'il épouse.

— On dit que c'est l'ange du bon Dieu !

— Raison de plus !

— Mais d'un autre côté, papa, cette pauvre Mme Barnod est bien empêchée, va ! Il paraît que M. Barnod ne donne plus, depuis longtemps, aucun prétexte de supposer qu'il ait pu contribuer...

— Fanfan, je vous engage à ne pas entrer dans ces détails !

— Papa, c'est Louette, la bonne d'Olympe, qui me les a confiés sous le sceau du mystère le plus absolu. Tu comprends bien que Mme Barnod a été obligée d'emmener Olympe avec elle pour garder une contenance...

— Puisque c'est un fait accompli...

— Mais non, papa... j'ai cru pouvoir dire à Louette... je sais que tu aimes à rendre des services quand ça te procure une influence... Notre maison est grande...

— Les points sur les i, s'il vous plaît, Fanfan ! interrompit l'ancien. Qu'est-ce que Mme Barnod va faire à Vichy ?

— Ses couches, papa, mais elle n'ira pas jusqu'à Vichy. Louette a trouvé un nid à deux heures de Dieppe.

— Et sous quelle couleur cette femme coupable dissimule-t-elle le projet de son voyage ?

— Des coliques hépatiques, papa. Les eaux de Vichy font dégringoler les calculs biliaires...

— Elles en ont la réputation, Fanfan... et alors la fille Louette viendrait ici pendant ce temps là avec la petite ?

— Si tu veux bien le permettre.

— Laisse-moi réfléchir jusqu'à demain, garçon.

— Bien, papa. Je vais les rejoindre au salon. J'ai fait préparer la chambre bleue, car elles ne peuvent pas coucher dehors... et j'espère qu'au dîner tu vas être aimable.

Ce terrible baron, pendant cela, était à choisir la corbeille de sa future. Il fut charmant, il donna des chiffons d'une fraîcheur étourdissante. Il fit des mots qu'il plaçait comme cela depuis vingt ans, mais que sa nouvelle famille ne connaissait pas encore.

Nous avions un client à l'étude qui était de ce monde-là et qui disait :

— Voilà une petite demoiselle qui a pêché le gros lot à la loterie du mariage. Avec un pareil homme, on ne peut pas s'ennuyer !

Mme Barnod revint de Vichy le lendemain du mariage

M. Barnod, en sa qualité de minéralogiste eut quelque envie de voir les calculs, mais sa femme l'envoya paître.

Olympe dit à sa mère que M. Jacques Louaisot l'avait fait travailler et promener comme s'il avait été son grand frère.

Ce fut l'origine de la grande influence du fils Jacques dans cette maison-là.

Au bout de huit jours, cependant, M. le baron était à son poste dans le salon Barnod, ne pouvant plus écouter Mme Barnod qui n'avait garde de chanter, mais faisant toujours des signes à Louette.

Il était triste, le salon. M. Ferrand ne savait rien, ou du moins on ne lui avait rien confié, mais il devinait et se sentait mal à l'aise. C'était un véritable ami. Malheureusement, il avait l'air d'avoir été davantage. Le fils Jacques observait et jouait au professeur avec Olympe. Mme Barnod se livrait à cette joie rancuneuse des femmes sur le retour qui croient faire peser l'abandon sur une jeune rivale.

Car ce baron se moquait déjà très-agréablement de son petit ménage.

Il avait l'air, le vieil étourdi, de faire l'école buissonnière loin de sa femme de dix-neuf ans.

Celui-là était-il un fripon ou un misérable vieil enfant ?

Je fus choisi une fois, car on me mettait à toute sauce, de conduire la carriole, prêtée par le fils Jacques à Mme Barnod pour une expédition tout à fait caractéristique :

Mme Barnod et M. le baron Péry allaient visiter un enfant du sexe féminin qui était en nourrice dans une ferme de l'autre côté de Dieppe, tenue par des métayers du nom de Hulot.

J'étais chargé par le fils Jacques, qui passait décidément à l'état de confident de dire, au retour, que j'avais conduit Mme Barnod toute seule faire une visite sur la route.

La mère Hulot, forte nourrice, exhiba une belle petite fille qu'elle appelait Fanchette. Le baron Péry la dévora de baisers. Mme Barnod pleurait comme une Madeleine.

16

En revenant, on causa. Dans les carrioles du pays de Caux, le siége du cocher est tout bonnement la banquette. J'étais donc avec eux, et cela gênait bien Mme Barnod.

Rien ne gênait jamais le baron Péry qui avait le plus heureux des caractères.

Il était à son aise comme s'il se fût appelé M. Barnod ou que Mme Barnod eût été la baronne Péry.

Il y eut pourtant un moment où il baissa la voix presque aussi bas que sa compagne. Mme Barnod parlait de l'avenir de cette pauvre petite créature, placée entre deux familles, mais qui n'aurait point de famille. Tout à coup, j'entendis le baron qui murmurait d'une voix religieusement émue :

— Cinquante mille francs ! Ah ! c'est joli !

Je crus d'abord qu'il promettait, comme on dit chez nous, une *indépendance* de cinquante mille francs à la petite, et je pensais en moi-même : Mon gaillard, voilà deux mille cinq cents livres de rentes qui ne te coûteront pas cher à payer.

Mais je me trompais. L'indépendance était constituée par Mme Barnod elle-même. Comment elle avait pu se procurer pareille somme, cela ne me regarde pas.

Elle l'avait, la somme, sur elle, dans un portefeuille, et c'est pour cela que la voix de l'excellent baron avait tremblé de tendresse.

Rien ne put l'empêcher de se jeter au cou de Mme Barnod. Il l'aurait embrassée devant la terre, entière tant il trouvait son procédé délicat.

La pauvre femme se tuait à dire :

— Cet argent-là m'appartient en propre. Ce n'est pas

une fortune, mais en le plaçant dès aujourd'hui chez un notaire, notre petite Fanchette aura une aisance à sa majorité.

— Parbleu ! répondait le baron. Si elle se plaignait, elle serait bien difficile ! Vous êtes la plus généreuse des mères. Ce qui me vexe, c'est de n'en pas pouvoir faire autant.

Le portefeuille passa dans sa poche.

Il fut convenu entre Mme Barnod et lui que la somme serait placée dès le lendemain. Pendant toute la route, le baron se prêta avec une charmante obligeance à la fantaisie qu'avait Mme Barnod de bâtir des châteaux en Espagne pour la petite Fanchette. Ce cher baron ne demandait jamais mieux que de faire plaisir aux dames.

Figurez-vous que le lendemain je guettai à l'étude pour voir arriver le dépôt. Ça m'intéressait. J'étais un peu de l'affaire.

Mais la dot de Fanchette n'arriva pas ce jour là, ni le lendemain.

Pauvre Mme Barnod ! Le baron devenait enragé quand il avait des billets de banque. Il abandonna en même temps sa jeune femme et sa vieille maîtresse pour un voyage de Paris, où il mena la vie d'étudiant tant qu'il y eut un écu dans son escarcelle.

Voilà où fut déposée la dot de Fanchette.

Et c'est ainsi qu'entra dans la vie la sœur cadette de Mme la marquise Olympe de Chambray, la sœur aînée de Mlle Jeanne Péry.

V

Changement de règne

Pendant que le baron éblouissait ainsi le quartier latin par ses fredaines, la pauvre petite baronne restait toute seule à la maison. Il n'y avait aucune mésintelligence entre elle et son mari. Celui-ci ne l'avait jamais vue que pour l'adorer à genoux.

C'était bien le mari le plus aimable qui se puisse imaginer.

Seulement à quarante et quelques années, il avait juste dix-huit ans, et je ne sais pas si il y a au monde une infirmité plus fâcheuse que celle-là.

Il fut dix ou onze mois à manger la dot de Fanchette. Quand il revint, la jeune baronne avait mis au monde une jolie petite fille que le baron dévora de baisers.

Il était comme cela, le cœur sur la main.

Quand Mme Barnod voulut lui faire des reproches, il pleura à chaudes larmes, et je crois qu'elle lui donna dix louis pour qu'il eût du moins de l'argent de poche.

Il promit du reste, sur son honneur, de faire six cents francs de pension viagère à Fanchette — qu'il allait voir avec Mme Barnod et à qui il ne gardait pas la moindre rancune.

Pendant les années qui suivirent, il venait comme cela de temps en temps voir la petite baronne qu'il aimait beaucoup et Mme Barnod à qui il témoignait son estime en acceptant d'elle quelques cadeaux. Il embrassait Fanchette et Jeanne du même cœur innocent et ouvert aux joies de la nature.

Je ne sais ce qu'il avait conté à sa petite femme, mais c'était généralement celle-ci qui venait porter à l'étude les deux semestres de 300 francs constituant la pension de Fanchette.

Je me souviens de Jeanne Péry, en ce temps-là comme d'un petit chérubin de trois ou quatre ans. Elle était gentille à croquer. Mme Barnod la suivait partout à la promenade pour l'embrasser.

Le fait est qu'on aurait dit Fanchette, habillée en petite demoiselle.

Fanchette était toujours chez maman Hulot sa nourrice, et portait des habits de paysanne.

Aux environ de 1850, la petite baronne et Jeanne quittèrent le pays. Le bruit courut que le cher baron les avait saignées à blanc et qu'elles avaient gagné du côté de Rouen pour cacher la grande gêne où elles étaient.

Chez nous, les choses avaient bien changé, non pas pour moi : je ne sais pas quelle révolution il aurait fallu pour qu'on me donnât mon content de soupe, mais pour les maîtres.

Louaisot l'ancien baissait, le fils Jacques haussait.

La bonne femme tenait son ancien niveau, juste, qui l'avait mise autrefois au-dessous de l'ancien, au-dessus du fils Jacques, et qui la mettait maintenant au dessous du fils Jacques, au-dessus de l'ancien.

Cela ne s'était pas produit sans de terribles batailles intérieures. Le vieux était titulaire, en définitive et tenait ferme à son autorité. Je crus un instant qu'il allait gagner la partie.

Mais voyez ce qui se passe quand un roi tombe ou qu'une république s'en va. C'est toujours de l'intérieur de la boutique que part le mauvais coup. Et qui nous trahirait si ce n'étaient les nôtres? Quand la bonne femme vit que l'ancien dégringolait et que le fils Jacques montait elle se mit à taper sur l'ancien pour le compte du fils Jacques.

Le vieux se débattit puis resta tranquille. On se comporta du reste décemment avec lui. La bonne femme lui ravaudait toujours ses bonnets de coton et il restait le maître à la condition de faire tout ce que le fils Jacques voulait.

La dernière fois que l'ancien se mit en colère pour tout de bon, ce fut un soir ou le fils Jacques apporta une robe de soie à la bonne femme.

La bonne femme en robe de soie ! Le fait est que ça me parut une drôle d'idée. Du premier coup le vieux parla de les jeter tous deux à la porte.

Le fils Jacques dit à sa mère de s'en aller, et resta seul avec son père.

— Papa, demanda-t-il tranquillement, qu'est-ce que vous fîtes jadis quand feu mon grand-père tomba en enfance?

Le vieux leva la main. Le jeune la lui prit et la serra sans méchanceté.

— Il n'y a rien de bête comme de se fourrer des attaques d'apoplexie foudroyante, lui dit-il. Voilà vos deux grosses veines qui se gonflent et votre cou qui enfle comme celui d'un dindon... Vous dites à feu mon grand-père, c'est ma grand'mère qui me l'a raconté : « Papa, chacun son tour. Vous avez mené l'attelage tant que vous avez eu bon œil et bon poignet. Maintenant vos lunettes n'y voient goutte et votre moignon tremble. Vous verseriez la diligence, papa, je prends les guides et le fouet. »

Il paraît tout de même que c'était vrai car le père mit son menton dans son giron.

— Moi je ne vous dis pas ça, papa, reprit le fils Jacques, parce que je vaux mieux que vous. Je vous dis : restez sur votre siége, mais laissez-moi manier le fouet et tenir les chevaux en bride. Comme ça, vous vivrez et vous mourrez tranquillement,

L'ancien ne répondit pas tout de suite. Il savait bien que la résistance était impossible à cause de la défection de sa bonne femme. Aussi sa rancune alla contre la bonne femme.

— Je veux bien que tu mènes les affaires, fanfan, dit-il, mais pourquoi acheter de la soie à la vieille?

Le fils Jacques se redressa.

— Papa, fit-il, vous n'avez jamais été en état de me comprendre. Vous souvenez-vous d'un soir où vous me refusâtes trente sous d'une mécanique que j'avais inventée? C'était pour la tontine... Oui? Vous vous en souvenez, pas vrai? C'est vrai qu'il y manquait quelque petite chose. Un premier jet n'est pas complet. Mais voilà sept ans que j'y travaille et que je la perfectionne. C'est déjà un joli ouvrage maintenant et ça deviendra encore un plus joli ouvrage plus tard. Le temps importe peu quand on est jeune. J'y mettrai tout le temps qu'il faudra, et toutes les herbes de la Saint-Jean aussi pour que l'affaire devienne la reine des affaires. La robe de soie que j'ai donnée à Mme Louaisot, mon papa, est une herbe de la Saint-Jean destinée à nourrir l'affaire.

Depuis ce soir-là, le vieux ne remua plus. Je n'y gagnai pas, car n'ayant plus personne à mener il prit l'habitude de me battre.

Le fils Jacques et la bonne femme pensèrent qu'on ne pouvait lui refuser cette satisfaction-là.

Mais d'un autre côté, comme je fus bientôt seul à le servir, l'idée me vint de lui voler une part de son manger, et je ne m'étais jamais vu à pareille fête.

Je sus vers cette époque ce que c'était qu'un blanc de poulet!

Le fils Jacques menait l'étude quoique Louaisot l'ancien fût toujours assis devant son grand bureau de bois noir.

Mais le fils Jacques faisait encore bien d'autres choses.

Depuis son retour au logis, il s'amusait assez bien avec des mauvais sujets venus de Dieppe; cela ne l'empêchait pas de travailler beaucoup. Il était savant. Je l'ai vu passer des nuits entières sur des livres de philosophie ou de mathématiques. Il lisait cinq ou six langues aussi couramment que le français.

La bonne femme qui l'adorait, le grondait souvent au sujet de ses veilles. Il répondait :

— Les gens qui dirigent les fouilles dans les mines sont obligés d'aller à l'école polytechnique ; moi, je fouille quelque chose de bien plus profond et de bien plus riche qu'une mine. Pour installer ma mécanique, il faut tout savoir. Je saurai tout !

Sa chambre était encombrée de livres. il y en avait un grand nombre dont je ne peux pas dire les titres parce qu'ils étaient en langues étrangères, mais je me souviens d'un tas de bouquins sur la police, de la collection complète des *causes célèbres* (j'y fourrais bien, moi aussi, le nez quelquefois), de traités allemands et anglais sur l'*Induction*, la *Déduction*, le *Calcul des probables* et l'*Echelle des présomptions*.

Il avait usé à force de le lire un ouvrage écrit en anglais, par un auteur dont j'ai vu le nom, longtemps après affiché aux devantures des libraires parisiens : Edgard Poe.

C'était pour faire le mal qu'il étudiait ainsi, mais il n'y a pas beaucoup d'hommes qui se donnent autant de peine pour faire le bien.

J'ai vu depuis des jeunes savants qui travaillaient pour passer leurs examens. Ce n'était rien auprès du fils Jacques. Aussi quand il était de bonne humeur, il disait :

— Je passe mes examens vis-à-vis de moi-même. Rien

ne me résistera. Quand il en sera temps, je ferai dire au diable qu'il peut venir, et il me recevra docteur.

M. Louaisot l'ancien mourut tout seul et sans secours un soir que j'étais en course. Sa bonne femme, qui avait bu trop de cidre, s'était endormie auprès du feu de la cuisine.

On trouva le vieux à moitié hors de son lit. Il avait crié, puis il avait essayé de se lever. C'est la fin ordinaire des rois dégommés.

L'enterrement fut superbe : la vieille mit sa robe de soie pour la première fois pour recevoir les visites du deuil.

Le fils Jacques se fit nommer titulaire sans difficulté. Il devint M⁰ Louaisot. Dans le pays, on vit bien tout de suite qu'il irait plus vite que son père.

Au bout de dix mois la bonne femme fut installée à la moderne et tint maison. Ça ne lui allait pas beaucoup dans les commencements, mais peu à peu elle s'habitua à boire du bordeaux au lieu de cidre.

— On se fait à tout, disait-elle

Nous verrons bien plus tard pourquoi le nouveau Louaisot régnant donnait toutes ces belles façons à sa reine-mère.

Le voisinage ne se fit pas du tout prier pour venir chez nous. En définitive, nous étions une vieille boutique. Les secrets de tout le pays dormaient dans nos cartons. On s'étonna bien un peu de voir M. Louaisot prendre tout à coup un train de gentilhomme, mais on pensait qu'il était bien assez riche pour cela.

M. Barnod était mort, je ne saurais pas trop dire

quand, car les gens comme lui vont et viennent sans qu'on s'en aperçoive. Je me souviens seulement que sa collection minéralogique fut vendue à l'encan parce qu'elle encombrait trois chambres. Il avait employé sa vie à la former. On en eut vingt-cinq francs cinquante centimes.

Mme Barnod fut tutrice d'Olympe, selon le droit. On nomma pour subrogé tuteur M. le juge Ferrand.

Olympe était une petite demoiselle. Il n'y a jamais eu rien au monde de si joli qu'elle en ce temps-là. Bien entendu, Louaisot ne pouvait plus jouer au professeur avec elle, mais il avait gagné entièrement la confiance de Mme Barnod, qui le consultait en tout. Il avait pris un air grave et tout à fait notaire. Ses ennemis eux-mêmes disaient qu'il aurait pu épouser n'importe qui dans le pays.

Mais souvenons-nous de la mécanique expliquée au vieux pendant que je faisais semblant de dormir dans ma soupente.

Pour la mécanique, Louaisot ne pouvait épouser qu'Olympe.

Non pas Olympe Barnod, mais Olympe, veuve de M. le marquis de Chambray.

C'était écrit. — Seulement, M. le marquis de Chambray vivait comme un loup, et Olympe ne sortait guère de l'enclos de sa mère.

Olympe et le marquis ne s'étaient jamais vus.

Patience. Il y avait autre chose à régler avant cela.

Qui dit mécanique parle naturellement de précision

et surtout de régularité. Ce n'est pas dans ces choses-là qu'on peut mettre la charrue avant les bœufs.

Mme Barnod mourut au mois de Juin 1852. Olympe avait seize ans.

On raconta, dans le pays, que M. Louaisot avait mené au lit de mort de la bonne dame une petite fille de six ou sept ans, du nom de Fauchette. Le fait est probable, mais je n'en eus point connaissance personnelle.

Ce qui est sûr, c'est que le testament donna une preuve bien certaine de la confiance que la défunte avait en M. Louaisot.

Ce testament désigna expressément M. Louaisot comme devant être le tuteur d'Olympe.

La chose était évidemment en dehors du droit ; aussi le conseil de famille avait à sanctionner ou à repousser ce désir maternel.

M. le juge Ferrand, qui était subrogé-tuteur du vivant de la mère, se posa ici tout franchement en adversaire de M. Louaisot. Il fit valoir devant le conseil de famille, dans un discours où perçait quelque rancune de n'avoir pas été désigné par la mère, — lui, l'ancien subrogé-tuteur, — il fit valoir un assez grand nombre de considérations parmi lesquelles l'âge du jeune notaire était placé en première ligne.

Mlle Olympe Barnod était maintenant une fille nubile. Comment lui donner pour retraite la maison d'un jeune homme qui atteignait à peine ses trente ans?

Cette considération parut impressionner assez vivement le conseil.

Mais M. Louaisot prit la parole à son tour, disant qu'il croirait manquer à son devoir envers la défunte s'il désertait sans combattre le poste d'honneur qu'elle lui avait confié.

M. Ferrand était connu comme orateur ; personne ne savait encore si M. Louaisot parlait bien ou mal. Son succès fut d'autant plus grand que l'étonnement de l'entendre discourir beaucoup mieux que M. Ferrand vint à tout le monde.

Il rendit justice tout d'abord aux excellentes intentions de son adversaire qui parlait uniquement, sans doute dans l'intérêt de la mineure, et ajouta tout de suite que, si sa maison était choisie par le conseil pour y abriter Olympe, il supplierait M Ferrand d'en apprendre bien vite le chemin.

Ayant ensuite combattu les diverses considérations présentées par le juge et qu'il écarta comme en se jouant, il arriva à la question d'âge.

— Messieurs, dit-il, faisant comme s'il n'eût pu retenir un sourire, les choses se présentent en vérité comme si M. Ferrand et moi nous étions deux compétiteurs. Prenons-le donc ainsi. Il sera tuteur de Mlle Barnold, au cas où vous me jugeriez indigne de l'être moi-même. Eh bien ! M. Ferrand est garçon comme moi, à moins qu'il ne nous déclare aujourd'hui un mariage secret ; M. Ferrand est jeune comme moi, car une différence de quatre ou cinq ans est insignifiante dans l'espèce. M. Ferrand aurait-il donc à présenter des garanties que je ne puis fournir ?

« Il en est une, messieurs, la meilleure de toutes. L'un de nous deux peut l'offrir, en effet, mais il se trouve que ce n'est pas M. Ferrand.

» Moi, *j'ai une mère*, avec laquelle je vis et vivrai jusqu'à ce que Dieu me la prenne, une mère respectable, femme du monde, entretenant des relations avec les premières familles de la contrée, une mère qui gouverne ma maison, qui éclaire ma conduite et qui sera pour ma pupille non-seulement un guide, mais un porte-respect.

« J'en suis fâché pour M. Ferrand. Il mettrait donc sa pupille au couvent, puisque pour la garder il n'a ni femme ni mère ! »

Louaisot l'ancien n'avait pas deviné cela, mais vous comprenez maintenant pourquoi le fils Jacques avait *acheté de la soie à la vieille*.

A l'unanimité, le conseil de famille adjugea la tutelle à M. Louaisot.

La justice ratifia cette décision. C'était un grand pas de fait.

La mécanique inventée par le fils Jacques commençait à dessiner ses rouages. Un homme habile aurait déjà deviné son mouvement. Le juge Ferrand était un homme habile, mais il eut le tort de bouder. Il se retira.

M. Louaisot resta seul en face d'Olympe.

Voici que nous entrons dans le vif de l'affaire.

Jusqu'à présent M. Louaisot avait travaillé comme un nègre on peut le dire, autour de la tontine, sans se préoccuper autrement de la tontine elle-même.

Il établissait, à des distances inouïes, les premiers travaux d'un siége régulier qui menaçait non pas le dernier vivant quelconque de la tontine, ou du moins son héritage, mais un dernier vivant dénommé, qu'il avait choisi entre les cinq.

Je n'ai pas besoin de faire remarquer que si le cours de la nature ou la volonté de la Providence venait à déranger l'ordre des décès fixé par M. Louaisot lui-même, la mécanique dudit M. Louaisot se détraquait aussitôt et n'était plus bonne qu'à mettre au grenier.

Il n'avait pas l'air, en vérité, de craindre le moindre achoppement de ce côté. On eût dit qu'il avait fait un pacte avec la destinée.

Il laissait les membres de la tontine végéter comme ils l'entendaient au fond d'une misère, devenue si normale qu'elle n'excitait même plus la curiosité.

Peu de jours après l'entrée d'Olympe à la maison, j'appris dans mes courses que le premier des cinq fournisseurs associés avait payé son tribut à la nature.

Jean-Pierre Martin, l'ancien bedeau, avait été trouvé mort dans le fossé de la grand'route qui mène d'Yvetot à Rouen. Les constatations médicales dénonçaient une congestion au cerveau, occasionnée par l'ivresse.

Je me hâtai de rentrer chez nous pour apprendre la nouvelle au patron.

— Tiens, tiens, fit-il, on ne parle pas de traces de lutte?

— Quelque chose comme une poussée entre ivrognes, mais pas de blessures ayant pu occasionner la mort.

Louaisot réfléchit un instant, puis il dit :

— Ça commence ! Joseph Huroux est un malin. Je le surveillerai.

J'étais dépossédé de ma soupente parce qu'on avait donné l'ancien appartement du vieux Louaisot à Mlle Olympe Barnod.

Elle reposait là, bien tranquille, sous l'aile même de la vieille mère Louaisot dont la chambre à coucher s'ouvrait à deux pas du lit de la fillette.

Toutes les convenances étaient du reste gardées admirablement. La bonne femme ne bougeait pas de la maison et c'était un va et vient perpétuel des familles du voisinage qui avaient décidément adopté le salon Louaisot comme centre de la bonne compagnie du canton.

Olympe était triste de la mort de sa mère, mais ce n'était pas une de ces tristesses qui fuient le bruit. Elle aimait le monde. Il est vrai que le monde l'adorait.

Ce noble ermite du château voisin, le sauvage marquis de Chambray s'était attiré hors de son trou petit à petit. Il était venu d'abord sous prétexte d'affaires, car tous ses dossiers de famille étaient à l'étude. Maintenant il ne se passait pas de semaine sans qu'il arrivât au salon avec un gros bouquet cueilli dans sa serre magnifique.

La première apparition du marquis fit à Louaisot l'effet joyeux que produit sur l'araignée la mouche imprudente effleurant de sa patte un fil de la toile tendue, précisément à son intention.

Certes, la mort de Jean Pierre Martin ne l'avait pas frappé si agréablement.

Les rouages s'engrenaient. On allait voir le premier tour de manivelle.

Souvenez-vous que j'avais entendu le plan explicatif de la machine. Je possédais la clé, je pouvais juger.

Olympe n'entretenait de correspondance avec personne, sinon avec un jeune garçon, ami de son enfance et dont j'ai dû parler déjà : M. Lucien Thibaut qui faisait alors ses études à Paris. La veille de Noël de cette année 1852, elle avait reçu une lettre de ce Lucien, et elle était tout heureuse.

Entre eux, je ne saurais pas dire si c'était de l'amour, mais Olympe l'a aimé plus tard avec passion. Elle l'aime encore.

Dans la maison Louaisot, depuis son arrivée, elle était traitée comme une petite reine. Personne ne lui demandait compte de ses actions et tout le monde s'attachait à lui plaire. Elle était gardée mieux qu'un trésor : la bonne femme couchait d'un côté d'elle et Louette de l'autre.

Ce soir là, Mme veuve Louaisot fit la partie d'aller à la messe de minuit. Louette demanda la permission de l'accompagner. Elles partirent vers onze heures parce que l'église était loin. On mit pour gardienne, à la place de Louette, une jeune paysanne des environs d'Yvetot qui était depuis peu au service des Louaisot et qui s'appelait Pélagie.

Olympe était heureuse d'être seule, parce qu'elle voulait répondre à Lucien. Vers minuit, au moment où elle appartenait tout entière au plaisir de sa correspondance, elle entendit le parquet de sa chambre craquer.

Elle leva les yeux avec un sentiment de frayeur irréfléchie et vit un homme debout devant elle.

Elle appela Louette, sans songer que Louette était absente.

Un ronflement sonore lui répondit de la chambre voisine où Pélagie dormait à triple carillon.

Du reste, Olympe ne renouvela point son cri, car elle avait reconnu M. Louaisot son tuteur.

Si elle ne l'avait pas reconnu tout de suite, c'est que le beau notaire était, en vérité, ce soir, différent de lui-même. Un gros paletot de campagne l'alourdissait et l'épaisissait. Au lieu du galant jeune homme qui l'entourait, tant que durait le jour, de courtoisie et de respects affectueux, elle voyait ici quelque chose comme un surveillant fâcheux : un vrai tuteur de comédie.

— Ma chère demoiselle, dit Louaisot d'un ton qu'elle trouva sévère, je suis rentré tard. On m'a dit que vous receviez des lettres d'un jeune homme...

Olympe se mit à trembler. Peut-être était-ce de colère, car c'était une impérieuse enfant.

M. Louaisot se rapprocha comme s'il eût voulu saisir la lettre qu'elle écrivait. Elle la retira avec indignation.

Louaisot se mit à sourire. Je ne sais comment le lourd paletot écarta ses revers laissant voir un élégant costume de ville.

Ceux qui me lisent auront occasion bientôt de voir à quel point cet homme était comédien.

— Vous voilà toute bouleversée, ma chère enfant, dit-il avec douceur. Vous retirez votre lettre comme si vous aviez crainte de me voir vous l'arracher. Avez-vous donc eu à vous plaindre de la manière dont vous êtes traitée chez moi ?

Olympe rougit et courba la tête. Louaisot prit un siége auprès d'elle.

Ceci était joué supérieurement. L'effet voulu était produit. Olympe, déroutée, n'avait pas trouvé le joint pour dire : — Monsieur, que venez vous faire chez moi à cette heure ?

Et c'était exactement tout ce que Louaisot voulait.

Quand Louaisot fut assis, le campagnard avait disparu avec le gros paletot, jeté sur le dos d'une chaise. Le beau jeune homme était revenu.

— J'ai donc l'air d'un tyran ? demanda-t-il avec sa gaieté ordinaire, où il mettait une nuance de sensibilité. De mes droits cependant, je ne réclame que celui de dire à ma chère pupille que la nuit est faite pour dormir et que notre bel étudiant Lucien Thibaut peut bien attendre sa réponse jusqu'à demain.

— Je n'avais pas sommeil... balbutia Olympe qui n'avait qu'une pensée : excuser son empressement.

Puis prise de ce besoin particulier aux femmes qui nient comme elles respirent; elle ajouta :

— Ce n'est pas ce que vous croyez, monsieur !

— Est-ce que vous savez ce que je crois, Olympe ? demanda Louaisot.

Il souriait toujours. Il avait des yeux comme je n'en ai vu à personne. Il se pencha un peu en avant. Les boucles brillantes de ses cheveux jouèrent autour de son sourire.

Olympe se sentit rougir.

Ceux qui connaissent maintenant cet homme-là et qui ne l'ont pas connu au temps dont je parle, croiront que je me moque. Il était beau jusqu'à produire chez la jeune fille un sentiment de malaise magnétique.

Pélagie ronflait, mais elle ne dormait pas.

Il y avait trois femmes à la maison, et Dieu sait que cette aventure extraordinaire leur fut un sujet de conversation pendant bien des jours.

J'ai vu ce que je raconte par ma pauvre Stéphanie qui faisait tous les soirs la veillée avec Louette et Pélagie.

— Je crois, reprit Louaisot dont la voix grave vibrait comme les cordes basses d'une harpe, que vous êtes belle, divinement pure, et que votre cœur va s'éveiller. Vous n'avez plus de mère, et c'est moi que votre mère a choisi pour la remplacer.

— C'est vrai, murmura Olympe. Ma mère avait confiance en vous.

— C'est qu'elle savait le fond de mon âme, et que tous deux — votre mère et moi — nous avions causé bien souvent de ce qui arrive aujourd'hui.

— Quoi! de Lucien?

— Non pas de Lucien... ou plutôt, si fait, je crois bien que le nom de votre jeune camarade d'enfance est venu, et même plus d'une fois dans nos entretiens...

— Ma mère l'aimait, interrompit Olympe.

— Je crois me souvenir de cela. Et il paraît que le jeune homme le mérite à tous égards.

— Oh! oui, fit Olympe.

— Oh! oui! répéta Louaisot, contrefaisant l'accent de sa pupille avec une moquerie tout imprégnée d'exquise bonté.

Moquerie de jeune mère ou de sœur ainée.

Olympe qui avait les larmes aux yeux se mit à sourire.

Elle lui tendit la main.

M. Louaisot la toucha du bout de ses doigts.

— Mais ce n'était pourtant pas, continua-t-il, de M. Lucien en particulier que nous causions, votre chère mère et moi, quand nous étions seuls le soir et que notre veillée se prolongeait si tard. Nous causions — en général — de celui qui serait assez heureux pour mettre entre vos paupières la première larme.

Olympe essuya ses yeux précipitamment.

— C'est vous qui m'avez fait pleurer ! dit-elle avec vivacité.

Les cils du beau tuteur s'abaissèrent pour cacher l'éclair de son regard.

Ceci était-il un augure de triomphe ?

Il venait de parler du premier pleur d'amour et l'enfant s'était écriée : C'est vous qui l'avez fait couler !

Elle devait être plus tard une femme habile et redoutable, précisément par le fait de ce maître qui allait lui donner des leçons.

Mais ce n'était alors qu'une petite fille.

Le maître la dominait de toute sa funeste science.

Il avait amené l'entretien juste au point où il le voulait. Désormais l'entretien lui appartenait.

— Admettons donc que ce soit M. Lucien, poursuivit-il, et si c'est Lucien, enfant chérie, Lucien devient aussitôt le plus aimé de mes amis. Je n'ai qu'un but dans la vie : me dévouer à vous, remplacer pour vous celle qui vous aimait si tendrement.

— Ma chère ! ma bonne mère ! murmura Olympe.

— Et ce n'est pas au hasard, ma fille que je suis venu près de vous à l'heure où personne ne m'écoute. Personne ne doit écouter les confidences qu'une fille fait à sa mère.

Olympe devint froide. On n'est pas parfait. Louaisot avait dépassé le but.

Mais son adresse de chat le rattrapa aux branches.

— Les mamans grondent, dit-il en quittant le ton sentimental. Les petites filles raisonnent. Il n'est pas bon que tout le monde entende ces choses-là

Olympe réconciliée, lui tendit la main en disant.

— Soyez mon frère. Je sens que ma mère a bien fait de se confier en vous.

... Les messes de Noël sont longues en Normandie. Une grande heure s'était écoulée. Le jeune tuteur et sa pupille étaient toujours assis l'un auprès de l'autre.

Seulement on n'entendait plus Pélagie ronfler parce que la porte qui communiquait avec sa chambre avait été fermée.

Cela s'était fait dans un de ces jeux de scène auxquels Louaisot excellait.

La porte avait été fermée sur le désir exprimé par Olympe elle-même.

On est ému parfois même auprés d'une sœur, même auprès d'une mère, quand on s'entretient de certains sujets. Olympe était émue très-émue. Son cœur avait ce spasme charmant et inquiet qui étonne si doucement les jeunes filles. Mais son émotion ne l'effrayait plus. Elle se sentait en sûreté comme si elle eût été auprès de sa mère ou de sa sœur.

Encore une fois Louaisot avait produit avec une exactitude mathémathique l'impression qui lui faisait besoin.

Cette impression là et non pas une autre. C'était un savant coquin et le diable avait bien pu le recevoir a tous ses examens.

— Olympe, si vous l'aimez, reprit-il au bout de cette heure qui avait passé comme une minute, à quoi sert de discuter? C'est moi qui le prendrai par la main pour l'amener dans vos bras. Votre mère aurait fait cela, je

le ferai ; c'est ma mission. Est-ce que j'aurai seulement
une seule pensée pour moi, chère, chère enfant? Non,
vous ne saurez même pas qu'au fond de mon cœur...
mais, pour que vous ne le sachiez pas, je dois me taire.

Il réprima un soupir.

— Lucien! continua-t-il, c'est Lucien! Lucien mérite
d'être heureux, puisqu'il a su vous plaire. Etait-ce lui
que votre mère rêvait? je n'en sais rien. Qu'importe?
C'est de vous qu'il s'agit. Vous seule devez choisir. —
Oh! certes, elle se faisait un tableau délicieux de votre
bonheur, votre excellente mère. Si elle ne songeait pas
à Lucien, c'est qu'il n'est qu'un enfant à côté de vous :
l'homme reste toujours plus jeune que la femme. Elle
voyait, elle voulait votre tête charmante appuyée contre
un sein viril, contre un cœur fort! Les mères savent la
vie. Les mots : « Je t'aime » quand ils sont dits par un
homme doivent venir d'en haut et non pas d'en bas...

— Lucien est un noble cœur, dit Olympe sans colère.
Lucien est au-dessus de moi. J'aime Lucien.

— Qu'il soit donc le plus heureux des hommes! mais
qu'il vous aime, Olympe, comme vous méritez d'être aimée! qu'il vous donne ce paradis d'amour auquel nulle
femme autant que vous n'a droit sur la terre! qu'il sache
entraîner votre jeunesse dans ces jardins de volupté où
Dieu veut que soit consommée la sainte union des cœurs!
Olympe, Olympe, il faut un divin amour pour une divine
créature! Olympe! fille du ciel!...

Il était pâle et ses yeux brûlaient.

Elle était plus pâle que lui.

Quelque chose de plus fort qu'elle-même rivait sa

prunelle à ce regard de serpent qui pénétrait jusqu'au fond de son être.

Il avait glissé son bras derrière la taille d'Olympe. Le savait-elle?

Il ne parlait plus. Elle écoutait encore ce nom de Lucien, si ardent et si doux quand il tombait des lèvres de cet homme.

Lucien! Lucien! sa pensée entière était à Lucien.

— Je me sens mal, murmura-t-elle. Pourquoi me regardez-vous ainsi? Vos yeux me blessent...

Elle porta la main à son front, puis à son cœur. Louaisot se pencha en avant et les boucles de leurs cheveux se touchèrent...

Elle eut comme un grand effroi qui était le réveil.

Elle voulait s'enfuir. Les bras de Louaisot l'enlaçaient en même temps que sa prunelle l'enveloppait comme un incendie.

Il approcha lentement, — lentement ses lèvres.

Pour fuir, elle se renversa dans ses bras...

La fascination est-elle une violence?

Quand la bonne femme Louaisot revint de la messe de minuit, Olympe etait seule dans sa chambre auprès de sa table où s'éparpillaient les morceaux d'une lettre déchirée.

Louette rencontra Louaisot dans le corridor.

Louaisot lui donna dix louis.

A l'automne suivant, Olympe fit une absence. Elle n'avait plus jamais écrit à Lucien Thibaut.

M. Ferrand avait repris à la venir voir quelquefois. C'était celui-là qui avait pour elle le cœur d'un père.

Mais Olympe ne dit son secret à personne.

Haïssait-elle Louaisot? Elle lui obéissait.

L'absence d'Olympe se prolongea deux semaines seulement, et nul n'y put rien trouver à redire. Mme Louaisot mère l'avait accompagnée.

Dans la ferme même où la petite Fanchette avait été élevée, un enfant du sexe masculin resta après le départ d'Olympe et fut nourri par maman Hulot.

Nul ne s'aperçut dans le pays qu'Olympe allât jamais le voir.

Jusqu'à l'hiver, Olympe resta triste mortellement. M. Ferrand était comme une âme en peine. Il eut des inquiétudes pour sa vie.

A l'hiver, Olympe retourna tout à coup dans le monde. M. Ferrand la revit sourire.

Pour voir Olympe, M. Ferrand était forcé de voir Louaisot.

Je ne sais pourquoi ce fut à M. Ferrand que le marquis de Chambray s'adressa quand il prit la détermination de solliciter la main d'Olympe. M. Ferrand le trouva trop âgé. Ils étaient amis, le marquis et lui.

M. Ferrand parla à Louaisot qui porta parole à Olympe.

Stéphanie sut par Louette qu'Olympe ne voulait pas épouser le marquis, mais Olympe dit oui tout de même parce que Louaisot le voulait.

Il y avait l'enfant, désormais Louaisot était le maître.

Le fils Jacques avait dit à Louaisot l'ancien, dix ans auparavant : Olympe aura un enfant du marquis de Chambray, *son premier mari*.

Olympe avait un enfant, — car toutes les portions du plan s'exécutaient une à une avec une rigueur mathématique.

Rouage à rouage, la machine se montait.

Il fallait maintenant que M. de Chambray fût le mari d'Olympe et que l'enfant fût à M. de Chambray.

L'enfant de Louaisot. C'était là le principal. Dans la main de Louaisot l'enfant était un nœud coulant, passé autour du cou d'Olympe.

L'enfant se nommait Lucien, par une effrayante moquerie — et il ressemblait à Lucien Thibaut, en même temps qu'à Olympe.

C'était le fils d'un rêve.

M. le marquis de Chambray était déjà un vieillard, mais un très beau vieillard. Par sa naissance et par sa fortune il avait droit à être considéré comme le personnage important du pays.

Sa passion pour Olympe datait de plusieurs mois déjà. Il aimait Olympe jusqu'à l'excès, comme on aime à son âge quand on aime une Olympe.

Tous les préliminaires du mariage furent réglés aisément. Le marquis ne demandait qu'à combler sa fiancée.

La veille de la signature du contrat Louaisot me mit entre une fenêtre et lui et me demanda :

— Petiot, est-ce que je suis bien pâle ?

— Oui, patron, bien pâle.

C'était vrai. Sauf son regard qui restait clair comme celui d'un aigle, il avait l'air d'un condamné à mort.

— Je ne peux pourtant pas me farder ! grommela-t-il entre ses dents.

Puis il ajouta :

— J'ai beau faire, je sais que cette fois, je risque ma peau !

On sonna à la porte de l'étude.

— C'est lui, fit Louaisot qui se redressa de son haut, tout tremblant qu'il était. Jouons serré, Jacques ma vieille :

Il s'interrompit pour me dire rudement :

— Allons ! ouvre et file !

J'ouvris — mais je restai à portée de voir et d'entendre.

Pour se cacher, c'est commode d'être gros comme un rat.

C'était M. le marquis de Chambray. Il tendit la main à Louaisot qui retira la sienne.

Et comme le marquis s'étonnait, Louaisot tomba sur ses deux genoux, disant :

— Monsieur de Chambray, faites de moi ce que vous voudrez, je vous appartiens !

Le vieillard resta tout interdit.

— Je vous supplie de parler, monsieur Louaisot, dit-il, si je devais la perdre, il ne me resterait qu'à mourir.

Louaisot murmura d'une voix sourde :

— C'est moi qui dois mourir.

Et il ajouta en courbant la tête jusqu'à terre.

— Il y a un enfant...

Le marquis chancela. Je crus qu'il allait tomber à la renverse.

Dans sa stupéfaction, cependant, il ne comprenait pas tout à fait, car Louaisot fut obligé d'ajouter :

— Si on ne reconnaît pas l'enfant, elle se tuera !

Le marquis s'appuya au dossier d'un fauteuil et resta muet.

La foudre l'avait touché.

Tout à coup, Louaisot entr'ouvrit sa redingote, prit un pistolet sous le revers et le mit dans la main du vieillard en criant :

— Punissez-moi !

— Toi ! fit le marquis, reculant comme s'il avait eu devant lui un reptile. Ce serait toi... Elle !!!

— C'est moi, mais je suis plus infâme que vous ne le croyez... C'est moi... moi seul... elle est pure comme les anges !

Le marquis dont la main tremblait convulsivement, appuya le pistolet sur la tempe de Louaisot.

En sentant le froid de l'acier, Louaisot eut une grimace autour de la bouche, cela ne dura pas la dixième partie d'une seconde. Il se redressa, regarda le marquis en face et croisa ses bras sur sa poitrine.

Le souffle me manqua.

Je ne croyais pas qu'une chose pareille fût possible.

Et pourtant, Louaisot devait faire encore plus fort que cela dans l'affaire du codicile.

C'était un grand, un immense comédien !

Au moment où j'attendais l'explosion, voyant déjà la cervelle du patron jaillir contre la muraille, M. de Chambray jeta au loin le pistolet.

Louaisot avait joué son va-tout avec une audace sans nom.

Mais il avait gagné.

Le fils d'Olympe allait être le légitime héritier du marquis.

Et les huit millions de la tontine marchaient, lointains encore, mais se rapprochant à vue d'œil.

Le marquis resta un instant silencieux, puis, sans demander aucune sorte d'explication, il dit :

— Vous allez vendre immédiatement votre étude.

— Oui, répondit Louaisot.

— Donner votre démission de maire.

— Oui, monsieur le marquis.

— Et de conseiller général.

— Oui, monsieur le marquis.

— Quitter le pays...

— Oui, monsieur le marquis.

— La France...

— Oui, monsieur le marquis.

M. de Chambray aurait pu continuer sa litanie, Louaisot n'eût rien refusé.

Mais M. de Chambray se borna à conclure :

— Et si jamais vous reparaissez, je vous tue comme un chien !

— Oui, monsieur le marquis.

Voilà pourquoi Louaisot n'assista point au mariage d'Olympe. Il avait conquis ce qu'il voulait. Son étude et le reste lui importaient peu.

Ce fut M. Ferrand qui servit de père à Mlle Barnod.

Quand le marquis reconnut et par conséquent légitima l'enfant, Olympe resta froide comme un marbre.

Il n'y avait eu aucune explication auparavant, il n'y en eut aucune après.

18*

Olympe fut avec son mari indifférente et douce. Elle ne remercia même pas,

La chose fit du reste peu de bruit. Les efforts de M. de Chambray pour l'étouffer réussirent dans la mesure du possible.

Le soir des noces, M. Ferrand dit tout bas à Olympe en l'embrassant :

— Soyez maintenant une bonne femme.

Elle répondit :

— Mon père n'était pas là pour me défendre.

Et M. Ferrand chancela comme si une main l'eût frappé au visage.

Olympe dansa. On ne l'avait jamais admirée si belle.

Entre les divers concurrents qui se disputèrent l'étude dès que l'intention du patron fut connue, celui qui l'emporta fut un clerc entre deux âges, nommé Pouleux qui passait pour un parfait imbécile.

Le patron avait pensé à moi un instant, car je savais mon affaire sur le bout du doigt et il croyait me tenir dans ses mains. Je n'aurais eu que les inscriptions à prendre et l'examen à passer, mais la bonne femme dit que je ne pesais pas assez lourd.

D'ailleurs, on me destinait d'autres fonctions.

Quand M. Louaisot eût choisi entre tous et pour cause cet imbécile de Pouleux, il exécuta loyalement son engagement. Il laissa la bonne femme à Méricourt, gardienne de l'enfant qui ne mit jamais les pieds au château de Chambray, mais que sa mère, désormais, pouvait voir autant qu'elle le voulait.

M. Louaisot, lui, partit pour Paris, après avoir résigné ses fonctions de maire et de conseiller général.

Il n'emmena que moi et Pélagie.

De nature, c'était un assez bon vivant qui s'amusait de peu. Il se mit d'abord tout uniment à vivre de ses rentes, et les fredaines qu'il faisait ne le ruinaient pas.

Mais son activité le mordit bientôt. Il fonda son bureau de renseignements où j'ai été commis principal et dont je n'ai rien à dire. L'argent qu'on gagne là dedans n'entre jamais que par les portes de derrière.

C'est du patron lui-même que je veux parler.

J'ai ouï dire que certaines gens se balafraient à coups de bistouri ou se brûlaient le visage avec de l'acide prussique pour changer leur physionomie. Ça ne m'irait pas du tout.

Et ce n'est pas nécessaire.

On avait promis à Louaisot qu'on le tuerait comme un loup partout où on le rencontrerait. Il se doutait bien que la nouvelle marquise ne diminuerait pas par ses caresses la rancune de son mari. En conséquence, Louaisot avait besoin de changer de peau, surtout pour le cas où il voudrait pousser une pointe du côté de Méricourt.

Ce fut pour lui la chose du monde la plus simple. Il ne se fit pas le moindre bobo, n'arbora aucun emplâtre et garda tout jusqu'à son nom.

Le lendemain de notre arrivée, je vis un homme à côté de moi dans ma chambre d'hôtel, et je lui demandai ce qu'il faisait là.

C'était M. Louaisot.

Quand il me l'eût dit, j'eus encore peine à le reconnaître.

C'était M. Louaisot qui avait rasé sa beauté en un tour de main, comme on se fait la barbe.

Il avait arraché son grand air, éteint sa jeunesse, alourdi sa grâce et mis je ne sais quoi d'épais à la place de son élégance.

Tout cela par sa volonté plus que par aucune transformation matérielle.

C'était, en dehors du *grimage* moral dont l'habitude s'établit chez lui en quelques jours, c'était surtout une affaire de coiffure et de toilette.

Ses yeux seuls se cachèrent derrière des lunettes qui flamboyaient d'une façon singulière. L'éclair même de son regard — par sa volonté, — était devenu ridicule.

Pendant cela, le ménage de M. le marquis allait comme il pouvait. Je ne sais pas si la belle Olympe ignorait une partie de ce qu'elle devait à son mari, mais elle ne pouvait passer pour l'ange de la reconnaissance.

Aux yeux du monde elle se conduisait bien, elle rendait même la quantité suffisante de soins à son vieil époux ; mais elle ne lui donnait rien de son cœur.

Rien. Quelques-unes font semblant. Elle ne daignait pas.

C'était dans toute la rigueur du terme, une sœur de charité qui s'asseyait au chevet du pauvre homme.

Car au bout de quelques mois, la maladie le mit au lit ou peut-être le chagrin.

Nous recevions des nouvelles fort exactement. Louaisot avait un chroniqueur à Méricourt : Louette, la femme de chambre qui était une peste perfectionnée.

J'ai peu de choses à raconter sur notre vie à Paris. Pélagie me donnait un peu plus à manger que la bonne femme, mais quand elle allait d'un côté et le patron de l'autre, il n'y avait qu'à se coucher sans souper.

Pour me faire partir avec lui, Louaisot m'avait pourtant promis des appointements superbes.

Ce n'est pas qu'il fût avare. Un jour je l'ai vu donner un billet de mille francs à l'Homme à la poupée pour une seule leçon de ventriloquie. Il voulait tout savoir.

Le lendemain de ce jour là il me fit courir cinq fois de suite à la cuisine où j'entendais le porteur d'eau lancer des fouchtrrra !

Aussitôt que j'étais à la cuisine où je ne trouvais personne, une dispute s'élevait dans la salle à manger entre le patron et Pouleux, son successeur à l'étude.

J'arrivais, étonné que Pouleux eût quitté Méricourt et je trouvais le patron mangeant tranquillement son talon de pain avec son veau rôti sous le pouce.

C'était lui qui faisait sur moi l'épreuve de son nouveau talent. Il était trois fois plus fort ventriloque que l'Homme à la poupée.

— A quoi ça pourra-t-il bien vous servir, patron ?

— L'affaire mange de tout, petiot. Ça lui fera son souper un jour ou l'autre.

Et ça ne manqua pas. Un rude souper ! vous verrez bien.

Louette écrivit vers ce temps-là que Simon Roux, l'ancien soldat déserteur, était venu à l'étude dans un triste état. Il avait eu toutes les dents de devant cassées dans une bagarre, et il se plaignait de ses entrailles, disant qu'on l'avait soigné dans une grange où Joseph

Huroux venait coucher, et qu'il avait crié deux nuits durant, demandant le repos de la mort, parce que quelqu'un avait jeté du verre pilé dans sa soupe.

Le *post-scriptum* de la lettre ajoutait que le déserteur n'avait pas été bien loin au sortir de la maison. Il était mort contre le banc qui est au coin de la mairie.

Le bruit courait bel et bien qu'il avait fini empoisonné, mais c'était un si pauvre malheureux qu'on le jeta tranquillement dans la fosse.

« Si on ouvrait tous les chiens crevés pour voir s'ils ont avalé des boulettes, ajoutait gaiement la femme de chambre de Mme la marquise, ça serait encore un bel embarras ! »

Louaisot rit de cela, mais il dit :

— Ce Joseph Huroux va bien ! Je vais lui mettre un fil à la patte, sans ça il m'abîmerait mon oncle Rochecotte.

Voici un autre incident qui me revient.

Une après-dînée que nous traversions le jardin du Palais-Royal, le patron, les mains dans ses poches, et moi chargé comme un mulet, car je portais les registres de sa nouvelle administration, je reconnus tout d'un coup la petite baronne Péry qui était toujours bien jolie, mais toute maigre et toute pâle.

Je la montrai au patron qui s'écria en même temps :

— Est-ce que le baron les aurait mises si bas que cela ! Voici la fillette qui est marchande de plaisirs !

— Mais du tout, fis-je, sa fillette est avec elle.

A quelques pas de la baronne, la petite Jeanne jouait en effet avec d'autres enfants. Elle était très bien mise, quoique le costume de la mère annonçât déjà quelque gêne, — et jolie ! mais jolie à croquer !

Le regard du patron suivit mon indication, tandis que le mien cherchait ce qui avait pu causer son erreur. Nous nous écriâmes en même temps :

— Elles sont deux !

Le patron venait de découvrir la petite Jeanne, sautant à la corde comme une fée, et moi, mes yeux étaient tombés sur une petite marchande de plaisirs, coquettement habillée à la cauchoise et portant avec une gracieuse crânerie sa corbeille enrubannée.

La petite marchande de plaisirs et Jeanne se ressemblaient comme deux gouttes d'eau.

Louaisot s'arrêta et mit la main à son gousset. La petite marchande s'approcha aussitôt. Louaisot prit dans sa corbeille une poignée de plaisirs et lui dit :

— Comment que ça va, Fanchette ?

L'enfant le regarda en riant :

— C'est donc que vous êtes aussi de là-bas par *chais* nous ? demanda-t-elle avec le pur accent de la campagne de Dieppe.

Louaisot voulut savoir où elle demeurait et si quelqu'un lui servait de père ou de mère, mais Fanchette prit son argent et alla à d'autres pratiques en chantant :

— Voilà le plaisir, mesdames, voilà le plaisir !

Le patron prit sa mine de mathématicien qui hache des chiffres.

— Est-ce que c'est encore un souper pour l'affaire cette rencontre-là ? demandai-je.

Il me répondit :

— Cette rencontre-là peut fournir un dîner à trois services, petiot, me répondit-il.

Les circonstances qui entourèrent l'événement dont je vais parler n'étaient pas nées. Je ne dis pas même que ce fût M. Louaisot qui les fit naître, car j'affirme seulement ce que je sais. — Mais ce qui est bien certain c'est qu'il emmagasina cette ressemblance dans le tiroir de son cerveau où étaient les provisions à l'usage de l'*affaire*.

Et qu'un jour venant, cette rencontre au Palais-Royal, soigneusement gardée dans sa mémoire, fut le point de départ de la combinaison diabolique dont Paris n'a vu que les apparences et que tout le monde connaît sous le nom de l'Affaire des Ciseaux.

J'aurai à revenir, dans un autre récit, sur l'assassinat du jeune M. Albert de Rochecotte.

QUATRIÈME OUVRAGE DE J.-B.-M. CALVAIRE

Le Codicille

Depuis deux semaines environ, les bulletins de Louette constataient que la santé de M. de Chambray déclinait.

Selon Louette, le médecin augurait très mal de la maladie, dont il ne désignait point clairement la nature.

Moi qui n'étais ni médecin, ni présent sur les lieux, j'aurais pu aider le médecin, je connaissais la maladie de M. le marquis. M. le marquis avait tout uniment changé une vie tranquille et un peu végétative contre une existence pleine d'humiliations, de désappointements, et de douleurs.

La maladie de M. le marquis s'appelait le chagrin. Louaisot, en lui révélant le funeste secret d'Olympe, l'avait frappé au cœur. Et cette blessure, la froideur d'Olympe l'avait envenimée au lieu de la guérir.

M. le marquis aimait sa femme à l'adoration, mais il la haïssait à la folie.

On meurt de cela,

Personne ne me demandant mon avis, je le gardai pour moi.

Un dimanche du mois de Novembre au matin, l'employé du télégraphe apporta la dépêche suivante :

« Marquis plus mal a mandé Pouleux. Testament dicté. Madame ne veut s'occuper de rien. Arrivez. *Signé* Louette. »

Bien entendu, le patron ne me communiquait pas ses dépêches, mais je les lisais tout de même.

M. Louaisot ne réfléchit pas longtemps. Il me fit faire sa valise. Pendant que j'y travaillais, il se promenait de long en large et je l'entendais qui pensait tout haut :

— Olympe a tout gâté ! Ce sera dur. Plus dur encore que l'histoire de l'enfant !

Ordinairement M. Louaisot ne faisait jamais allusion à l'histoire de l'enfant. En parlant ainsi il était tout défait, comme ce soir où il m'avait demandé : Petiot, est-ce que je suis bien pâle ?

Mais sa physionomie exprimait une indomptable résolution. Tout-à-coup, il me dit :

— Mets une chemise à toi et une paire de bas dans la valise. Je t'emmène.

Je ne sais pas pourquoi je me mis à trembler comme la feuille. Je n'aurais pas pu expliquer mon impression, mais j'avais idée qu'il allait se passer là-bas quelque chose de terrible.

— Patron, répliquai-je humblement, je ne suis pas bon pour les choses où il y a du danger.

— Qui t'a dit qu'il y aurait du danger?

Sa voix menaçait. C'était rare. Je ne l'avais jamais vu bon, mais il ne se montrait pas souvent dur.

Comme je ne répondais pas il ajouta :

— Est-ce que tu as à choisir ta besogne à présent?

— Pour ce qu'on me paye... murmurai-je.

Il s'approcha de moi et m'attrapa par le cou avant que je pusse me garer.

Il était agile comme un tigre sous son air de lourde bonhomie.

— Petiot, me dit-il en faisant de ses deux mains un collier, j'ai l'intention de t'assurer une jolie aisance quand je vais être un homme riche. Je serai un homme très-riche. J'ai de l'affection pour toi. Je suis une bête d'habitude, et voilà longtemps que tu es dans la boutique. Ne me résiste pas, vois-tu petit, parce que, tu sens bien que je ne peux pas te mettre à la porte, tu en sais beaucoup trop pour cela... Et alors, je serais obligé de te placer dans le coin où ceux qui savent trop ne peuvent plus rien dire.

Il me parlait posément, mais son œil m'aveuglait. Je me mis à grelotter convulsivement.

— N'aie donc pas peur! reprit-il. Tu sais bien que je suis un bon enfant. Mais il y avait ta soupente là-bas dans la chambre du papa; et puis, je cause quelquefois tout seul; et puis ta Stéphanie bavardait dans tous les coins avec Pélagie et Louette, après cette nuit de Noël... tu sais?

Je ne peux pas dire jusqu'où m'entraient ses yeux.

— Tu sais? répéta-t-il. C'est dangereux de savoir... Et puis il se trouve justement que nous avons à faire là-bas une besogne pour laquelle tu es particulièrement propre. Tu m'entends: tout particulièrement. C'est-à-dire qu'il n'y en a pas six dans tout l'univers qui soient aussi propres que toi à cette besogne. Et, sois juste, petiot, je suis pris de trop court pour me mettre à courir ce matin après un des cinq autres.

Il me tenait toujours à la gorge, mais sans me faire aucun mal.

— Tu n'es pas sans intelligence, petiot, poursuivit-il encore, tu comprends tout ça parfaitement, j'en suis sûr. Voyons, sois sage, dis-moi : Patron, je ferai tout ce que vous voudrez, sinon...

Il n'acheva pas la phrase, mais il resserra ses mains — un peu.

Et il vous a des mains !

C'était la terreur qui m'empêchait de répondre, car je déclare que je n'avais pas la moindre idée de lui résister.

— As-tu vu, gronda-t-il, tandis que ses sourcils se rabattaient sur ses yeux, mettant du noir dans ses lunettes, as-tu vu tordre le cou d'un canard?

— J'irai, j'irai ! m'écriai-je !

Car j'étais positivement certain qu'il allait m'assassiner.

Il lâcha prise aussitôt et me donna un petit coup sur la joue.

— A la bonne heure, fit-il. Tu ne seras pas fâché de ton expédition, c'est moi qui te le dis. Je mettrai la main à la pâte comme toi, plus que toi, et ce sera excessivement curieux.

Il jeta un trousseau de clefs dans la valise au moment où j'allais la fermer. Je reconnus très-bien ces clefs pour celles qu'il portait quand il était notaire à Méricourt.

Nous fîmes le voyage en train express. Il pouvait être quatre heures du soir quand nous descendîmes à la station de Méricourt.

Je fus chargé d'aller chercher la marquise au château où M. Louaisot ne voulut pas entrer de jour.

Mᵐᵉ la marquise quitta le chevet de son mari pour me suivre; Louaisot et elle se rencontrèrent dans le parc, au milieu d'un fourré.

Je faisais sentinelle.

Louaisot dit en commençant :

— Le petit Lucien ne va pas mal, je viens de le voir en passant. C'est un beau gamin. La bonne femme prétend que vous l'aimez comme une folle. Moi, je refoule un peu mes sentiments, c'est une nécessité de situation. Mais j'ai le cœur tendre au fond, madame et chère ancienne pupille.

Olympe demanda d'une voix sourde :

— Que voulez-vous de moi?

— D'abord des nouvelles de ce bon M. de Chambray.

— Il se meurt.

— Bien. Nous en arriverons tous là un jour ou l'autre. Savez-vous quelque chose du testament qu'il a fait?

— Je ne sais rien.

— C'est un tort. Il faut toujours savoir. Votre ignorance rend notre présente entrevue inutile. Avant de vous dire comme vous m'avez fait l'honneur de me le demander, *ce que je veux de vous* (il appuya fortement sur ces mots), il faut de toute nécessité que je sache le contenu de ce divin testament. Vous pouvez donc retourner à votre pieux devoir, madame la marquise. J'aurai l'avantage de vous revoir dans la soirée, ou dans la nuit.

Il salua, La marquise Olympe se retira sans répondre.

Elle n'avait pas du tout changé pendant notre absence de plus de deux ans. C'était toujours la même beauté incomparable mais froide et triste.

Aussitôt qu'elle fut partie, Louaisot me dit :

— Je n'ai pas menti de beaucoup, car nous allons maintenant faire une visite au gamin et à la bonne femme... Bonjour Louette, comment va?

Le brun de nuit tombait. Une femme venait de paraître au détour du sentier. Le patron m'ordonna de m'éloigner et de me remettre en faction.

Cette fois, on causa tout bas et j'entendis seulement ça et là quelques paroles.

Louette dit :

— Monsieur a trop souffert. Il se serait tué de ses mains si la maladie n'avait pas pris les devants... Elle n'a plus de goût à rien. Je ne crois pas qu'elle ait revu ce Lucien Thibaut, qui est revenu au pays et qui vraiment est un beau brin d'imbécile. Il n'y a que l'enfant, sans l'enfant, ce serait une morte.

Louaisot bâilla.

— J'ai des crampes d'estomac, dit-il. Je vais me faire faire une bonne soupe normande par maman. Dépêchons! Le testament...

Ici on baissa la voix tout-à-fait. Le premier mot que je pus entendre vint au bout de deux ou trois minutes seulement. Louette disait :

— ... Il a été nommé président du tribunal d'Yvetot. Il est venu voici quinze jours. Il a supplié M. le marquis de ne pas déshériter Mme la marquise...

— Et le marquis a répondu? demanda Louaisot.

— Le marquis a gardé le silence.

— On n'a pas parlé du gamin?

— Pas un mot.

— Le testament a-t-il été long à faire?

— ... M. Pouleux l'a emporté. Il est à l'étude j'en suis sûre.

— Nous ne dormirons pas beaucoup d'ici demain matin, ma bonne Louette!

— ... Impossible qu'il passe la nuit.

— En route petiot!

C'était à moi que ce dernier ordre s'adressait.

Louette avait disparu. Nous nous éloignâmes à grands pas.

La vieille mère Louaisot était maintenant une manière de grosse momie lourde et impotente, mais elle buvait toujours du cidre avec plaisir.

Elle avait repris ses habits du temps de Louaisot l'ancien : un costume qui ressemblait beaucoup à celui d'une paysanne.

Elle fut contente de voir son fils qui mangea un morceau sous le pouce avec elle à la cuisine sans préjudice du plantureux souper qu'il commanda pour neuf heures du soir.

Louaisot prit sur ses genoux le petit Lucien, qui était un charmant démon. Il lui chanta des chansons et le fit aller au pas, au trot, au galop sur sa cuisse.

Avant d'entrer, il avait ordonné qu'on mît le cheval à la carriole. Quand on vint le prévenir que c'était fait, la bonne femme demanda :

— Où vas-tu donc si tard, garçon ?

— Faire faire une promenade au gamin, répondit Louaisot.

Le petit Lucien se mit à danser de joie. La vieille mère ne questionna pas davantage.

Quand je me levai pour suivre le patron, il me dit :

— Reste et repose-toi. Tu vas fatiguer plus tard.

Et il partit emportant le petit Lucien dans ses bras.

Dès qu'il fut dehors, l'idée me vint de me sauver. J'aurais bien fait. Mais ma bourse était si plate ! Et puis, où aller dans ce pays ? A Paris, quand on fuit, il suffit de tourner le coin de la rue pour être dans un autre monde.

A Méricourt, il fallait des lieues pour être hors du voisinage.

L'hiver me fit peur.

M. Louaisot revint comme il l'avait annoncé, entre huit et neuf heures du soir.

Il n'avait plus l'enfant.

Personne ne lui demanda ce qu'il en avait fait, parce que la bonne femme seule aurait eu ce droit, et qu'elle s'était endormie, sous le manteau de la cheminée.

Quand elle s'éveilla pour souper, c'était l'heure où le petit Lucien était couché depuis longtemps d'ordinaire.

Elle le crut au lit, ou plutôt elle ne s'inquiéta point de lui. Et ce fut tout.

Louaisot mangea comme un ogre et but à proportion. C'était un vrai souper cauchois. Le patron me soignait et me caressait à ce point que je connus une fois ce que c'est que de quitter la table avec un poids sur l'estomac.

Après le repas, Louaisot me mena dans sa chambre et me donna un cigare à fumer. Je prenais une espèce d'importance.

Il était agité, inquiet.

Il avait absolument besoin de parler à quelqu'un.

— Est-ce que tu serais bien à plaindre, petiot, me dit-il, d'épouser cette bonne Stéphanie, avec mille écus de rente à vous deux ? Elle *bambane* comme un canard en marchant, mais tu n'es pas le plus bel homme de ton siècle, dis donc ! Eh bien, c'est possible que, sous trois ou quatre mois d'ici, on te flanque soixante mille francs dans le creux de la main.

J'essayai de me réjouir à cette proposition vraiment féerique, mais je ne pus pas. J'avais sur la poitrine un poids qui m'étouffait, — indépendamment même de mon premier souper de Gargantua

Le patron ne parlait point de se coucher. Qu'allions-nous faire cette nuit ?

Au moment où onze heures sonnèrent à la pendule, M. Louaisot se leva brusquement, rabattit son gilet, remonta son col et donna le coup de doigt à ses lunettes.

Chacun a sa façon de « retrousser ses manches. »

— En avant marche ! dit-il. c'est l'instant, c'est le moment ! le spectacle va commencer !

Il prit dans la valise le trousseau de clefs et une petite trousse microscopique qu'il glissa dans sa poche, puis nous sortîmes.

Maman Louaisot habitait l'ancienne maison de campagne de la famille, située à quelque distance du bourg.

L'étude, occupée maintenant par Me Pouleux, était sur la place de la mairie.

Ce fut vers cet endroit que Louaisot dirigea notre course.

La nuit était très noire. Il n'y avait pas une seule fenêtre éclairée dans tout le village.

Comme nous passions au bout de l'avenue de Chambray, nous vîmes au contraire des lumières briller à la façade du château.

Louaisot pressa le pas, mais il s'arrêta tout à coup en me faisant signe de l'imiter : On courait précipitamment sur les feuilles sèches de l'avenue.

C'était Louette qui se jeta presque sur nous, tant elle était troublée.

— Où vas-tu ? lui demanda M. Louaisot.

— Jésus Dieu ! Jésus Dieu ! fit la chambrière, quelle nuit !

— Est-ce que ce serait déjà fini, ma fille ?

— Je viens chercher le vicaire pour la veillée des morts.

Elle voulut poursuivre sa route, tout essoufflée, et tremblante qu'elle était. Louaisot l'arrêta par le bras.

— Ta commission est faite, dit-il. Retourne au château.

— Et que dirai-je à Mme la marquise ?

— Tu lui diras que tu m'as rencontré et que je t'ai dit : il n'est pas temps encore d'amener le vicaire.

— Mais il est mort ! s'écria Louette, faisant effort pour se dégager, vous ne me comprenez donc pas : il est mort ! mort !

Je pense que Louaisot lui serra le bras un peu dur, car elle ajouta en baissant la voix :

— Vous savez bien qu'on fera ce que vous voulez !

Louaisot l'attira sur le bord de la grande route et se mit à lui parler tout bas.

C'était par habitude de cachotterie ou pour la frime, car, cette nuit, je devais avoir sa confidence tout entière.

Pour mon malheur, il le fallait bien. J'étais un outil. Le voleur ne peut rien cacher à la clef qui lui sert pour forcer la serrure.

J'étais la clef cette nuit.

Louette était une fille forte qui ne s'épouvantait de rien, sauf de la mort.

Mais l'idée de la mort la tenait à la gorge.

— Quand Madame est revenue du bois, dit-elle, elle l'a trouvé sur son séant, tout dressé. Il cherchait sur ses draps des deux mains, ramenant, ramenant des choses invisibles... C'est la fin cela, vous savez bien : quand ils ramassent leurs draps, c'est pour se raccrocher à quelque chose. Que Dieu ait pitié de nous quand nous en serons-là !

Madame lui a donné sa potion et l'a recouché plus tranquille. Puis elle s'est assise à sa place.

Le *grolet* (1) a commencé vers huit heures, et le bain de sueur en même temps. Il n'y voyait plus rien depuis le midi.

On ne pouvait pas savoir s'il avait perdu la parole, car voilà bien huit jours qu'il n'avait prononcé un mot, sauf pour son testament et sa confession.

1 Le râle.

A dix heures le grolet a cessé. Il a essayé encore de se mettre sur son séant et il a parlé.

Ça peut-il s'appeler parler ? Jésus Dieu ! ce que c'est que de nous ! J'ai vu cet homme-là si vivant ! J'ai compris qu'il demandait le grand tiroir où il mettait ses médailles. J'ai couru le chercher. Il n'a pas vu. J'ai dit : Voilà le médailler. Il n'a pas entendu.

Il a pris ses draps à poignées.

Sa figure a ressuscité un petit peu et il a soulevé sa tête à plus d'un pied de l'oreiller ; alors il a dit presque avec sa voix de vivant :

— « Madame, Dieu me fait la grâce de ne pas vous maudire ! »

Et sa tête a retombé comme coupée, car elle a rebondi sur le traversin deux fois.

— Et bonsoir ! il n'y avait plus personne ? interrompit Louaisot qui avait donné des marques d'impatience pendant le récit.

Louette se détourna pour faire un signe de croix.

— Que Dieu ait pitié de nous à notre heure ! répéta-t-elle.

— Mais d'ici-là, ma grosse, interrompit encore Louaisot, faisons notre ouvrage comme de jolis enfants. Tu n'as qu'à retourner à la maison. J'espère que Mme la marquise sera sage. Si elle n'est pas sage, tu lui diras que j'ai fait une petite course en carriole avec l'enfant, ce soir..... Un joli petit gars, ma parole !

— Et où l'avez-vous mené ?

— Voilà ce que je dirai moi-même, si ça me plaît de le dire. Pour le moment, il lui suffira de savoir que son garçonnet n'est plus à Méricourt.

— Elle qui disait déjà, soupira Louette, que l'enfant coucherait au château demain soir !

— Ça dépendra d'elle. Dans une heure d'ici, j'aurai fait une fière besogne. Je verrai Mme la marquise dans une heure. Qu'elle m'attende. Va.

Louette remonta l'avenue.

Je n'étais pas sans me douter de l'endroit où nous allions, car j'avais reconnu le trousseau de clefs : nous étions sur le chemin de l'étude.

Mais au lieu d'y arriver par devant, du côté de la place de l'Eglise où sont les deux écussons dorés, M. Louaisot fit un grand détour par les ruelles. Il aborda ainsi le mur du jardin.

La clef de la petite porte de derrière était dans le trousseau, nous entrâmes.

La nuit se gâtait. Il tombait une neige fine qui fondait à mesure. M. Louaisot regarda le jardin et dit :

— C'est mal tenu. Cet imbécile-là a abîmé mes espaliers !

Et il haussa les épaules avec une véritable colère.

Nous traversâmes le jardin sans bruit. Un chien aboya.

— Loup ! fit Louaisot assez haut, ici, mâtin !

Quelque chose rampa entre les buissons et une vieille, vieille bête vint se frotter contre Louaisot en remuant la queue.

— Je n'y avais pas pensé, tout de même ! dit-il, si l'animal avait été remplacé, nous étions frits. Est-ce que je baisse ?

Il caressa le chien et passa.

Le trousseau ouvrit encore deux portes. Nous montâmes un escalier de service, puis une quatrième clef joua. Nous étions dans l'étude.

Je reconnus l'odeur de renfermé qui emplissait d'un bout de l'année à l'autre cette grande pièce poudreuse où j'avais passé des heures si tristes. Le portrait de M. Louaisot-l'ancien, œuvre d'une cliente qui avait eu le prix de dessin aux Oiseaux de Rouen, pendait encore à la place d'honneur. Nous le vîmes dès que le patron eût allumé de la lumière.

Car aussitôt entré, il fit comme chez lui.

Et réellement, il courait peu de risques. Toutes les chambres à coucher étaient de l'autre côté de la maison.

Quant à la lumière, les volets bien clos de l'étude la mettaient à l'abri de tous regards venant du dehors.

Louaisot fit un signe de tête amical au portrait et lui dit :

— Salut, papa. C'est cette nuit qu'on va voir lequel de nous deux avait raison pour la mécanique.

Nous connaissions les êtres de l'étude. Sur l'ordre du patron, j'atteignis le carton de la famille de Chambray qui fut ouvert et fouillé. Nous n'y trouvâmes pas l'ombre d'un testament.

— Je m'en doutais fit Louaisot. C'est trop récent. La pièce est encore dans le tiroir de Pouleux.

Une cinquième clef fit jouer la serrure du cabinet. Louaisot, que l'impatience commençait à prendre, marcha droit au bureau du titulaire et introduisit la sixième clef dans la serrure d'un tiroir.

Elle entra franc, — mais elle tourna sans rien rencontrer.

Un juron gros comme toute la maison jaillit de la bouche de Louaisot. Ses deux bras tombèrent.

— Gredin de sort! s'écria-t-il avec un désespoir mêlé de rage : l'imbécile a changé la serrure !

Ce n'était pourtant pas la plus grande preuve de sottise que pût donner ce Pouleux.

Si un regard flamboyant pouvait incendier un meuble en noyer, je jure que le bureau de Pouleux aurait pris feu. Mais les terribles lunettes eurent beau lancer des chandelles romaines, le bureau ne fuma même pas.

Et ce puissant Louaisot restait là, jurant et geignant comme un simple apprenti.

Il avait bien une petite trousse, mais nous allons voir tout à l'heure que ce n'était point un nécessaire de serrurier.

Le bon La Fontaine a montré dans ses fables le rat venant au secours du lion.

Je ne me vante pas d'être un homme de génie comme le patron, mais je sais regarder autour de moi.

— Sous la pomme!... dis-je.

Je désignais en même temps du doigt une pomme de marbre qui avait servi de presse-papier à la dynastie des Louaisot de père en fils.

Les yeux du patron ne firent qu'effleurer la pomme. Il se précipita sur moi, il m'enleva dans ses bras et me serra sur son cœur.

Il y avait, en effet, sous le presse-papier et dissimulée par un fragment de lettre destiné à la protéger contre la poussière, une large enveloppe scellée de trois cachets : celui du centre aux armes de Chambray, ceux des côtés au timbre de l'étude.

Ce fut alors que vit le jour la trousse qui ne contenait pas d'outils de serrurier.

C'était un nécessaire de *décacheteur*. Louaisot prétendait l'avoir acquis d'un employé du Cabinet Noir, ce laboratoire mystérieux situé dans le septième dessous de l'hôtel des postes, cet antre que les républiques reprochent à bon droit aux monarchies et les monarchies aux républiques avec la même juste raison.

La politique est une belle chose pour laquelle on a bien raison de se faire tuer!

Il y avait dans cette trousse tout ce qu'il fallait pour faire l'autopsie d'une enveloppe et recoudre le cadavre.

En dix minutes, Louaisot, qui était maître à ce jeu comme à tous autres, eut mis à jour et fermé de nouveau le testament dont il me montra l'enveloppe qui paraissait intacte et toute neuve.

Le testament déshéritait, dans toute la mesure du possible, Mme la marquise et son fils. Il disposait en faveur de la jeune Jeanne Péry, fille de M. le baron Péry de Marannes, qui était la nièce de M. de Chambray à la mode de Bretagne.

Il spécifiait *que les droits éventuels à la succession des Rochecotte et des Péry étaient dans sa volonté, réservés exclusivement à ses* VÉRITABLES HÉRITIERS, *les collatéraux*.

Or, les droits éventuels à la succession des Rochecotte et des Péry, c'était précisément ce que voulait M. Louaisot, puisque les Rochecotte d'abord et les Péry ensuite se trouvaient placés entre M. le marquis de Chambray et ce futur-contingent, encore enveloppé de nuages : les millions du vieux Jean Rochecotte-Bocourt, dernier vivant présomptif de la tontine.

La machine Louaisot craquait misérablement, attaquée dans ses œuvres vives.

Et pourtant Louaisot ne paraissait pas malheureux du tout ; quand il eut replacé l'enveloppe sous le presse-papier, il se frotta les mains en me regardant.

— Hein ! fit-il. Si nous avions découvert ce pot aux roses après l'arrivée du vicaire ! On n'éloigne pas ces oiseaux-là comme on veut. Nous allons fabriquer de la bonne besogne cette nuit, petiot, et demain matin ta fortune sera faite.

Le cabinet fut refermé, la lumière éteinte et nous laissâmes l'étude dans l'état exact où nous l'avions trouvée.

Quand Louaisot repassa la petite porte du potager après avoir donné une dernière caresse au vieux Loup, minuit sonnait à l'horloge de la paroisse.

Notre expédition avait duré un peu plus d'une demi-heure. Méricourt tout entier dormait comme un seul Normand. Nous prîmes par la traverse et en cinq minutes nous avions atteint le château.

Louette vint nous ouvrir à la grille du parc.

Louaisot se fit introduire aussitôt auprès de la marquise Olympe qui était dans la chambre du mort.

Ici, et pour la première fois, je cesse d'être un témoin ayant vu de ses propres yeux, entendu de ses propres oreilles.

La lacune va être courte et ne comprendra que la scène entre la marquise Olympe et Louaisot.

Je la raconte sommairement, d'après ce que je sus par Louaisot lui-même que son émotion et l'extrême besoin qu'il avait de moi rendaient communicatif, cette nuit.

Le défunt était sur son lit, la tête couverte d'une mousseline.

Olympe restait assise à la place qu'elle avait tenue fidèlement pendant la maladie.

En entrant, Louaisot lui dit :

— Chère Madame, je viens de prendre connaissance du testament : ceci entre nous, car je me suis passé de l'aide de M. Pouleux. Vous et votre fils, vous êtes déshérités.

La marquise resta froide. Louaisot ajouta :

— Chère madame, je ne veux pas que cela soit.

— Et comment pourrez-vous l'empêcher maintenant? demanda Olympe.

— Maintenant? répéta Louaisot. Vous voulez dire : Maintenant qu'il est mort, je suppose?

Elle répondit oui d'un signe de tête.

— Voilà, fit le patron. Je suis un garçon de ressources. Ce n'est pas pour le roi de Prusse que j'ai empêché le vicaire de venir.

Elle leva sur lui son regard inquiet où il y avait déjà de l'horreur.

— Vous comprenez bien, reprit Louaisot, que si ce pauvre homme qui est là ne m'avait pas forcé de vendre mon étude et chassé du pays, tout se serait passé autrement. D'abord, je vous aurais guidée de mes conseils, et je veux être pendu si vous eussiez commis la faiblesse de vous faire prendre en grippe par un si excellent mari! Mais ne parlons point du passé. Ce qui est fait est fait. Il s'agit uniquement de faire autre chose — à côté — qui nous remette dans la très-bonne position où nous étions avant ce scélérat de testament.

— Expliquez-vous, prononça tout bas la marquise.

Sa voix tremblait.

— Je n'ai pas besoin de m'expliquer, répartit le patron. Je vous demande seulement de quitter cette chambre et de m'y laisser libre pendant une heure ou deux.

Olympe frissonna.

— Vous allez commettre un sacrilége! balbutia-t-elle.

— Je vais commettre ce que je voudrai. J'ai mon plan établi, ma route tracée, un obstacle la barre, je l'écarte.

Olympe demeurait immobile.

— Qu'avez-vous fait de mon fils? demanda-t-elle avec des larmes dans la voix.

— Vous le saurez demain matin, si vous m'obéissez tant que durera cette nuit.

— Et qu'aurai-je à faire?

— Rien.

— Et si je ne vous obéissais pas?

— Le petit Lucien est frais comme une rose. C'est pitié de voir comme ces chérubins sont emportés par le croup...

— Jacques! fit la marquise qui se leva toute droite, l'éclair de la haine dans les yeux, vous venez de l'enfer!

— Non pas! je viens de la rue Vivienne où j'ai monté un établissement utile pour remplacer mon étude que je vous ai sacrifiée. Je veux que mon fils soit riche, madame la marquise, je veux que vous soyez riche, et je veux être riche. C'est réglé. Riches, entendez-vous, et heureux, ensemble, tous les trois!

Olympe se dirigea vers la porte avec lenteur.

— Je crois au mal que vous sauriez me faire, dit-elle avant de passer le seuil, j'ai peur de vous. Mais si jamais j'ai la main sur vous, ne me demandez pas pitié!

Louaisot salua et sourit.

— Feu Mlle Rachel, de la Comédie-Française, n'aurait pas mieux piqué cette menace! dit-il. Chère Madame, ayez la bonté, je vous prie, de ne pas vous coucher. J'aurai absolument besoin de vous dans une heure.

Louette vint me chercher dans la cuisine où j'attendais en cassant une croûte. On me comblait, cette nuit-là.

A mon tour, je fus introduit dans la chambre du mort.

Je trouvai M. Louaisot occupé à découper un drap de lit avec des ciseaux. Il y taillait des fentes disposées selon une certaine fantaisie bizarre et il rapprochait ces fentes de trous, taillés, également aux ciseaux, dans une chemise de nuit et dans un gilet de laine marqués au chiffre du défunt.

— Allons! allons! fit-il en me voyant, a-t-on bien pansé ce bijou-là? Apporte-nous une bouteille de vieille eau-de-vie, Louette, mon trésor. Il faut de l'avoine aux bons chevaux.

Louette apporta de l'eau-de-vie et voulut se retirer.

Ce n'était pas le compte du patron qui lui dit :

— Ma poule, tu vas mettre la main à la pâte, ou tu

diras pourquoi ! Nous jouons pour gagner ou pour perdre. Je payerai bien, mais je ne veux pas qu'on raisonne !

Il tira de sa poche, à demi, un revolver de bonne taille.

Je crois bien que Louette était comme moi, sûre qu'il ne lui en coûterait pas plus de faire sauter une cervelle humaine que de casser les reins à un lapin.

Elle fit pourtant meilleure contenance que moi

— Pas besoin de menacer, M. Louaisot, dit-elle. C'est la fortune de Mlle Olympe et de l'enfant. J'appartiens à Mlle Olympe.

Louette appelait souvent la marquise par son nom de demoiselle.

Louaisot lui envoya un baiser et demanda :

— Combien y a-t-il de temps que tu as fait coucher le dernier domestique ?

— Au moins une heure.

— C'est bien, tout le monde ronfle. Travaillons !

Je suis un pauvre misérable. Je n'ai pas reçu d'éducation. Je n'ai pas connu mon père ; c'est à peine si ma mère m'a dit, quand j'étais tout enfant : ceci est bien ou ceci est mal.

J'ai vécu depuis ma plus petite jeunesse dans cette maison de notaire campagnard où personne n'avait ni foi ni loi. Le père était un coquin prudent, le fils un scélérat audacieux, voilà toute la différence. Je ne connais pas d'être qui ait été plus cruellement abandonné que moi.

Et pourtant, si le patron m'avait dit tout de suite à

quel rôle il me destinait dans cette téméraire, dans cette extravagante tragédie où la profanation allait être poussée jusqu'à l'incroyable, j'aurais tendu mon front au canon de son revolver.

Mais il se garda bien d'expliquer son plan tout de suite. Cela vint petit à petit, et tout le temps il me fit boire de l'eau-de-vie.

D'abord, on ne parla que de changer les draps du mort.

Pourquoi? Louette s'en doutait peut-être, moi je ne devinais pas.

On se mit à cette tâche avec une activité singulière. Le corps du marquis fut pris par Louaisot et Louette qui le déposèrent sur un sopha.

Mais au lieu de changer les draps tout simplement, les matelas furent enlevés et Louette fut chargée de les échancrer tous les deux selon un dessin que Louaisot traça sur la toile avec de la craie.

Je puis donner une idée de ce crénelage en le comparant au trou semi-circulaire pratiqué dans certaines tables de travail de l'état de peaussier.

L'ouvrier peut agir ainsi au centre de la table. Il est encastré dans la table.

Aussitôt que cet ouvrage fut fait, on mit le drap découpé sur les matelas recousus et reposés en place, de façon à ce que l'échancrure fût à la tête du lit.

Le traversin et l'oreiller étant aussi replacés, l'échancrure laissait un trou dépassant l'oreiller qui fut lui-même évidé dans une proportion correspondante.

Ces diverses retouches mettaient une véritable ouverture sous le corps de la personne couchée. Cette ouverture prenait à un pied de la chute des reins et remontait jusqu'au dessus de la nuque.

Le traversin était jeté comme un pont sur ce trou, et maintenu par-dessous à l'aide d'une planchette pour qu'il ne s'infléchit pas au milieu sous le poids d'une tête.

Cela fait, on étendit le drap taillé qui était le drap inférieur, bien entendu, et dont les découpures restèrent béantes aux deux côtés du trou, celle de droite plus large que celle de gauche.

Puis on reprit haleine.

Louette dit en caressant un verre de cognac :

— Si le diable veut savoir son métier, il n'a qu'à venir ici à l'école !

Elle suait à grosses gouttes, mais elle allait bravement. Moi, le cœur me manquait. Commençais-je à comprendre? En vérité, je ne sais.

Mais était-il besoin de comprendre? je m'en fiais au patron pour être sûr qu'il s'agissait de quelque effrayant blasphème, mis en scène comme une charade.

En tous cas, si je ne comprenais point encore, l'intelligence n'allait pas tarder à me venir.

— Les fers au feu! cria le patron qui ne perdit pas un seul instant son entrain satanique. Nous avons assez soufflé. Ote-moi encore ce traversin, Louette. Ce n'était que pour essayer ; toi, petiot, apporte la boîte aux outils.

Louette avait monté une boîte de menuisier en même temps que l'eau-de-vie.

— Donne ici, petiot, et reste là. Tu me serviras de coterie. Tu vas voir comment on saborde un lit d'ébène de mille écus sans le faire crier. Belle pièce, parole d'honneur! et curieuse! Ce vieux marquis-là va bien manquer à nos marchands de bric-à-brac!

Je tenais la boîte. Il pratiqua d'abord au ciseau et au marteau un trou carré, juste assez large pour laisser passer la lame d'une scie à main.

Et tout en coignant il disait :

— Ceux qui s'éveilleront croiront qu'on cloue déjà le cercueil. Minute! nous n'y sommes pas encore, mes mignons! M. le marquis a encore quelque chose à faire ici-bas.

Il prit la scie à main et la fit jouer avec une vigueur, avec une précision qu'un maître ouvrier lui aurait enviée.

Il était bon à tout excepté au bien.

En quatre traits de scie qui ne prirent pas un demi-quart d'heure, une large ouverture quadrangulaire fut pratiquée au bois du lit, immédiatement au-dessous de la place où s'appuyait l'oreiller.

Il me demanda en retirant le carré d'ébène qui était net comme un dessus de table.

— Petiot, je suppose que tu pourras entrer par cette porte-là?

Oh! pour le coup je compris.

Et tout mon sang se figea dans mes veines :

— Moi! là! balbutiai-je.

— Est-ce que tu n'auras pas assez de place?

— Mais je serai sous le corps!

— Juste, c'est ce qu'il faut.

Je me laissai aller sur un siège.

Louaisot et Louette se mirent à rire tous les deux.

Cela me transporta de fureur.

— Par le nom de Dieu! m'écriai-je, vous avez raison de rire! Je suis un lâche! Eh bien! frayeur pour frayeur, j'aime mieux avoir la tête écrasée que d'entrer là dedans quand le mort y sera! Tuez-moi, patron, je ne vous obéirai pas!

Il me pinça la joue avec bonté.

— Mais fais donc attention, petit bêta, me dit-il du ton que prend un papa pour extirper une erreur enfantine du cerveau d'un bambin, que nous serons là, autour de toi, nous tes bons amis, et qu'il ne pourra rien t'arriver du tout. Parbleu! il y aura de la société assez, va! Que diable veux-tu que le mort te fasse? Voyons, nous n'avons pas le temps de nous amuser. Tu es précisément la petite bête qu'il faut pour manœuvrer dans ce trou à rat. Je pourrais te remplacer à la rigueur en élargissant le trou, mais d'abord, j'ai mon rôle aussi dans la comédie, et ensuite, je ne pourrais pas te reprendre mon secret. Il faut être complice ou avaler ta langue.

Il prit un verre d'eau-de-vie d'une main et son revolver de l'autre.

Si j'avais réfléchi, j'aurais bien pensé qu'il ne pouvait s'exposer à réveiller toute la maison en tirant un coup de pistolet à cette heure de nuit.

Mais il m'aurait tué autrement, voilà tout.

Ses yeux le criaient.

J'eus peur. Que ceux qui liront ces tristes lignes aient compassion d'un pauvre petit malheureux.

L'image de Stéphanie passa devant moi...; enfin pas tant de paroles! J'eus peur.

Et je bus le verre d'eau-de-vie.

Boire, c'était accepter le rôle qu'on m'imposait. Le patron fit disparaître son revolver et me dit :

— Voilà un garçon raisonnable !

On remit en place lestement drap, traversin, oreiller, puis on fit la toilette du mort qui fut recouché avec sa chemise et son gilet, percés de fentes qui correspondaient avec celles du drap.

J'entrai dans le trou où j'étais à l'aise.

Je passai mes deux mains dans les fentes et ma tête s'appuya sous la planchette qui soutenait le traversin.

Comme cela je pouvais faire mouvoir les deux bras du défunt, avec mes bras — et sa tête aussi, avec ma tête.

Ma main droite qui était complétement libre, d'après la disposition des fentes, pouvait même faire verser le corps sur le côté gauche et le tourner vers la ruelle.

On fit une répétition. Cela allait bien. M. Louaisot pourtant dit qu'on pouvait faire mieux.

Il replia le bras du défunt sous le corps, et ce fut ma propre main droite qui entra dans la manche de la chemise.

— Comme ça, tu pourras signer, dit Louaisot, à tâtons, c'est vrai, mais qu'importe ? Dans l'état où est le pauvre monsieur, on n'a pas une belle écriture. Plus tu barbouilleras, mieux cela vaudra. D'ailleurs, je te tiendrai la main... Sors de là, petiot, tu n'as pas besoin de te fatiguer d'avance.

Si j'avais de l'imagination, j'aurais arrangé toute cette histoire-là, et je n'aurais pas montré les ficelles de mes marionnettes avant de les mettre en scène, mais je ne sais pas raconter autrement qu'en suivant l'ordre et la marche de ce qui se passa sous mes yeux.

Louaisot paraissait content. Il passa un instant derrière le rideau, et nous entendîmes quelqu'un qui appelait Louette d'une voix faible.

Louette tenait je ne sais quoi à la main et cela tomba. Elle se mit à trembler si fort que sa jupe allait et venait, et son bonnet se souleva sur ses cheveux qui se hérissaient.

— Jésus Seigneur! fit-elle, notre monsieur a parlé!

Moi, je me doutais bien que c'était le patron, mais la voix était si miraculeusement imitée et sortait si bien de la bouche entr'ouverte du marquis que tout mon corps n'était qu'un frisson.

Je me souvins de la leçon que le patron avait prise avec le ventriloque et qu'il avait payée un billet de mille francs.

Il ressortit de derrière le rideau. Louette et moi nous reculâmes.

C'était un vieil homme à cheveux blancs qui venait à nous d'un pas vénérable et nous demanda :

— Pensez-vous que cet imbécile de Pouleux me reconnaisse?

— Le diable! dit Louette. Le diable en personne! A quel métier pourra-t-on faire pénitence après tout ça!

— Alors, reprit le patron, vous pensez que je ne vas pas trop mal jouer mon petit bout de rôle... Quelle heure avons-nous?

La pendule marquait deux heures et demie après minuit. Il y avait deux grandes heures que nous étions au travail.

— Nous avons du temps devant nous, dit Louaisot. En cette saison, il ne fait pas jour avant sept heures. Voyons ! avant de lever le rideau, une dernière fois, Louette, ma commère, tu n'avais dit à personne au château que ton maître avait *passé*?

— Je ne suis pas sortie par la cuisine pour aller au presbytère, répondit Louette.

— Et tu es bien sûre de n'avoir rencontré personne en chemin?

— Personne que vous.

— Nous sommes des bons ! alors, va me chercher ta maîtresse, et toi, petiot, à ton poste !

Quand Mme la marquise de Chambray rentra dans la chambre de son mari, Louaisot était debout aupès du lit.

Louette avait prévenu sa maîtresse sans doute, car celle-ci ne se méprit point au déguisement de Louaisot, qui était parfait, je l'affirme, au point de tromper sa propre mère, si elle l'eût vu costumé ainsi.

Olympe dit dès le seuil :

— Monsieur Louaisot, qu'est-ce que c'est que cette farce infâme?

— Belle dame, répondit le patron, vous êtes sévère dans vos expressions. Je ne suis pas M. Louaisot. Je suis le célèbre médecin de Paris que toute autre marquise dans votre position aurait mandé par le télégraphe. Il est bon de pouvoir se dire plus tard : Je n'ai rien négligé !

— Si j'ai commis une faute... commença Olympe.

— La voilà réparée ! interrompit Louaisot. Le célèbre médecin de Paris est arrivé à temps, Dieu merci ! M. le marquis de Chambray n'est pas mort !

La marquise voulut parler. Je crois que son indignation était sincère, mais Louette lui dit tout bas :

— C'est pour votre bien... et songez à l'enfant !

— Madame, reprit Louaisot, il va se passer ici quelque chose de solennel. Nous ne craignons ni les témoins ni la lumière. Il faut que tous les domestiques du château et les gens de la ferme soient éveillés à l'instant même pour assister à la cérémonie...

— Et vous avez cru que je me prêterais à cela ! s'écria Olympe qui repoussa Louette loin d'elle.

— Oui, madame, j'en suis sûr. Ce soir, votre petit Lucien me l'a promis de votre part.

Olympe courba la tête. Louaisot poursuivit :

— Il faut que maître Pouleux, le notaire de Méricourt soit mandé, à l'instant même aussi ; qu'on le fasse lever de force s'il est besoin, qu'on l'arrache de son lit. La mort n'attend pas et M. le marquis est bien malade ! Il m'a confié son désir de changer quelque chose à l'acte authentique qui contient ses dispositions dernières.

La poitrine d'Olympe rendit un gémissement, mais elle ne fit aucune résistance.

— Avant de partir pour faire exécuter avec la plus extrême diligence, les ordres de Mme la marquise, dit Louaisot à Louette, je vous serais obligé, ma bonne fille, de m'apporter une légère collation ; n'importe quoi : de la viande froide et un verre de vin. Les glaces de l'âge, figurées par ma perruque, ont rendu mon estomac exigeant.

Louette sortit et revint l'instant d'après avec un plateau.

Quand elle fut partie définitivement pour accomplir les ordres qu'elle avait reçus, nous restâmes seuls dans la chambre mortuaire la marquise, Louaisot et moi.

Du fond de mon trou, j'entendais la marquise, sangloter et Louaisot manger.

Il mangeait avec cette sonore activité de mâchoires qui appartient aux ruminants et aux bonnes consciences.

Aucune parole ne fut échangée entre la marquise et lui.

Elle connaissait bien son Louaisot : elle n'essaya ni menaces ni prières.

Au bout de dix minutes à peine, les premiers valets arrivèrent effarés, inquiets — surtout curieux.

Les larmes de la marquise faisaient bien. Louaisot avait brusqué la fin de son réveillon.

Il se tenait debout au chevet de *son malade*. Les bonnes gens le regardaient avec une superstitieuse terreur. Louette leur avait dit : Vous verrez un médecin de Paris !

Valets et servantes faisaient le signe de la croix en entrant. Quant aux gens de la ferme ils s'agenouillèrent sur le plancher. Et de tout ce monde qui allait sans cesse augmentant, car on avait prévenu les voisins comme pour une fête, un murmure sourd se dégageait disant :

— Il est comme s'il était déjà un défunt !

Le célèbre médecin de Paris se pencha et demanda d'une voix basse, mais intelligible :

— Monsieur le marquis, sentez-vous l'effet de votre potion ?

Le marquis ne répondit pas, mais sa tête remua si ostensiblement que la foule des serviteurs et des fermiers ondula. Il y eut une paysanne qui dit :

— Ça a l'air d'un bon sorcier tout de même, ce vieux-là.

Maître Pouleux arriva, suivi de son clerc et d'une fournée de paysans qu'on avait réveillés en route.

Dans la campagne normande, l'agonie d'un être humain est un irrésistible attrait. Ces braves gens, hommes et femmes, étaient tous reconnaissants du service qu'on leur avait rendu en les amenant.

Maître Pouleux avait sa grosse face couleur de chandelle toute bouffie de sommeil. Il traversa la foule des assistants avec l'air d'importance que lui donnait sa position sociale et vint s'aplatir devant le fauteuil de la marquise, qui avait sa tête entre ses mains et ne le voyait pas.

— C'est donc bien pressé ? demanda-t-il.

Olympe le regarda d'un œil égaré et resta muette.

Maître Pouleux se retourna du côté du lit et dit :

— Eh bien ! M. le marquis, vous voilà qui avez meilleure mine...

Il s'arrêta bouche béante parce qu'il venait de rencontrer l'œil vitreux du cadavre.

Les notaires sont comme les prêtres et les médecins : ils connaissent intimement la mort.

— Mais... mais... mais... fit-il par trois fois.

Les paysans comprirent. Il y en eut qui dirent.

— Oh ! allez, il bouge encore bien !

Le médecin de Paris s'était incliné jusqu'à mettre son oreille sur la bouche du mort.

En se relevant il dit :

— M. le marquis demande qu'on éloigne un peu les lumières.

Et la tête de M. le marquis remua en signe d'assentiment.

— Ma foi, oui, ma foi oui, dit Pouleux il bouge encore bien.

La voix du célèbre médecin ne ressemblait pas à celle de M. Louaisot. Il la prenait je ne sais où dans sa tête. C'était la voix que les ténors ont en parlant.

Maître Pouleux appela son clerc qui portait sous le bras une serviette de cuir.

— Alors, madame, dit-il, M. le marquis a manifesté le désir de me voir?

— Maître Pouleux ! appela en ce moment le marquis.

Ce fut un son très faible, mais on l'entendit de toutes les extrémités de la chambre. Dans mon trou, je reconnus la voix du mort.

Le notaire s'était vivement retourné.

Le marquis ne parlait plus, mais sa main droite, qui était sur le devant du lit, fit un mouvement comme pour désigner le docteur de Paris.

Celui-ci prit aussitôt la parole.

— Madame la marquise, dit-il depuis mon arrivée, est dans un état de prostration qui doit inquiéter. Quand on m'a montré pour la première fois le malade, j'ai cru qu'il était trop tard, mais le spasme a cédé à une médication énergique.

— Puis-je demander le nom de M. le docteur? interrogea timidement Pouleux.

— Chapart... docteur Chapart, directeur de la maison Chapart, rue des Moulins à Belleville. C'est un etablissement qui jouit de quelque notoriété.

— J'en ai beaucoup entendu parler, dit Pouleux qui salua d'un air aimable.

Le médecin de Paris rendit le salut et reprit.

— Au lieu et place de Mme la marquise, dont la santé personnelle va nécessiter tout à l'heure de grands soins, puis-je rendre compte de ce qui a nécessité l'envoi d'un message à M. le notaire? Est-ce légal?

— Mais parfaitement, mais parfaitement, répondit Pouleux. Ah! je crois bien! Pourquoi pas?

— D'ailleurs poursuivit le médecin, Mme la marquise pourra me rectifier si ma mémoire s'égare. Et il y avait en outre ici une servante... je ne la vois plus.

— Si fait présent! dit Louette en masculin,

— Très-bien. Voici donc les faits : Aussitôt que M. le marquis de Chambray a repris connaissance, c'était il y a une heure environ, il a regardé tout autour de lui, disant, si on peut appeler cela *dire*, — murmurant plutôt :

« — Ai-je rêvé que j'ai fait mon testament?

« Je ne pouvais pas répondre, puisque je l'ignorais. D'un autre côté, Mme la marquise restait muette et insensible, comme vous la voyez. C'est la servante qui a répondu :

« — Vous n'avez pas rêvé M. le marquis; vous avez fait votre testament.

« Je serais bien aise que la servante déclarât si mon souvenir est fidèle. »

— Ça y est! fit Louette.

— Merci, ma fille. Mon rôle ici est délicat. Je me mêle de choses qui ne me regardent absolument pas, mais je le fais dans le pur intérêt de la vérité.

— Quant à ça, c'est certain, dit-on de toute part. Il ne lui en reviendra ni froid ni chaud à ce vieux bonhomme-là!

Avant de poursuivre, le médecin tâta le pouls du malade, — c'est-à-dire mon propre pouls, à moi, J.-B-.M. Calvaire.

— Il y a des moments dit-il à Pouleux, où la circulation est presque normale. Voyez!

On ne voyait qu'un coin de mon poignet, ma main était sous la couverture.

Pouleux me tâta le pouls d'un air entendu.

— Quel pauvre poignet maigre! chuchotait l'assistance. Lui qui était si bien en point quand il venait fureter pour les bahuts ou les vieux plats.

— Ma parole, ma parole! s'écria Pouleux, ça bat encore assez raide!

— Parlez moins haut, je vous prie, continua le docteur. Où en étais-je? à la réponse de la servante. Bien. Cette idée d'avoir fait un testament paraissait préoccuper M. le marquis excessivement : Je dirai presque jusqu'à l'angoisse. Cela ne valait rien. Il fallait le calmer. Je lui demandai s'il voulait du papier, une plume et de l'encre. Il secoua la tête. Alors je songeai au notaire...

— Il faut toujours en venir là! dit Pouleux. Pensez-vous qu'on puisse adresser une question au malade?

— Attendez !

Le docteur prit dans sa poche une petite fiole et un pinceau.

Il trempa le pinceau dans la fiole après l'avoir secoué énergiquement et promena les poils de blaireau ainsi humectés sur les lèvres du malade.

Dans la chambre tous les yeux étaient ronds à force de s'écarquiller.

Pouleux cligna de l'œil en regardant l'assistance. Toute sa physionomie disait :

— Les docteurs de Paris sont comme ça !

— Interrogez ! dit alors le médecin.

En même temps, il se pencha pour mettre ses deux mains en bandeau sur le front du marquis, dont la figure fut ainsi plongée dans l'ombre.

— Voilà le notaire demandé, dit aussitôt Pouleux. J'ai le testament avec moi. M. le marquis voudrait-il y ajouter ou en retrancher quelque chose ?

Le mot *codicille* partit comme une explosion faible et sourde.

On voyait que ce pauvre homme de marquis avait fait grand effort pour le prononcer.

Olympe se leva. Tout le monde crut qu'elle allait parler.

Mais le docteur parisien se tourna vers elle, et Olympe retomba sur son fauteuil.

Il y a des mots qui chantent dans l'oreille des notaires. Du moment que le mot codicille eût été prononcé, Mᵉ Pouleux ne vit plus rien et n'entendit plus rien. Son clerc et lui étaient déjà à la besogne.

Le testament fut ouvert. Le clerc se mit à une table et trempa sa plume dans l'écritoire.

— Permettez! dit le médecin de Paris, Mme la marquise vient de faire un mouvement qui pourrait être interprété comme une protestation. Je marche ici à l'aveugle. Je suis arrivé de cette nuit. Peut-être le testament qu'il est question de changer était-il en faveur de Mme la marquise...

— Mais du tout! mais du tout! interrompit Pouleux. Au contraire! y sommes-nous?

Le docteur renouvela la scène du pinceau. L'assistance était positivement aux anges. Chacun retenait son souffle pour écouter mieux. De mémoire de Normand méricourtin, jamais personne n'avait pénétré dans la chambre d'un marquis à l'heure où il testait. Et ici tout le monde y était. Liesse!

— Parlez, monsieur dit le médecin qui imposa les mains de nouveau, remettant ainsi tout naturellement le visage du malade dans l'ombre.

Il y eut un silence.

— Il ne peut pas! Il ne peut pas! disaient les bons Cauchois dont le cœur battait.

— La paix! fit le notaire. Eh bien! M. le marquis... un peu de courage!

— Je donne — et lègue, prononça faiblement, mais nettement le malade, tout — tout — à ma femme — et à mon fils.

Un immense soupir souleva les poitrines.

— La paix, bonnes gens, répéta le notaire, on va rédiger.

La plume du clerc grinça sur le papier et il lut d'une

petite voix aigrelette qu'il avait, la formule qui précède le codicille, puis le codicille lui-même, ainsi conçu :

« . . . . . A déclaré donner et léguer par le présent à la dame Olympe-Marguerite-Emilie Barnod, marquise de Chambray et audit mineur légitimé Lucien de Chambray, la totalité de ses biens meubles et immeubles. »

— Est-ce bien cela ? demanda Pouleux.

M. de Chambray ne répondit pas.

— Diable ! fit le notaire, s'il est parti, ce sera comme on dit, de la bouillie pour les chats !

— Est-ce cela que vous voulez, monsieur le marquis ? demanda le docteur à son tour.

Et il se pencha pour approcher son oreille de cette bouche immobile qui était froide déjà depuis longtemps.

Il écouta faisant signe à tous de retenir leur respiration, — et tous obéirent.

La partie que jouait ce Louaisot était audacieuse à un degré qui dépasse la raison. Il eût suffi d'une main qui eût frôlé le cadavre par hasard pour faire écrouler tout l'échafaudage de ses supercheries...

Oui, nous pouvons croire cela. — Mais je parie bien qu'à cette botte-là ou à toute autre, ce démon de Louaisot aurait eu la parade.

Quoi qu'il en soit, il dit en se relevant, et au milieu du silence absolu qui régnait dans la chambre :

— M. le marquis est las, il demande qu'on ajoute après « biens, meubles et immeubles » les mots « présents et à venir. »

Pouleux sourit finement.

— Ça n'a pas grand sens grommela-t-il, mais je sais

bien ce qu'il veut dire... C'est la Tontine... et, de fait, ils ne sont plus que deux. Vincent Malouais est décédé hier... On va mettre la chose puisqu'il le désire. Mais pourra-t-il signer, seulement?

— Je l'espère, répondit le médecin.

Ce galant homme avait tressailli visiblement à l'annonce du décès de Malouais, mais ce mouvement avait passé inaperçu.

Il demanda, en se penchant au-dessus du malade :

— M. le marquis, voulez-vous signer?

M. le marquis remua la tête affirmativement.

Il n'y eut pas dans la salle une seule paire d'yeux qui ne le vît.

Le clerc se leva de son tabouret.

C'était ici l'instant critique.

L'assistance n'était plus agenouillée. Elle se tenait au contraire sur ses pointes. Tout le monde voulait voir la main de « notre monsieur. » qui devait être si maigre !

Jamais les cœurs simples qui étaient là rassemblés ne s'étaient tant amusés que cette nuit. Il y en avait pour longtemps à raconter aux veillées.

C'était le cas ou jamais de faire usage du pinceau et du petit flaconnet que les cœurs simples appelaient déjà « la bouteille à la malice. »

Toutes les ménagères, toutes les jeunesses à bonnet de coton auraient donné un péché mortel pour voir de près ce brimborion-là.

Et pour savoir au juste ce que ça coûtait d'argent pour faire venir de Paris un médecin pareil !

Le célèbre docteur arrêta le clerc d'un geste et opéra

sa mise en scène du blaireau avec un redoublement de gravité.

Dès que les lèvres du malade furent imbibées, sa main remua.

Tout le monde aurait bien pu en jurer au tribunal : la main remua comme si elle allait sortir de dessous la couverture.

Néanmoins le docteur fut obligé d'aider un peu.

On la vit enfin, cette main. Elle était très suffisamment maigre, car en ce temps-là comme aujourd'hui, je n'avais que la peau et les os.

— Elle est déjà grise ! dit-on tout bas. Lui qui l'avait si blanchette !

Presque tout le monde avait vu cette main-là de près, car M. le marquis allait souvent dans les fermes marchander un coucou du temps de Louis XIII, un bahut à personnages ou quelque saladier de vieux-Rouen. Ils la trouvaient rapetissée. Ils disaient :

— Ce que c'est que la fin d'un quelqu'un !

Telle qu'elle était, cette main-là fut tirée tout doucement hors du lit et on lui mit entre les doigts la plume trempée dans l'encre.

Le clerc fit à haute voix la lecture du codicille.

Puis le papier timbré fut étendu sur la chemise de cuir que le clerc agenouillé tint juste sous le poignet du malade.

Vous eussiez entendu une mouche voler et même marcher au plafond ! Toutes les respirations étaient arrêtées, tous les yeux s'écarquillaient.

La main se « mit en mouvance » pour employer l'expression d'une ménagère qui n'aurait pas donné sa place au spectacle pour dix potées de cidre.

J'étais plus mort que vif au fond de mon trou ; mais quand le docteur eût dit : *Signez, monsieur le marquis,* je fis aller mes doigts du mieux que je pus, — puis ma main retomba, comme épuisée par ce suprême effort, et je laissai aller la plume.

Pour le coup, il fut impossible de retenir la curiosité générale. On rompit les rangs, et tout le monde se précipita pour voir.

Pour voir cette signature qui venait presque de l'autre monde !

Il n'y avait pas à espérer qu'elle ressemblât beaucoup à celle du marquis en bonne santé. Il avait écrit son nom à tâtons, puisque sa tête n'avait pu quitter l'oreiller.

Elle ne ressemblait pas, en effet, au seing large et hardi du vieux gentilhomme, elle ne ressemblait même à rien du tout, sinon à la maculature que laisserait sur un papier blanc la griffe noircie d'un chat.

Et pourtant, il se trouva là, nombre de gens pour la reconnaître, surtout ceux qui ne savaient pas lire, et M⁰ Pouleux lui-même, essuyant ses bésicles en amateur, déclara qu'il y avait « quelque chose. »

Mais le savant médecin de Paris fut plus sévère.

— Puisque je me suis mêlé de cette affaire-là, dit-il, je veux qu'elle soit bien faite. Nous avons ici les témoins et le notaire. Je désire, et ce sera l'opinion de M. le marquis, qu'un acte de notoriété soit dressé pour appuyer cette informe signature. Ces braves gens ne refuseront pas d'affirmer par écrit ce qu'ils ont vu.

— Ah! dame non! firent trente voix empressées, pour quant à ça, je *sons* des vrais témoins pour du coup!

Maître Pouleux ne put faire d'objection, c'était un article de plus à ajouter à son mémoire.

Le clerc se remit à sa place et bâcla un acte à joindre au testament qui était une sorte de procès-verbal et certifiait véritable la signature hiéroglyphique de M. le marquis de Chambray.

Après lecture, tous ceux qui savaient signer signèrent. Les autres firent leur croix.

Seule, Mme la marquise repoussa l'acte en détournant la tête.

— Etes-vous satisfait, M. le marquis? demanda le célèbre docteur.

M. de Chambray remua la tête.

Puis on vit son corps verser lentement sur le côté gauche, tournant son visage vers la ruelle, comme s'il eût donné congé à tous ceux qui étaient là.

La foule s'écoula lentement et silencieusement, mais elle retrouva la voix dans l'escalier qui retentit d'exclamations normandes. Ah! dame! Ah! dame! on n'espérait pas se divertir davantage, même à l'enterrement de « Notre Monsieur! »

Pouleux et son clerc se retirèrent à leur tour, après avoir souhaité meilleure santé à M. le marquis et témoigné au célèbre médecin le plaisir qu'ils avaient eu à faire sa connaissance.

Nous restâmes seuls, Mme la marquise, Louaisot, Louette et moi.

J'étais sorti de mon trou aux trois quarts asphyxié et complétement abêti par l'excès de ma terreur.

Ce que je viens de raconter vient surtout de Stéphanie ma femme, qui était parmi les assistants.

Pendant toute la cérémonie (qui avait duré trois heures d'horloge!)Mme la marquise était restée morne comme une pierre. Louette avait les joues défaites et les yeux creux comme après un mois de maladie.

Pour n'avoir point changé il n'y avait que le patron et le mort. M. Louaisot était frais comme une rose.

— Mes petits enfants, dit-il, voilà une histoire qui a joliment marché! J'avais peur que notre chère belle Olympe ne commît quelque inconséquence, mais quand je la regardais, je mettais quelque chose dans mon œil qui disait : « Amour, vous tenez dans vos jolies mains la vie et la mort de votre Lucien! » Le jeune, s'entend, car le grand dadais du même nom vient d'être nommé substitut à Yvetot, et je ne l'ai pas si complétement sous ma coupe..., mais il y viendra... Dites donc, je grignotterais bien quelque chose, vous autres !

Louette sortit.

Le patron me prit l'oreille amicalement.

— Toi, petiot, me dit-il, tu as été superbe! On fera quelque chose de toi. Seulement, tu as mis trop de force quand tu as retourné le pauvre monsieur dans la ruelle. Un gaillard qui se relève comme ça tout seul aurait pu s'asseoir sur son séant et signer quatre douzaines de codicilles. Mais une autre fois mieux.

Quand Louette fut revenue, M. Louaisot recommença

son éternel repas. Rien ne diminuait jamais son implacable appétit.

— Mes enfants, reprit-il la bouche pleine, nous allons régler nos comptes. Je vous ai promis beaucoup, mais je ne vous dois rien parce que désormais vous êtes mes complices et que vous ne pouvez rien contre moi sans vous casser les reins à vous-mêmes ; j'ai mis un très-grand soin à tout cela : je suis l'homme qui ne néglige aucun détail. Un clou mal attaché peut faire tomber toute une charpente.

Il alla vers le secrétaire de M. de Chambray. La clef était à la serrure. Il ouvrit en disant :

— Ce soir, on mettra les scellés. Il y a un mineur. Chère madame, vous n'êtes donc pas contente de voir ce bébé là un des héritiers les plus calés du département?

Je ne sais pas pourquoi ces gens-là trouvent toujours le tiroir où est l'argent.

— Chère madame, continua-t-il, je prends cinq mille francs pour moi, pas un centime de plus. J'ai un peu négligé nos tontiniers depuis quelque temps pour m'occuper de vos intérêts plus prochains, mais ces braves-là y vont trop bon jeu, trop bon argent! Peste! Vincent Malouais mort, il n'en reste plus que deux. Il ne faut pas que ce gueux de Joseph Huroux nous mange notre oncle Jean, dites donc! Nous ne sommes pas les héritiers de Joseph Huroux!

Il fit sonner des pièces d'or dans le creux de sa main.

— Avance! me dit-il.

J'étais incapable de lui désobéir en face. Je m'approchai.

— Je t'avais promis trois mille livres de rentes, poursuivit-il, ce qui au denier vingt doit nous donner un capital de soixante mille francs. Je te rachète ça pour cinq louis, et une augmentation d'appointements de cinq francs par mois... Tiens donc!

Il frappa du pied parce que j'hésitais. Je pris les cinq louis, et je les mis dans ma poche.

— Est-ce que vous comptez vous moquer de moi de la même manière? demanda Louette qui mit les deux poings sur ses hanches.

Louaisot referma le secrétaire.

— Toi, dit-il, tu es une bonne fille et une madrée commère. Je te promets que si les huit millions nous viennent, tu auras un bureau de tabac.

Louette l'appela coquin. Il éleva un billet de mille francs au-dessus de sa tête et Louette sauta comme une levrette pour l'avoir.

Puis il revint vers la marquise Olympe dont il prit la main.

— Chère madame, dit-il d'un ton sec, si vous êtes bien sage, dans quarante-huit heures, je vous amènerai notre Lucien. Je me nomme moi-même son subrogé-tuteur, arrangez-vous pour que ce soit ratifié par le conseil de famille. Je ne vous fatigue pas de la peinture de mes sentiments pour vous, mais vous voilà veuve...

Il porta la main d'Olympe jusqu'à un pouce de ses lèvres.

Elle ne leva point les yeux sur lui, mais il me semblait que je voyais sourdre le feu sombre de ses prunelles à travers ses paupières baissées.

S'il serre trop fort, la lionne le mordra, un jour ou l'autre...

Nous sortîmes du château, M. Louaisot et moi, une demi-heure avant le jour, mais il arriva tout seul à la maison de la bonne femme.

En chemin je m'enfuis et jamais depuis lors, il ne m'a revu.

Mais j'ai le privilége de ceux qui sont tout petits : il m'arrive parfois de voir ceux qui ne me voient pas.

Moi, j'ai revu M. Louaisot.

SIXIÈME OUVRAGE DE J.-B.-M. CALVAIRE

La nourriture de l'affaire

Avant de passer à la dernière série de ces récits où je n'avais plus le patron sous la main, mais où je le suivais toujours comme un espion honoraire, aidé dans ma tâche par Stéphanie, qui resta encore un peu de temps chez la bonne femme Louaisot, je veux rassembler ici quelques faits et quelques observations utiles.

J'ai toujours idée que ceci servira soit à M. L. Thibaut, soit à Jeanne Péry, les deux principales victimes vivantes de ce merveilleux scélérat.

Je suis à peu près sûr que la mort des trois premiers membres de la tontine, Jean-Pierre Martin, Simon Roux dit Duchesne et Vincent Malouais, lui est étrangère.

Vincent Malouais décéda, du reste, dans un lit de l'hôpital général de Rouen. Son cas fut regardé comme curieux par les professeurs:

Il avait la morve du cheval.

En sa qualité d'ancien maquignon, devenu vagabond et presque mendiant, il couchait souvent dans des écuries de village.

Mais lors de la visite du corps, on trouva deux petites cicatrices, une derrière chacune de ses oreilles. Toutes les deux étaient noires et environnées d'un cercle gangréneux.

Ce pouvaient être des piqûres de mouches à cheval.

Un interne de l'hôpital fit observer néanmoins que les deux plaies originaires, très petites, étaient en long et avaient des lèvres comme celles que produit la lancette du médecin qui vaccine...

Joseph Huroux commençait à se former, et le patron avait raison de craindre pour son vieux Jean Rochecotte.

D'autant mieux que, du côté du vieux Jean, le patron était dès lors parfaitement en règle.

Le codicille établissait à chaux et à sable la position de Mme la marquise et de son fils.

Or, dans l'idée de Louaisot, il était chef prédestiné de cette famille, composée de lui-même, d'Olympe et du petit Lucien.

Et je suis bien loin de dire qu'il n'en arrivera pas à réaliser ce plan.

Il a exécuté, Dieu merci ! des tours de force bien plus difficiles.

Il est l'Encyclopédie vivante de la science scélérate.

C'est le docteur, le grand docteur polytechnique du crime !

L'affaire du codicille produisit sur moi un effet de terreur que je suis incapable d'exprimer. Je me demandai en moi-même à quelles besognes cet homme-là que rien n'arrêtait ne pouvait pas me destiner, et je trouvai le courage de fuir.

Il restait entre M. Louaisot et les millions de la tontine d'abord Joseph Huroux, scélérat comme lui, et qui pouvait, soit d'un coup de couteau, soit à l'aide d'une pillule, déchirer sa toile d'araignée en envoyant le vieux Rochecotte dans l'autre monde.

Jean Huroux aurait été alors le DERNIER VIVANT, et adieu paniers ! la vendange était faite.

Il y avait ensuite Jean Rochecotte lui-même qu'il fallait garder précieusement, mais dont, en somme, dans un temps donné, il fallait hériter.

En troisième lieu, entre le vieux Jean et M. Louaisot, il y avait:

1° La famille des comtes de Rochecotte, représentée par le jeune M. Albert qui venait de perdre son père;

2° La famille Péry de Marannes, représentée par trois têtes : le baron, la baronne et Jeanne.

Le baron achevait sa vie dans l'ornière où il l'avait versée. La baronne, attaquée de la poitrine, et minée par le chagrin, ne devait pas, selon l'apparence, fournir une bien longue carrière. — Mais Jeanne était toute brillante de jeunesse et de santé.

Il y avait enfin, toujours entre le patron et le trésor, objet de sa passion, deux personnes qu'il faut bien faire entrer en ligne de compte pour éclairer le jeu extraordinaire de cet homme :

La marquise Olympe qu'il tenait par l'enfant, mais dont la fière nature était susceptible de révolte, et M. Lucien Thibaut pour qui la même Olympe conservait au fond de son cœur un amour entêté et (selon M. Louaisot) absolument inexplicable.

Moi, telle n'est pas mon opinion. Je comprends très-bien l'obstination d'une sympathie enfantine qui a pour objet un homme remarquablement beau, noble d'intelligence, grand de cœur et n'ayant contre lui qu'une candeur de caractère qui peut inspirer de la pitié à M. Louaisot, mais caresser au contraire ce qu'il y a de tendre dans l'imagination d'une femme.

Je raisonne, moi aussi, et Stéphanie m'aide : Mme la marquise de Chambray, étant donnés le secret de son adolescence, les douleurs, les dangers de sa jeunesse, devait laisser précisément son cœur aller vers ce rêve d'amour pur qui, pour elle, s'appelait Lucien Thibaut...

Quoi qu'il en soit, M. Thibaut, à son insu, était dans l'affaire.

Son nom se trouvait couché sur la liste des obstacles vivants qui gênaient la mécanique de M. Louaisot.

Mais en même temps, comme le fils d'Olympe lui-même, il pouvait être utile en qualité de mors à fourrer dans la bouche de la belle révoltée.

Aussi Louaisot, donnant les cartes d'une main sûre, a servi parfois des atouts à ce pauvre M. Thibaut, qui jouait à l'aveuglette.

Et maintenant que penser d'Olympe, ce miraculeux trésor de beauté ? Faut-il la plaindre comme une martyre ? Faut-il l'exécrer comme la principale complice du bourreau ?

Voilà qui passe un peu ma philosophie.

Il y a de ceci et de cela dans son fait.

Louaisot reçut un jour des mains de Mme Barnod mourante, cette enfant chez qui toutes les généreuses passions étaient en germe.

Il fit évidemment plus que la flétrir. Il la perdit.

J'ai surpris dans ce temps-là des lambeaux de leur correspondance.

Louaisot était le maître, Olympe était l'élève.

Elève qui combattait, c'est vrai, les tendances empoisonnées de son professeur, mais qui ne refusait pas d'apprendre de lui cette escrime dont on se sert pour parer les coups du monde.

Du monde qu'on lui avait représenté comme une immense caverne de brigands.

Olympe possédait des talents qui salissent. Je n'en citerai qu'un : Olympe avait plusieurs écritures ; j'ai vu de ses lettres tracées de la main gauche...

Cette éducation diabolique devait porter ses fruits.

Un jour, poussée par la jalousie qui devenait torture, Olympe, pour tuer sa rivale, profita d'un crime commis et commit un autre crime, plus grand peut-être : elle favorisa l'erreur des juges dans une cause où il s'agissait de vie ou de mort.

Oui, ce crime-là est, à mes yeux, plus grand même que le brutal assassinat !

S'arrête-t-on dans cette voie ?

On essaye quelquefois. Olympe a eu de cruels remords.

Mais elle ne s'est pas encore arrêtée.

Il me reste à parler du fils d'Olympe, le petit Lucien, et de Fanchette, avant de reprendre ces récits dramatiques qui ne sont autre chose que le procès-verbal de faits accomplis.

Deux mots seulement :

L'enfant de la nuit de Noël grandit. Il marche vers l'adolescence. C'est une charmante et douce créature qui *aime son père* jusqu'à l'adoration.

Son père, c'est Louaisot.

Quant à Fanchette, la sœur aînée de Jeanne Péry, femme Thibaut, la main du patron doit être là-dedans pour beaucoup ou pour peu.

Elle devint jeune fille. Elle avait 600 fr. de pension qui lui étaient servis, Dieu sait comme, par le baron Péry, son père.

Le baron l'aimait énormément, à ce qu'il disait, et l'abandonnait du meilleur de son cœur. Il la faisait dîner quelquefois au restaurant et je ne pense pas qu'il l'inondât de morale au dessert.

Fanchette était toujours marchande de plaisirs. C'était une intelligence assez remarquable. Elle s'était fait toute seule une manière d'éducation. Beaucoup plus tard, je l'ai vue dame un instant.

Et par l'apparence c'était une vraie dame.

M. Albert de Rochecotte avait tort quand il disait, comme cela a été rapporté dans l'acte d'accusation :
« On n'épouse pas Fanchette. »

Si fait vraiment. Il y a des Fanchette qu'il faut relever et épouser. Quand on meurt pour avoir payé avec une moquerie la tendresse d'une jeune fille, c'est bien fait, M. le comte ! Je ne vous plains pas.

Fanchette était encore marchande de plaisirs quand Albert de Rochecotte la vit et l'aima.

La rencontra-t-il par hasard, ou par les soins de M. Louaisot, qui prenait les mécaniques de loin, nous le savons, ou bien par l'imprudence de ce vieil étourneau de baron? Je l'ignore...

SEPTIÈME OUVRAGE DE J.-B.-M. CALVAIRE

Du sang et des fleurs

AVANT-PROPOS

Ce titre-là a l'air prétentieux, mais il est encore bien loin de dire tout ce qu'il y aura dessous.

C'est ici comme chez Nicolet, toujours de plus carabiné en plus carabiné !

Le mérite n'en est pas à moi, mais aux événements dont je suis le fidèle rapporteur.

Je n'ai rien contre les romanciers, mais je ne peux m'empêcher de dire ceci : les histoires inventées par le hasard sont autrement originales que les rengaines prétendues habiles qu'on pipue en fouillant cette hotte creuse que ces messieurs appellent leur imagination. Attrape !

I

La Couronne

J'ai omis à dessein de parler d'une visite que le patron fit à la Salpêtrière, quartier des folles, pendant notre premier voyage de Paris. Je désirais ne mentionner cette circonstance qu'au moment voulu, crainte qu'elle ne fût oubliée par le lecteur.

On sait que M. Louaisot affichait la prétention de tout connaître et d'être plus savant que les almanachs. Je pense bien qu'ici il avait son idée. Il cherchait un rouage pour sa mécanique, ou plutôt un outil : *l'outil qui tue.*

Le diable sema un instrument sur son chemin, et vous pensez que M. Louaisot ne le laissa pas traîner.

Il y avait à la Salpêtrière une folle nommée Laura Cantù. Elle était née à Paris, malgré son nom italien, mais ses parents venaient de Catane en Sicile.

Son père et sa mère étaient morts.

On l'appelait La Couronne. Voici pourquoi : elle s'évadait très-souvent, malgré la surveillance spéciale dont on l'entourait, on peut même dire qu'elle s'évadait quand elle voulait, par suite d'un merveilleux don d'agilité qu'elle avait. On prétendait qu'elle était veuve d'un saltimbanque et ancienne danseuse de corde elle-même.

Dès qu'elle était libre elle volait. Cela lui était d'autant plus facile qu'elle avait une physionomie douce et remarquablement honnête.

Avec le produit de ses vols, elle achetait des fleurs qu'elle arrangeait en couronnes pour les porter au cimetière, — non point sur une tombe aimée ou tout au moins connue d'avance, mais sur n'importe quelle tombe, pourvu que le gazon d'alentour recouvrît le corps d'un enfant.

C'était là sa folie. Elle disait qu'on lui avait pris son petit enfant pour le mettre dans la terre, et elle voulait couvrir la terre de fleurs.

Laura Cantù ou la Couronne pouvait avoir vingt-cinq ans. Elle était assez grande et trop mince, à cause de sa maigreur, mais vous n'avez pas vu souvent de taille plus gracieuse que la sienne. Elle prenait tout naturellement des poses charmantes et la souplesse inouïe de son corps donnait à ses mouvements une harmonie singulière.

Elle avait dû être jolie tout à fait. Ses traits pâlis et flétris retrouvaient encore de la beauté dans le sourire. Je l'ai vue plus d'une fois dans sa pose indolente et qu'un peintre eût voulu saisir, bercer le vent dans ses bras vides, tandis que ses grands cheveux noirs tombaient comme un voile sur son visage reposé dans un rêve.

C'était son rêve qu'elle berçait en chantant sur un air lent et triste une chanson interminable qui commençait ainsi :

Le petit enfant
Sourit.dans ses langes,
C'est qu'il voit les anges.—
Le soleil couchant
A des yeux étranges...

Le petit enfant
Se plaît sur la terre
Auprès de sa mère.—
J'ai pleuré souvent
La nuit tout entière...

II

Une pièce de la mécanique Louaisot

M. Louaisot, en ce temps-là, étudiait surtout la phrénologie. Que n'étudiait-il pas? Il disait que lui, M. Louaisot, avait toutes les bosses du fameux diplomate M. de Talleyrand-Périgord, et que moi je n'étais pas beaucoup mieux monté qu'un singe ouistiti.

La phrénologie, toujours selon lui, était pour beaucoup dans sa visite à la Salpêtrière. Il me parla de la Couronne pendant toute une semaine et finit par me la mener voir.

Je la trouvai telle que je l'ai décrite, assise sur l'herbe, dans le bosquet.

Quand nous lui parlâmes, elle ne nous répondit point

Son regard, qui passait à travers les boucles ruisselantes de ses cheveux, avait une douceur infinie. Elle se laissa palper le derrière de la tête. M. Louaisot me montra, vers la nuque, la bosse qui était cause de son amour passionné pour les enfants, et derrière les oreilles, deux autres bosses qui la prédisposaient fatalement à tuer.

Elle se mit à bercer et à chanter pendant cela :

> Le petit enfant
> Aimait sa demeure,
> Dans le ciel il pleure.—
> L'écho lentement
> A murmuré l'heure...

Tuer! Cette pauvre créature! Sa voix me remuait le cœur.

Une gardienne nous dit :

— Elle est bien tranquille aujourd'hui, mais hier elle a sauté de cette branche que vous voyez là-haut dans le grand marronnier. Heureusement qu'elle a manqué son élan et qu'elle est retombée de ce côté-ci du mur, car elle aurait porté l'argent des voisins au cimetière!

— Est-elle méchante? demanda Louaisot.

— Des fois, mais pas souvent. Elle dit qu'on voulait faire danser son petit sur la corde quand il était encore trop jeune. Plus on les fait danser petits, plus ça attire la foule. Alors, il tomba et se cassa. Elle cherche toujours l'homme qui fit ce coup-là et si elle le trouve jamais, gare à lui! Vous ne savez pas comme elle est forte!

La Couronne berçait le vide et chantait :

> Le petit enfant
> A la tête ronde,
> Souriante et blonde.—
> L'eau coule en chantant
> Sa chanson profonde...

Cette chose-là une fois écrite ne ⸺. Il aurait fallu entendre la Couronne elle-même.

— Il n'y a pas bien longtemps, reprit la gardienne, il vint un visiteur qui déplut à une de nos vieilles, je ne sais pas pourquoi. Elles ont de la malice comme des démons. La vieille alla trouver la Couronne qui était à bêcher son petit cimetière là-bas au bout du bosquet et lui montra le visiteur en disant :

— Le voilà! celui qui a tué l'enfant!

La Couronne ne fit qu'une demi-douzaine de bonds pour traverser tout cet espace que vous voyez. Elle tomba sur le malheureux monsieur comme une tigresse. Ah! ah! vous ne l'auriez pas reconnue! Le diable était dans ses yeux! Ses cheveux se hérissaient. On entendait ce qui râle dans la gorge des bêtes féroces. Le pauvre monsieur ne mourut pas sur le coup, mais les médecins disent qu'il n'en relèvera pas...

Le patron cligna de l'œil en me regardant. Simple histoire d'avoir raison en phrénologie.

— Elle a donc un petit cimetière à elle? demanda-t-il.

— Si vous voulez lui payer quelques fleurs vous allez bien voir.

La gardienne vendait des fleurs, à cause de la folle, comme elle aurait vendu des petits pains si elle eût gardé, de l'autre côté du boulevard, les ours du jardin des Plantes.

Le patron acheta un bouquet qu'il jeta sur les genoux de Laura.

Celle-ci ne leva même pas les yeux. Elle se mit tout de suite, avec une activité incroyable, à fabriquer une couronne qui fut achevée en un clin d'œil.

En travaillant, elle égrenait les couplets de sa chanson.

Dès que la couronne fut achevée, elle se leva, et sans nous accorder la moindre attention, elle se dirigea, de son pas indolent et gracieux, vers l'une des extrémités du bosquet.

La gardienne nous dit :

— Elle ne remercie jamais. Dans son idée, c'est le bon Dieu qui lui envoie les fleurs. Elle va remercier le bon Dieu là-bas.

Nous la suivîmes. La gardienne continuait.

— Ce n'est pas qu'elle aime le bon Dieu, il lui a pris son enfant ; mais elle le craint parce qu'il a son enfant.

La Couronne s'arrêta tout au bout du bosquet devant un petit tertre gazonné qu'elle avait dû élever elle-même. Il y avait une pierre plate et une croix.

Elle mit la guirlande au bras de la croix qui avait déjà des fleurs, puis elle s'agenouilla et colla ses lèvres contre la terre.

J'avais le cœur plein.

En rentrant chez nous, le patron me dit :

— Tout peut se placer, même cette bonne femme-là : la mécanique a une pièce de plus.

III

La petite Pologne

Quelques semaines après, je fus l'homme le plus étonné du monde en voyant arriver chez nous Laura Cantù en costume très décent et l'air aussi posé qu'une dame de charité.

Le patron était absent. Je la fis asseoir dans le bureau. Elle me dit avec beaucoup de calme qu'elle était la Couronne, une folle de la Salpêtrière et qu'elle s'était évadée tout exprès pour venir trouver M. Louaisot de Méricourt qui devait lui vendre des renseignements sur l'homme qui avait tué son pauvre petit enfant.

Louaisot avait dû la travailler déjà depuis notre visite.

Laura Cantù me raconta quelques bribes de sa mélancolique histoire. Il y avait en elle une poésie douce qui charmait. Je fus obligé de la quitter pour aller à un autre client.

Elle fit, pendant mon absence, deux couronnes avec les fleurs qui étaient dans les vases de la cheminée.

Et quand je revins, elle me dit qu'elle allait avoir une grosse brassée de roses avec deux louis qu'elle avait volés dans une maison de l'avenue d'Italie. Elle comptait bien prendre le temps de porter ses fleurs au Père-Lachaise avant de rentrer à la Salpêtrière.

Car elle ne s'échappait pas pour autre chose que pour visiter les cimetières. Elle rentrait toujours.

Franchissons maintenant les mois et les années. Arrivons au moment où séparé de M. Louaisot déjà depuis longtemps, je continuais néanmoins d'éclairer sa conduite, poussé par un sentiment de curiosité irrésistible.

On n'assiste pas au prologue d'un tel drame sans rester mordu par le besoin d'en connaître le dénoûment.

Jean Rochecotte-Bocourt, l'un des deux survivants de l'association tontinière établie plus de quarante ans en çà entre les cinq fournisseurs du pays de Caux, était maintenant un vieillard souffreteux, tout tremblant de corps et d'esprit qui végétait dans un état de perpétuelle terreur.

Il avait quitté la Normandie quelques mois après la mort du troisième tontinier, et je suppose que M. Louaisot n'était pas étranger à cette fuite.

Car, en s'expatriant, le vieux Jean fuyait positivement le terrible voisinage de Joseph Huroux.

L'étude Pouleux était toujours dépositaire des fonds de la tontine, qui dépassaient désormais de beaucoup quatre millions, puisque la troisième période de quinze années était entamée.

Maître Pouleux n'avait pas les mêmes raisons que Louaisot pour tenir la dragée haute à Joseph Huroux qui avait maintenant une chance sur deux d'entrer en possession du trésor : une très-grosse chance contre une très-petite, car il était bien portant, malgré ses excès, et le vieux Jean ne tenait plus sur ses jambes.

En outre, Joseph Huroux passait pour avoir un moyen à lui d'amender les tables de mortalité, et le vieux Jean, à cet égard, n'était plus capable de lui rendre la monnaie de sa pièce.

Aussi maître Pouleux s'était-il fait sans scrupule aucun le banquier de l'ancien mendiant qui ne gueusait plus et courait les foires et assemblées, aussi cossu que pas un marchand de bœufs.

Plus Joseph Huroux vieillissait, et mieux il buvait. Quand il avait bu, il se posait en gros capitaliste, comme si déjà la clef de la caisse tontinière eût été dans la poche de côté de sa peau de bique.

Seulement, il avait la fanfaronnade normande, et ne disait jamais rien qui pût compromettre ni le passé ni l'avenir.

Le vieux Jean, pauvre et malade, n'aurait pas duré beaucoup en face de ce robuste matador qui avait déjà de terribles ressources au temps de sa misère, et qui aujourd'hui faisait sonner des poignées de pièces de cent sous dans son sac.

Mais, aux faibles, il reste la Providence. Ici, la Providence eut la bizarre idée de marcher dans les grands souliers crottés de M. Louaisot, qui donna au pauvre vieux Jean les moyens de venir à Paris.

M. Louaisot l'aurait mis bien volontiers dans sa propre maison, mais le vieux Jean avait défiance. Les gens de campagne se croient plus en sûreté dans la solitude qu'auprès d'un chrétien de certaine espèce.

Je partage un peu leur avis.

On chercha donc tout bonnement un trou pour bien cacher le vieux Jean.

Dans la rue du Rocher, à quelques centaines de pas de la barrière Monceaux, il y avait alors une petite allée humide et tortueuse, qui courait entre deux grands murs et rejoignait d'immenses terrains vagues, où le quartier de Laborde a été bâti depuis.

Cela confinait à la Petite-Pologne, forêt de Bondy parisienne, aussi célèbre jadis que le furent plus tard les Carrières d'Amérique.

Ce lieu s'appelait la plaine Bochet. Bien peu de gens savaient son nom.

Au bout de la ruelle, il y avait une masure en complet désarroi, entourée, comme une tombe, d'un terrain de deux mètres en tous sens. Elle avait appartenu à un rétameur qui travaillait en ville et ne venait là que pour dormir.

On y installa le bonhomme Jean Rochecotte.

De prix d'achat, ce palais coûta cinq cents francs, et le vieux vécut là au milieu de son futur domaine, car il devait acquérir bien peu de temps après tous les terrains et toutes les maisons qui entouraient sa misère.

Ce ne fut pas moi qui le cherchai. Vous allez voir que ce fut lui qui vint à moi, car je nichais dans une hutte encore plus misérable que la sienne, faite avec une douzaine de planches pourries et de vieux volets, dont la location me coûtait quatorze sous par semaine, payables dix centimes chaque soir.

Je succédais à un tueur de rats qui avait fait banqueroute.

Moi, dans ma hutte, je n'avais même pas d'entourage comme au cimetière, et quand mes pieds s'allongeaient en dormant, ils passaient à travers mes murs.

Ce fut là que je commençai la rédaction de mes œuvres littéraires.

J'avais vu M. Louaisot venir plusieurs fois dans le

taudis du vieux Jean qui m'inspirait une certaine envie par le confortable dont il jouissait. On lui avait installé un poêle de fonte et il faisait sa soupe en plein air, vêtu d'un manteau de chasseur d'Afrique qui m'aurait été comme un gant.

Avec ce même petit manteau gris d'ardoise, dont les déchirures étaient très-bien recousues de fil blanc, il allait, le matin, chercher son sou de lait dans la rue du Rocher sous une porte cochère. Pour tout dire enfin, il prenait son café le soir avec une larme d'eau-de-vie.

Auprès de moi, c'était un gros bourgeois.

On pense si je guettais M. Louaisot! Je l'avais reconnu dès sa première visite. Mais on devine en même temps quelles précautions je prenais pour n'être point vu de lui.

En vérité, ce n'était pas difficile. Les pentes des Montagnes Rocheuses ne peuvent pas être plus sauvages ni plus accidentées que ne l'étaient les abords de mon domaine.

C'étaient partout des décombres, d'immenses tas de plâtras, des steppes de cette grande vilaine herbe bleuâtre qui croît sans culture, dans tous les terrains vagues de Paris.

On aurait mis là-dedans du chevreuil! Et j'avais arrangé (car mon goût pour la poésie a résisté à tous mes malheurs) un petit jardinet entre trois pans de mur en ruines, où je cultivais des chrysanthèmes arrachés sur les talus des fortifications, des pissenlits, deux pieds de digitale et même un lilas, ramassé dans les rebuts du marché aux fleurs. Il était devenu superbe, mon lilas, — comme ces condamnés de la médecine qui ont le tort de reprendre et d'engraisser à la barbe de la faculté.

Un jour que j'étais à mon travail d'auteur, je vis M. Louaisot déboucher de l'allée avec une jeune femme, et du premier coup d'œil je reconnus la folle de la Salpétrière : Laura Cantù, dite la Couronne.

Elle allait derrière lui, ou plutôt autour de lui comme un enfant qui joue en marchant. Elle cueillait des herbes et quelques pauvres vilaines fleurs.

Parfois, d'un bond de chamois, elle franchissait un décombre — ou bien grimpait sur une ruine — pour voir de plus loin.

D'où j'étais, je la trouvais toute jeune : l'air d'une fillette.

Le bonhomme Jean prenait le soleil sur le pas de sa porte.

Dès que Laura l'aperçut, elle courut à lui. Il se trouvait que la pauvre créature aimait les vieillards presque autant que les enfants.

Elle bondit sur les genoux de Jean Rochecotte et s'y blottit, caressante comme si elle eût trouvé là le sein de son père.

IV

L'outil est-il bon ?

Je ne sais pas ce que se dirent le vieux Jean et le patron. J'étais bien trop loin pour les entendre causer, mais il fut évident pour moi que M. Louaisot apportait une communication à la fois importante et fâcheuse, car le vieux se prit bientôt à trembler de tous ses membres.

Il n'y aura pas beaucoup de dialogue dans le drame qui va suivre, puisque mes oreilles m'étaient inutiles. J'espère cependant rendre les scènes aussi claires pour le lecteur qu'elles le furent pour moi qui assistai, toute cette journée durant, à une véritable pantomime.

Louaisot ne resta pas plus d'un quart d'heure. En s'en allant, il laissa Laura endormie aux pieds du vieillard qui la regardait avec un espoir mêlé de terreur.

Je traduisais déjà l'expression de cette physionomie ravagée. Elle me semblait dire ; « Est-ce bien vrai que cette pauvre fille soit en état de me porter secours? »

Mais le véritable mot de l'énigme me fut donné une heure environ après le départ de Louaisot.

Le bonhomme s'était assoupi à son tour. C'était vraiment une misérable créature, sa tête pendait sur sa poitrine creuse, laissant saillir les os de sa nuque, dentée comme une scie.

Un coup de poing aurait brisé cela comme verre.

Tout d'un coup, je vis paraître au bout de la ruelle une peau de bique, un brûle-gueule et un nez couleur de tomate.

Jamais je n'avais vu Joseph Huroux. J'ignorais même qu'il fût en état de se payer une toilette aussi étoffée.

Et pourtant je le reconnus tout de suite, comme si quelqu'un l'eût nommé derrière moi.

Ma pensée marcha aussitôt. Je ne dis pas mon imagination, j'en manque absolument ; je dis ma pensée : ce qui chez nous devine et déduit par le calcul.

Que venait faire là l'ancien mendiant, si véhémentement soupçonné d'avoir guéri de leur misère les trois premiers membres de la tontine?

Ceci n'était pas même une question pour moi.

Joseph Huroux venait rendre au vieux Jean le même service qu'il avait déjà rendu successivement à Jean-Pierre Martin, le bedeau, à Simon Roux, dit Duchêne le déserteur, et à Vincent Malouais, le maquignon.

Mauvaise figure, du reste, ce Joseph Huroux, et qui disait assez bien son dessein.

Mais comment était-il là? Le trou du bonhomme ne pouvait, en vérité, passer pour une cachette facile à découvrir.

Le vieux Jean ne sortait jamais, sinon dans un petit périmètre de cent cinquante mètres au plus pour se procurer ses aliments et son tabac. Son chauffage, il le ramassait dans le désert qui environnait nos deux huttes, la sienne et la mienne.

Et même, quand une de mes planches laissait tomber ses coins moisis, il ramassait le bois pour le brûler.

Un limier de Paris, un vrai limier serait venu ici peut-être tout justement parce que personne n'y venait, mais un boule dogue campagnard!

Non. Ce devait être M. Louaisot qui avait attiré là Joseph Huroux par son industrie.

La présence de Laura, — l'outil, — donnait pour moi à cette supposition le caractère de l'évidence.

M. Louaisot avait pris les devants, parce que l'homme à la peau de bique l'inquiétait. Ce n'était pas, après tout, un adversaire méprisable. Il avait fait trois fois ses preuves.

Un coup d'heureuse chance pouvait lui fournir beau

jeu pour la partie suprême. Avec beau jeu, il devait gagner. Et alors, le plan de M. Louaisot, qui avait déjà coûté si cher, était ruiné à jamais.

Il n'était pas dans la nature du patron de s'en rapporter au sort. Lui qui trichait toujours, pourquoi aurait-il mené loyalement cette partie d'où dépendait tout son avenir?

Il avait, comme à l'ordinaire, voulu choisir son terrain, son heure et ses armes.

Il avait amené Joseph Huroux ici — lui-même.

Ici, où le piége était tendu.

J'allais voir la lutte, moi, la plume derrière l'oreille et commodément assis sur la bûche qui me servait de fauteuil à la Voltaire.

Je ne sais pas si mon admiration pour ce roi des coquins me rend partial, mais je suis bien forcé d'avouer qu'ici encore sa combinaison me paraît mériter les plus grands éloges.

Rien que le choix de l'outil trahit la main d'un maître.

Voici un scélérat campagnard qu'on a été pêcher dans son cabaret d'habitude, là-bas, au fond du pays de Caux pour lui dire : « L'homme que tu cherches et qui vaut pour toi une demi-douzaine de millions est à Paris. »

Ce n'est pas mal, mais cela rentre dans les moyens vulgaires.

Le rustre part. A Paris, il cherche et ne trouve pas. On le prend par la main et on le conduit au seuil de la cachette.

Ça devient plus original. Il y a en effet, là, une difficulté.

Pour tendre une embuscade à l'ennemi, il faut des soldats. Et l'ennemi, quand il s'appelle Joseph Huroux, ancien mendiant à besace du pays cauchois, a un flair capable de dépister le gendarme à trois lieues à la ronde.

D'ailleurs, dans notre cas spécial le gendarme n'est bon que pour arrêter, empêcher, il ne tranche pas la question de survivance, qui est la principale.

Tout est donc dans le choix du soldat qui va garder ce vieil homme, inhabile à se garder lui-même.

Tout est dans le choix de l'outil.

Or voici un outil qu'on ne voit pas, une arme qui n'a pas l'air d'une arme : une gracieuse jeune femme dont l'indolence ne peut qu'ajouter aux embarras du vieillard.

Le rustre peut approcher sans défiance. Tout au plus lui en coûtera-t-il deux coups au lieu d'un, et il n'est pas à cela près.

Ah! certes, la trappe est bien tendue. C'est une arme invisible, celle-là. — Reste à savoir si elle est assez fortement trempée pour remplacer les armes qui se voient.

C'est à peine si Joseph Huroux se montra au bout du mur qui fermait l'extrémité de la ruelle, débouchant dans la plaine Bochet.

Je dis *fermait* parce que la ruelle venait sur nous de biais. Pour se cacher il suffisait de faire un pas en arrière.

Joseph Huroux avait un chapeau de cuir rabattu jusque sur ses yeux. Il tenait à la main une monstrueuse cravache dont le cuir était tout pelé, mais qui devait avoir dans sa pomme une balle pesant au moins une once.

Il regarda le vieux et je vis ses grosses lèvres sourire.

La vue de Laura endormie parut l'enchanter beaucoup moins. Je devinai sur sa bouche une question qui devait devait être celle-ci :

— Où diable la vieille bête a-t-il volé cela?

Il réfléchit pendant la moitié d'une minute, puis il disparut.

J'étais sûr qu'il ne s'en était pas allé bien loin.

V

Ce que valait l'outil

Le dimanche, dans ces halliers parisiens plus sauvages que les solitudes de la Sonora et d'une laideur désolée à laquelle rien au monde ne se peut comparer, quelques Pawnies de la rue Saint-Lazare, quelques O-jibbewas de la barrière Monceaux venaient quelquefois vaguer.

On voyait là de pauvres honnêtes familles si peu habituées au vert qu'elles prenaient les souillures du sol pour de l'herbe, et nos cahutes pour des chaumières, — on voyait aussi quelques couples prodigieux, don Juan de retour du bagne et sa dona Anna fourrageant dans cette misère et essayant de ruiner les ruines.

Mais les jours de semaine, personne! jamais!

On arrivait pourtant dans ce Sahara de deux hectares

par trois différents côtés, la ruelle d'abord, un couloir descendant du boulevard extérieur ensuite, enfin une sorte de boyau tortueux qui montait de la rue de Laborde.

Mais excepté le dimanche, où Paris descendrait à la cave plutôt que de ne pas sortir de chez lui, ces trois défilés semblaient des barrières infranchissables entre notre barbarie et la civilisation indigente des alentours.

Le lieu était véritablement propice pour un mauvais coup. Point de fenêtres donnant sur les terrains. Entre la rue du Rocher, qui était la plus voisine de nous et nos huttes il y avait toute la longueur de la ruelle, occupée par deux grands jardins dont les murs avaient vingt pieds de hauteur.

Je ne crois pas qu'il se fût jamais commis là beaucoup de crimes, mais c'était parce que personne n'y venait qui valût la peine d'être assommé.

Un soir de dimanche, j'y ai entendu deux philosophes dont l'un disait à l'autre avec mélancolie :

— S'il venait seulement quelqu'un de trois francs !...

Mais l'autre ne répondit seulement pas à la hardiesse de cette hypothèse.

Une heure se passa. La Couronne s'éveilla la première. Elle secoua doucement la main du vieillard qui ouvrit les yeux en sursaut. Il avait dormi tranquille parce qu'il se sentait gardé, on comprenait cela à la terreur soudaine que le réveil amenait.

La Couronne demanda à manger, car le vieux entra

dans sa maison et en ressortit avec une tartine de pain et une pomme.

Laura se mit aussitôt à faire son repas.

Il n'y avait pas à s'y tromper, elle était là en sentinelle. Louaisot avait obtenu d'elle promesse d'y rester un temps donné. Et d'autre part, il s'était arrangé de façon que Joseph Huroux arrivât pendant qu'elle faisait faction.

Le patron excellait à ces arrangements presque puérils et fournissant des conséquences tragiques.

Dès que La Couronne eut achevé son repas qu'elle prit, accroupie, mangeant tour à tour une petite bouchée de pain et une petite bouchée de pomme, elle sauta sur les genoux du vieux Jean et l'embrassa à plusieurs reprises.

Elle était gaie, elle riait si bruyamment que l'écho de sa joie venait jusqu'à moi par les trous de mes planches.

Puis elle prit tout à coup sa course à travers les herbes desséchées, fouillant les maigres broussailles et cherchant je ne sais quoi.

Tantôt elle parlait toute seule, tantôt elle chantait sa chanson.

Je guettais l'embouchure de la ruelle.

Joseph Huroux n'avait point reparu.

Le soleil s'était couché derrière les maisons lointaines de la rue de la Bienfaisance dont les derrières bordaient le terrain du côté de l'ouest.

Le brun de nuit approchait.

Laura se mit à bercer le cher petit fantôme que son rêve mettait entre ses bras si souvent. Aux lueurs du crépuscule vous eussiez dit la jeune mère heureuse qui presse contre son sein l'espoir bien aimé de sa vie.

Elle était belle et douce comme l'amour des madones.

En berçant, elle chantait. Elle vint si près de ma hutte que j'entendais sa mélodie plaintive :

> Le petit enfant
> Etait dans sa cage
> L'oiseau de passage. —
> La lune à présent
> Est sous le nuage...

Elle s'interrompit à dix pas de moi pour cueillir un liseron fané.

Et la nature du pacte conclu entre elle et Louaisot me fut catégoriquement expliquée, car elle dit :

— Il m'a promis de me donner tout ce que je pourrais porter de fleurs !

Voilà pourquoi elle gardait fidèlement sa faction. Pour récompense, elle aurait de pleines brassées de fleurs ; de quoi fleurir beaucoup, beaucoup de petites tombes.

Elle passa derrière ma cahute :

> Mon petit enfant,
> Où s'en est allée
> Ton âme envolée ? —
> J'écoute le vent
> Qui suit la vallée...

Ce fut le dernier couplet que j'entendis : Laura s'était perdue dans les décombres.

Le vieux Jean avait repassé le seuil de sa maison.

Mon regard, qui avait quitté un instant l'extrémité de la ruelle, y revint. Je vis quelque chose de sombre au coin du grand mur.

Cela remuait — et avançait.

La brune était tombée tout à fait, mais je n'avais pas besoin d'y voir. Je savais quel était cet objet sombre qui semblait glisser vers la cabane du vieux Jean.

Celui-ci était en train d'allumer sa chandelle. Je venais d'apercevoir cette lueur rapide qui suit l'explosion d'une allumette chimique.

Il ne devait pas être sur ses gardes.

Tout cela ne me concernait point, et pourtant j'avais la poitrine serrée.

Ce n'était pas pour les millions. Ces deux vieux hommes jouaient une partie dont l'enjeu aurait couvert d'or les trois quarts de la plaine Bochet, mais que m'importait cet enjeu, dont, en aucun cas, je ne devais avoir ma part?

Ma poitrine se serrait parce que je devinais un couteau sous la peau de bique de l'ancien mendiant, et parce que ce vieillard tremblottant, qui ne saurait point se défendre, était mon voisin, mon seul voisin depuis plusieurs semaines.

Et puis qu'allait faire la Couronne?

Elle était loin. On ne la voyait plus. L'écho de son chant n'arrivait même pas jusqu'à moi. — Joseph Huroux avançait toujours.

Il était arrivé à un pli de terrain où les herbes avaient eu plus d'humidité et s'étaient multipliées.

Il avait désormais de quoi masquer son approche.

Je n'aurai jamais honte de ma sensibilité. Cédant à un mouvement généreux, je soulevai la planche qui me servait de porte et je sortis.

Je pouvais prévenir le vieux sans trop de danger parce que sa cahute avait une manière de fenêtre qui donnait juste en face de moi et qui se trouvait ouverte.

Mais je n'eus pas le temps d'accomplir mon dessein.

L'événement marcha comme la foudre.

Au moment où je sortais en prenant les précautions dictées par la prudence, le vieux Jean qui ne se doutait encore de rien, mais qui voulait clore sa devanture à l'heure ordinaire, passa sa tête à la fenêtre, ouverte de mon côté et cria de sa voix chevrotante :

— Hé ! là-bas ! ma bonne fille, il faut rentrer.

Elle entendit, car son pas remua les herbes à une centaine de mètres derrière moi.

Mais Jean Huroux entendit aussi. Il avait avancé bien plus que je ne croyais à l'abri de la coulée.

Je le vis se dresser à vingt mètres tout au plus de la porte du vieux Jean.

Celui-ci l'aperçut en même temps que moi. Il était debout au seuil de sa porte et tenait la barre à la main. Je suppose qu'il reconnut son mortel ennemi, car il jeta la barre dont il n'avait plus le temps de se servir et, faisant le tour de sa cabane, il s'enfuit vers ma hutte.

On entendait le râle de terreur qui s'échappait de sa gorge. Pourtant, il n'avait pas perdu son sang-froid, car en courant, il criait :

— Laura, ma fille ! c'est lui ! au secours !

C'était encore un rude gaillard que ce Joseph Huroux.

Il avait dépouillé sa peau de bique pour mieux aller et il faisait des enjambées de loup.

Moi, j'avais laissé retomber ma planche. Mon taudis avait bien assez de trous sans cela.

La Couronne venait, mais elle ne se pressait pas. Le vieux n'avait pas encore prononcé le mot sacramentel.

Et il faillit bien ne pas le prononcer, car Joseph Huroux gagnait terriblement.

Au risque de radoter, je répète qu'on était ici aussi loin de tout secours, quoique dans Paris, et aussi à l'aise pour commettre un meurtre que si une forêt vierge vous eût entouré à dix lieues à la ronde.

Huroux atteignit Jean au moment où celui-ci passait devant ma hutte.

Jean venait de butter et de tomber.

Ce fut ce qui le sauva, car en tombant et probablement sans le savoir, il prononça le mot-talisman.

— Viens! s'écria-t-il avec détresse, voilà l'homme! celui qui a tué le petit enfant!

Quelque chose de plus rapide qu'un cerf au plus fort de sa course passa devant ma hutte. A travers les planches, je sentis le vent de ce projectile humain.

C'était la Couronne qui bondissait.

Jean Huroux, saisi à la gorge, poussa une clameur étranglée.

Il y eut une lutte courte, pendant laquelle je vis la folle s'enlacer comme un serpent autour de ce gros corps aux formes athlétiques.

Puis la folle se mit à gambader de ci de là, tandis que Joseph Huroux gisait la face contre terre.

L'outil était bon.

Le vieux Jean se releva péniblement.

Quand il fut debout, il redressa ses reins que toujours j'avais vus courbés, et d'une voix que je n'avais jamais entendue, il dit :

Je suis le dernier vivant !

J'attendais le patron.

Le patron vint avec sa charge de fleurs que la Couronne emporta en triomphe.

Celle-là n'était pas embarrassée pour entrer au cimetière après la fermeture des grilles. La hauteur des murailles ne l'inquiétait point.

M. Louaisot voulut prendre avec le vieux Jean son ton ordinaire, mais celui-ci ne le permit point.

— Mon brave monsieur Louaisot, lui dit-il, gardons nos distances, s'il vous plaît. Je ne refuse pas de vous prendre pour mon homme d'affaires : vous savez votre métier, vous ferez les diligences voulues pour que les fonds de la tontine me soient immédiatement délivrés. En attendant, quoique je sois bien innocent du meurtre de cette bête brute, on pourrait m'en accuser, à cause du grand intérêt que j'y avais. Si vous voulez traîner le cadavre jusqu'au bout de la ruelle qui va place Laborde, il y a là un cabaret mal famé dont le voisinage expliquera au besoin la fin violente de Joseph Huroux. Attendez, si vous voulez, que la nuit soit plus noire. Ici, nous n'avons pas à craindre la curiosité des passants, et mon voisin, mon seul voisin (il parlait de moi), ne rentre guère que vers dix heures. S'il s'était trouvé là, malheureusement, nous aurions été obligés de nous occuper de lui.

— Vous êtes sûr qu'il n'y est pas? demanda Louaisot. On juge si j'étais sur un lit de roses !

J'avais une sortie de derrière, ou plutôt chaque planche de mon taudis pouvait être poussée et servir de porte.

Je n'attendis même pas la réponse du vieux Jean. Je fourrai mes papiers sous ma pèlerine, et je me glissai dehors.

Il était temps. Le vieux Jean répondit :

— On peut toujours voir.

Et, sans plus de façon, le patron entra chez moi en poussant ma porte d'un coup de pied.

Je m'étais blotti dehors dans une brousse qui avait prospéré à l'abri du mur, et je ne bougeais pas plus qu'un lapin dans son terrier.

Il n'y est pas, dit le patron, mais...

— Il s'interrompit pour respirer fortement et acheva :

— Oui, de par le diable ! Je connais cette odeur-là : c'est du gibier à moi !

Je ne sais pas si j'ai noté parmi les qualités naturelles de M. Louaisot le flair qu'il avait : un flair qui valait celui d'un limier.

Je l'ai vu dix fois, à Méricourt, me dire le nom du client qui l'avait attendu en fumant sa pipe dans la cuisine.

Et cela sans jamais se tromper.

— Comment s'appelle votre voisin, puissant et respectable millionnaire? demanda-t-il au vieux Jean.

— Est-ce que je sais le nom d'une pareille espèce ! répondit le bonhomme, prenant pour sérieuse la formule ironique du patron.

— L'avez-vous vu, au moins, noble capitaliste ?

— Deux ou trois fois, oui.

— Est-il grand ou petit ?

— Il est haut comme ma botte.

— C'est bien cela. Je vais passer la nuit chez vous, tant pour porter ce qui reste de Joseph Huroux à une distance convenable que pour établir une souricière où se prendra votre avorton de voisin. J'ai un compte personnel à régler avec ce moucheron-là.

Mais le compte ne fut pas réglé. Pendant que M. Louaisot allait chercher de la lumière dans la cahute du vieux, je gagnai au large en rampant comme un sauvage.

Du coup, je perdis mon mobilier, car je ne suis jamais rentré depuis dans mon domicile de la plaine Bochet.

NEUVIÈME OUVRAGE DE J.-B.-M. CALVAIRE

Le dessous des cartes dans l'affaire des ciseaux

Cette affaire-là, je la connais comme ma poche. Je ne vais pas m'amuser à repasser tout ce que les journaux ont dit, mais il y a beaucoup de choses que personne n'a pu dire, parce que tout le monde les ignore, excepté le patron et moi.

Et encore une belle dame à qui je puis donner un nom, grâce à mon système de pseudonymes raisonnés analogiques : la marquise Ida de Salonay (Olympe de Chambray).

Quand un outil est bon, c'est le cas de ne pas le jeter de côté après s'en être servi une fois. Louaisot avait une besogne encore plus importante que l'exécution de Joseph Huroux. En définitive, il y avait vingt moyens d'éloigner l'ancien mendiant de son chemin.

Le genre de vie de Huroux rendait explicables tous les genres de mort violente.

Il n'en était pas de même du jeune comte Albert de Rochecotte et de Jeanne Péry. Tous les deux devaient disparaître puisque tous les deux barraient la route, mais ici, un double meurtre, accompli dans des circonstances ordinaires, aurait donné naissance à de trop faciles soupçons.

Car on commençait à parler du dernier vivant de la tontine normande et de ses héritiers présomptifs. Bien des gens savaient l'ordre légal dans lequel venaient les têtes aptes à succéder : Rochecotte premier, Péry de Marannes second, marquise de Chambray troisième. (Celle-ci du chef du jeune marquis Lucien de Chambray, son fils mineur.)

Il s'agissait d'apporter ici des raffinements tout particuliers. La mort devait jouer un jeu savant.

La maxime : *reus is est cui prodest crimen,* (*) qui, dans le cas d'une double disparition, devait peser si lourdement sur la marquise Olympe, pouvait-elle être retournée à son avantage ? la couvrir, en quelque sorte comme une irrécusable preuve d'innocence ?

Déjà de mon temps, le patron travaillait à résoudre ce problème de haute algèbre-coquine.

Il avait trouvé cette formule mathématique : *détruire*

(*) Celui-là est le coupable à qui profite le crime.

la première tête par la seconde et la seconde par la loi qui aurait à châtier le meurtre de la première.

Cartouche et Mandrin étaient en vérité de bien naïfs scélérats à côté de nos calculateurs modernes.

Car ce problème étant proprement résolu, la troisième ligne devenait première et pouvait se laver les mains de l'accident qui fauchait les deux autres.

On dira tout ce qu'on voudra, le patron avait du talent.

Le lecteur peut se souvenir d'une double rencontre que nous fîmes, M. Louaisot et moi, dans le jardin du Palais-Royal : la petite Jeanne Péry d'un côté, conduite par sa mère, et de l'autre la petite Fanchette, plus âgée d'un an, émancipée par l'abandon et la misère, et faisant toute seule son métier de revendeuse de plaisirs.

M. Louaisot n'avait alors que faire de Jeanne ni de Mme Péry, mais il s'était donné le soin d'acheter des plaisirs à Fanchette.

Et en le voyant causer avec l'enfant, je m'étais dit tout de suite : — Ce n'est pas pour le roi de Prusse que le patron gaspille ainsi dix sous et dix minutes!

Cette Fanchette était vraiment une jolie petite fille, résolue et gaie, qui prenait son sort en joyeuse part.

M. Louaisot, depuis ce jour-là, s'arrangea de manière à ne la plus perdre de vue, et même quand elle eut monté — ou descendu — en grade, quand elle fut devenue la maîtresse de cet Albert de Rochecotte dont la devise était « on n'épouse pas Fanchette, » M. Louaisot l'accostait encore partout où il la rencontrait pour lui donner ou lui demander des nouvelles du pays.

Ils se traitaient tous deux en amis. Louaisot avait raconté à la jeune fille qu'il l'avait embrassée autrefois toute petite enfant chez les bons fermiers des environs de Dieppe.

Il savait leur nom pour avoir eu lui-même affaire à eux (pour le petit Lucien, le fils d'Olympe). Il rappelait la grande écuelle du père Hulot, toujours pleine de fort cidre, et les aiguilles à tricoter qui hérissaient du soir au matin la coiffe de la maman Hulot.

Bref, il prenait juste le diapason qu'il fallait pour avoir le droit d'appeler Fanchette : « Ma jolie payse. »

A Paris, on a des connaissances comme cela et des amis du même numéro. Ce sont des familiarités de rencontre qui ne mènent à rien, mais les gens qui ont une grande quantité de ces relations savent tout.

Le patron était homme à cultiver avec soin un pareil commerce pour s'en servir à l'occasion, ne fût-ce qu'une seule fois.

Fanchette n'était pas pour lui un *outil* de premier ordre comme la Couronne, c'était un de ces objets qu'on use d'un coup : une allumette, un timbre, un cigare.

Ces choses on les porte quelquefois lontemps sans y toucher. — Puis vient l'heure et on les consomme.

Ce fut Fanchette qui donna au patron, l'heure étant venue, le moyen de préparer la mise en scène du drame.

Pour cela, cette pauvre Fanchette ne se mit pas en frais. Elle répondit à une question banale par une parole insignifiante.

Et tout fut dit. Le patron se paya de ses cinq ou six ans d'attente.

Voici la demande de Louaisot et la réponse de Fanchette :

— Est-ce que vous allez demain à la première du Gymnase?

— Non, je dîne à la campagne.

Louaisot était prêt. Il cherchait son terrain pour livrer la bataille. La veille, il avait appris que Jeanne était au couvent de la Sainte-Espérance.

Le matin il avait trouvé un moyen de l'en faire sortir.

Depuis huit jours il portait dans sa poche la paire de ciseaux de fabrique anglaise, aux initiales S. W., qu'une main exercée avait soustraite dans la boîte à ouvrage de Jeanne.

Ses canons étaient en batterie. Il dressa l'oreille à ce mot *campagne*.

— On ne dîne plus bien à la grille de Ville-d'Avray, dit-il au hasard.

Si rien n'avait mordu à l'hameçon il en aurait jeté un autre.

Mais quelque chose mordit. Fanchette répartit :

— Oh ! nous n'allons pas à Ville-d'Avray. C'est un anniversaire. Nous fêtons, Albert et moi, le souvenir de notre premier tête à tête, et il faut bien choisir pour cela le restaurant où le dîner eut lieu.

— Le nom du temple, s'il vous plaît ? demanda Louaisot en riant.

— Nous n'étions pas riches alors. Nous dînâmes aux Tilleuls, au Point-du-Jour. C'est devenu depuis un restaurant très-convenable.

— Bon appétit, ma jolie payse !

Si fort qu'on soit, il est impossible de tout faire par soi-même. Louaisot avait des aides peu nombreux, mais éprouvés, qu'il employait le plus rarement possible.

Je ne lui en ai jamais connu que deux, et c'est à peine si je les ai vus deux ou trois fois en besogne.

L'un de ces aides était un mauvais sujet du nom de François Riant, ancien garçon de café.

Louaisot rentra chez lui raide comme balle. François Riant fut appelé, Louaisot lui demanda :

— Connais-tu des garçons au Tilleuls, du Point-du-Jour ?

— Berthoud, Laurent et Nicolas, répliqua Riant. Il n'y en a pas des masses.

— Si tu veux gagner cinquante louis... tu m'entends ? cinquante, tu remplaceras demain de trois heures de l'après midi à dix heures Nicolas, Laurent ou Berthoud.

— Lequel ?

— Celui qui sert les cabinets.

— Il y en a deux.

— Celui qui sert les meilleurs cabinets.

— C'est Laurent... mais comment faire ?

— Laurent a-t-il encore sa mère ?

— Oui, la brave femme.

— Où demeure-t-elle ?

— A l'Ile Adam.

— Tu vas partir tout de suite pour l'Ile-Adam.

— Ça se peut. Après ?

— A la poste de l'Ile-Adam tu jetteras à la boîte une lettre ainsi conçue ou à peu près : « Mon cher frère... » Il a des sœurs ?

— Trois.

— « Mon cher frère, si tu veux arriver à temps pour voir et embrasser notre mère... »

— Compris, mais après ?

— Après, tu calculeras l'heure où la lettre devra être distribuée, et tu iras demain, au Point-du-Jour, juste à cette même heure... un peu avant pour que ta demande soit faite quand la lettre arrivera.

— Demande d'emploi ?

— Parbleu ! on te refuse d'abord...

— Et puis, on me rappellera quand Laurent aura lu sa lettre. C'est possible.

— C'est certain. Qu'en dis-tu ?

— Je ne dis pas non. Et aux Tilleuls, quelle besogne ?

— Demain, quand tu seras revenu, avant de partir pour le Point-du-Jour, tu viendras me voir.

La dernière escapade de la Couronne avait fait grand scandale à la Salpêtrière. Elle avait passé dehors la nuit tout entière. On l'avait mise en prison, et la surveillance s'était resserrée autour d'elle.

Mais il y avait déjà bien du temps que cela était passé, et depuis son aventure de la plaine Bochet, la Couronne avait pris une folie plus tranquille. L'avis du médecin en chef était que si on pouvait lui éviter toute excitation, elle serait bientôt en voie de guérison.

Le patron savait cela. Car il continuait de faire à sa *protégée* des visites sobres et rares. Les médecins causaient volontiers avec lui. Ils voyaient en lui un philanthrope et un homme du monde désireux de s'instruire.

Bien entendu, personne à l'hôpital ne se doutait de la lugubre aventure qui avait marqué la dernière fugue de Laura Cantù. Le corps de Joseph Huroux avait été relevé en un lieu où de pareilles épaves ne sont pas rares. On avait fait autour de lui cette enquête décente et résignée qui semble conclure toujours ainsi : « Où trouverait-on des pommes, sinon sous les pommiers ? »

Et comme Il avait ses papiers sur lui, on l'avait régulièrement mis en terre.

Au moment où nous sommes arrivés, nul ne se souvenait de cela, et Laura Cantù moins que personne.

J'ai dit que les batteries de M. Louaisot étaient prêtes. Depuis quelques semaines en effet, il avait recommencé à agir sur la pauvre imagination de la Couronne. Il lui parlait à mots couverts d'une rumeur bizarre qui courait dans Paris : il y avait un démon, ennemi des jeunes mères, un Vampire qui avait deux existences et qu'il faudrait tuer deux fois.

La Couronne écoutait cela. Son cerveau travaillait. Elle gardait le secret comme un conspirateur à qui on a confié l'espoir de la lutte prochaine...

Dès que François Riant fut parti pour l'Ile-Adam, M. Louaisot se rendit à la Salpêtrière. Il causa un quart d'heure avec Laura qui était ce jour-là très-calme, avant sa venue.

En la quittant, il lui serra la main et lui dit :

— Voici bien longtemps que le petit enfant n'a eu de fleurs...

Laura s'échappa le soir même par dessus le mur du préau.

Elle alla droit au logis de la rue Vivienne. Pélagie lui fit un lit dans sa chambre. Elles parlèrent du **Vampire**.

Pélagie n'était pas absolument rassurée, mais elle avait ses ordres.

Le lendemain, dès le matin, M. Louaisot mena Laura au cimetière. En vérité, ce n'était plus une folle : elle savait très-bien que son enfant n'était pas là.

Il ne restait qu'un coin malade dans son cerveau, mais dans ce coin vivait la manie terrible et sanguinaire.

Ce fut le long des allées qui vont et viennent dans le champ des morts que le patron lui redit, avec plus de détails, la légende du Vampire. Chacun sait bien que ces monstres à visage humain habitent la campagne hongroise entre Szegedin et Belgrade, mais qu'ils s'échappent parfois pour franchir le Danube et porter l'effroi dans le centre de l'Europe.

Il y en a qui boivent la vie des jeunes filles, d'autres qui cherchent ces petits lits blancs où dort la joie des mères.

Il faut leur ôter deux fois l'existence.

Pendant que le patron parlait, la Couronne était suspendue à ses lèvres. Elle dit : je le tuerai deux fois !

Dès que Louaisot la vit résolue à tenter la lutte, il lui expliqua comment il faudrait combattre. On devait la conduire jusqu'au lieu où elle trouverait le vampire endormi, — ivre de son hideux festin.

Il faudrait d'abord l'étrangler dans son sommeil, sans hésitation ni pitié, car s'il s'éveillait tout serait perdu.

Ensuite, il était nécessaire de lui porter un grand nombre de coups avec la seule arme qui eût le pouvoir de percer sa chair maudite : une paire de ciseaux enchantée qu'une pauvre mère en deuil avait fait bénir par le saint archevêque de Gran, primat de Hongrie...

Or, racontez donc de pareilles faridondaines à des juges en robes noires ou rouges ! Ils aiment bien mieux croire aux vraisemblances que M. Louaisot leur sert toutes hachées dans une assiette avec du persil par dessus.

Les juges qui ont sous leur bonnet carré une tradition vieille de tant de siècles, une expérience perfectionnée à travers tous les âges du monde, ne savent pas encore que les virtuoses du mal n'ont qu'un but : abriter leurs actes derrière l'impossible.

Les docteurs ès-crimes ne se servent jamais de la vraisemblance que pour mentir.

Et l'entêtement des gens raisonnables, des esprits droits, des imaginations correctes, de tous les hommes comme il faut, enfin, attachés à cette routine qu'ils ont l'obligeance d'appeler le *bon sens*, font, hélas ! souvent la partie trop belle aux malfaiteurs bien appris...

Vénérés maîtres, en fait de chasse, il y a aussi deux bons sens : le bon sens de M. le vicomte dont le gibier court encore quoique ce gentilhomme ait des culottes de chez Geiger, et le bon sens de Gros-Pierre, l'affuteur de nuit, qui n'a pas de culottes, mais qui tue le gibier.

La Couronne écoutait ce que lui disait Louaisot avec une curiosité avide. Elle baisa les ciseaux bénis et les glissa sous les plis de son corsage.

François Riant était de retour de son voyage quand

Laura et le patron revinrent à la maison. Riant avait mis sa lettre à la poste de l'île Adam.

La lettre devait arriver au bureau d'Auteuil à neuf heures.

Le patron s'enferma avec Riant.

Pour gagner ses cinquante louis, Riant devait glisser une préparation opiacée, que le patron lui donna, dans le chambertin, débouché au dessert pour le comte Albert de Rochecotte et Fanchette sa maîtresse.

La préparation était dans un flacon portant l'étiquette du pharmacien. Ce n'était pas du poison. Riant s'y connaissait. Il demanda selon sa coutume.

— Et après ?

Le patron lui remit un mouchoir et un étui contenant six cartes photographiques qui devaient être jetés, le mouchoir sous la table, et l'étui sur la nappe.

Riant demanda encore :

— Et après ?

— Tu ouvriras la fenêtre, répondit le patron, et tu les laisseras dormir.

Ils partirent tous les trois, mais non pas ensemble, pour le Point-du-Jour. Riant alla par les omnibus. La Couronne et le patron prirent une voiture de place.

Quand Riant arriva, Laurent, le garçon qui avait sa mère à l'Ile-Adam, venait de recevoir la lettre. Il était en train de demander un congé.

Riant fut reçu comme une providence. Il prit tout de suite le veston et la serviette. Les déjeuners commençaient. Le maître du restaurant surveilla Riant pendant une demi-heure ; puis, voyant que le nouveau garçon était au fait du service, il rentra dans son comptoir.

Le restaurant des Tilleuls est situé à mi-côte, à l'angle des chemins qui remontent en tournant vers Auteuil.

On a beaucoup bâti depuis lors. En ce temps-là, le chemin de ceinture n'avait pas encore jeté sur la Seine le pont-viaduc qui change tout l'aspect du pays. La devanture du restaurant regardait la rivière par dessus la grande route, et ses derrières donnaient sur une façon de petit parc qu'on était en train de dépecer en lots pour le vendre au détail.

Le terrain du parc allait en montant ; il était planté de beaux arbres. Le mur qui le séparait du restaurant était bas et tapissé de lierre, de sorte que, de ce côté, les cabinets avaient une jolie vue de campagne.

En dedans du mur et tout près de la maison, il y avait deux grands tilleuls qui avaient donné leur nom à l'établissement.

Louaisot et sa compagne étaient arrivés au Point-du-Jour presque en même temps que François Riant. En longeant la grande route, M. Louaisot put assister au départ de Laurent et à l'installation de François, son remplaçant.

Il était près de midi. Désormais le train le plus prochain, dépassant Pontoise, était à trois heures. Quoi qu'il arrivât, Laurent ne pouvait revenir que le lendemain matin, ou tout au plus tôt par le dernier convoi de nuit.

On avait à soi la soirée tout entière.

Pélagie avait procuré à Laura une toilette simple et décente qu'elle portait à merveille. En elle il n'y avait rien absolument qui dénotât son état mental. Pour quiconque ne la connaissait point, c'était une jolie personne, ayant passé la première jeunesse et portant sur son visage la trace d'une souffrance physique ou d'un chagrin.

Aujourd'hui, il y avait en elle quelque chose de grave et de recueilli. Elle était un peu comme les anciens chevaliers à la veille des armes.

Louaisot avait remué les cendres de sa folie qui couvait, prête à s'éteindre peut-être. Le feu prenait de nouveau à sa pensée. Une solennelle obligation pesait sur elle.

En chemin, elle avait dit plusieurs fois :

— Je voudrais prier dans une église.

Louaisot n'était pas à la noce, comme on dit, et cette journée devait lui sembler longue. Il lui fallait, en effet, soutenir son rôle jusqu'à la nuit et ne pas laisser refroidir un seul instant le mystique enthousiasme de La Couronne.

Mais nous savons bien qu'il avait le diable au corps : le diable de patience et de ruse. Il causait vampires, petites tombes violées et autres lugubres farces de la même espèce, comme s'il eût été payé à l'heure. Et il disait de temps en temps avec un accent de profonde conviction :

— Ma fille, Dieu vous a choisie pour une sainte tâche !

La malheureuse créature répondait :

— Dieu me donnera la force de l'accomplir.

En arrivant, Louaisot fit d'abord le tour du restaurant et entra dans le terrain, comme s'il eût voulu acheter quelqu'un des lots qui étaient en vente.

Il se plaça vis-à-vis de l'arrière-façade du restaurant et examina les lieux avec soin.

Plusieurs cabinets ouvraient leurs fenêtres sur une petite terrasse dont la balustrade touchait presque les branches des deux grands tilleuls.

De l'endroit où Louaisot se tenait et qui était une sorte de tertre, on voyait parfaitement l'intérieur du cabinet du milieu, l'espace compris, entre les deux tilleuls laissant une échappée au regard.

Laura demanda :

— Ne me conduirez-vous point à une église ?

— Si fait, répondit Louaisot, vous aurez tout le temps de prier, ma fille.

Puis il demanda à son tour :

— Ce mur qui est là devant nous est-il trop haut pour que vous puissiez le franchir ?

La Couronne eut un sourire dédaigneux.

— Les murailles de l'hôpital ont le double de hauteur, répliqua-t-elle. Je franchirais le rempart d'une forteresse, s'il se dressait entre moi et l'agent du démon !

Louaisot lui serra la main doucement.

— Vous êtes la vengeresse prédestinée ! prononça-t-il tout bas avec emphase.

Puis il ajouta, revenant à sa nature :

— Mais il faut soutenir le corps pour que l'âme garde toutes ses forces. Nous allons entrer là-dedans et commander un léger repas.

— Mangez, si vous avez faim, dit-elle. Pour moi, c'est jour de jeûne.

Louaisot revint à la grande route et entra au restaurant par la grille. François Riant vint lui-même à sa rencontre, et Louaisot demanda le cabinet qui voyait la campagne entre les deux tilleuls. On le lui donna.

Il mangea comme un loup affamé, tout en débitant de nuageuses tirades. La Couronne ne voulut rien accepter, pas même une bouchée de pain.

Vers la fin du déjeuner, Louaisot lui montra celui des deux tilleuls qui était planté à gauche de la croisée. Ses branches pendaient sur la terrasse.

— Est-ce que vous monteriez bien par là, s'il le fallait? demanda-t-il.

La Couronne eut encore son orgueilleux sourire. Elle ne daigna même pas répondre.

En sortant, Louaisot dit à François Riant :

— Quand les deux jeunes gens vont venir, vous donnerez ce cabinet et non pas un autre, je le veux.

—Et vous n'avez rien autre à m'ordonner?

— Rien, sinon ce que j'ai dit déjà : le flacon, le mouchoir, les photographies, et ne pas oublier d'ouvrir la fenêtre pour qu'ils respirent à l'aise.

Il était deux heures. Le patron et sa compagne remontèrent le chemin d'Auteuil.

Laura devenait agitée, la fièvre la prenait.

Louaisot était un peu à bout de légendes, mais le transport qui montait lentement et sûrement au cerveau de la pauvre folle rendait sa besogne aisée.

Il aurait aussi bien pu se taire désormais. Ce que Laura voulait, c'était prier. Louaisot la conduisit à l'église d'Auteuil.

— Moi, dit-il, je vais battre le pays et fouiller les profondeurs du bois pour savoir où se cache le vampire, après quoi je reviendrai vous chercher.

Laura entra dans l'église solitaire. Elle y chercha un coin bien sombre et s'y prosterna, la face contre les dalles.

Louaisot alla à l'estaminet fumer une pipe, boire une chope et lire le *Siècle*, car il avait des opinions éclairées.

Vers six heures du soir, sous le beau soleil d'été qui allait s'inclinant déjà parmi les nuées roses, vers les coteaux de Meudon, un nuage de poussière arriva du côté de Paris.

C'était une calèche attelée de deux fringants chevaux qui s'arrêta devant la porte des Tilleuls.

Le maître du restaurant quitta son comptoir et vint faire accueil à M. le comte Albert de Rochecotte qui était un client de choix. Albert portait le deuil. Fanchette, sa maîtresse, avait une toilette ravissante de fraîcheur. Elle était jolie à miracle. François Riant leur offrit le cabinet que nous savons.

— Où donc est passé Laurent? demanda Albert.

Mais comme cela lui était égal, il n'attendit pas la réponse et se mit à combiner le plan d'un petit dîner transcendant. Fanchette donnait son avis. C'était une luronne. Son charmant visage pétillait d'esprit et de gaîté.

François Riant, car je tiens de lui une partie de ces détails, disait que M. le comte avait encore l'air fort amoureux. Fanchette et lui dînèrent bien et longtemps. Entre eux tout était sympathique même l'appétit.

En allant et en venant, François Riant entendait quelques bribes de leur entretien. Une fois, M. le comte dit en montrant le terrain voisin :

— Si je t'achetais un de ces lots pour y bâtir le chalet de tes rêves?

— Viendrais-tu y demeurer avec moi? demanda Fanchette.

— Et le décorum, ma chère!

— Alors, ça aurait l'air d'un cadeau de congé. Je n'en veux pas.

Une autre fois, François n'avait pas entendu la demande de M. le comte, mais la réplique de Fanchette fut :

— Je veux bien que tu ne m'épouses pas, mais si tu en épouses une autre, je ne te prends pas en traître, tu mourras étranglé.

Et c'étaient des rires!..

Vers huit heures, comme le vent du soir fraîchissait, François fut prié de fermer la croisée. Il venait justement de servir la bouteille de Clos-Vougeot, préparé à l'aide du petit flacon et selon la formule du patron.

Une demi-heure après, on servit le café et on se retira discrètement.

Une demi-heure après encore, et toujours discrètement, François mit son œil à la serrure.

M. le comte dormait profondément. Son cigare en tombant avait mis le feu à la nappe qui fumait. Fanchette avait renversé sa jolie tête dans ses cheveux et sommeillait aussi.

François entra sans bruit. Il éteignit la lampe, jeta sous la table le mouchoir avec l'étui à photographies qui contenait tout uniment six portraits de Mlle Fanchette — et rouvrit la fenêtre.

Un des châssis craqua.

M. le comte, qui avait probablement bu la meilleure part de la bouteille, ne broncha pas, mais Fanchette s'agita et un murmure passa entre ses lèvres roses.

Elle ne devait pas être difficile à éveiller...

François s'enfuit sur la pointe des pieds et referma la porte.

C'était jour de semaine. Il y avait peu de monde aux Tilleuls et le Point-du-Jour était à peu près désert déjà.

Certes, les rares passants qui descendaient le chemin d'Auteuil n'auraient point soupçonné qu'il restât des promeneurs dans l'ancien parc dont les terrains étaient à vendre par lots.

Il en restait deux pourtant.

M. Louaisot et la Couronne étaient assis sur l'herbe au sommet du tertre.

Entre eux le silence régnait. Louaisot avait beau se creuser la cervelle, il ne trouvait plus rien à dire. Laura songeait et souffrait.

Elle avait quitté l'église seulement quand le bedeau était venu fermer les portes.

Sa pauvre cervelle s'était exaltée dans la solitude bien autrement que par l'éloquence du patron.

Sa tête brûlait, son corps grelottait. Elle tremblait la fièvre.

Quand François Riant ouvrit la fenêtre, Laura n'y prit pas garde tant elle était absorbée.

Mais il n'en pouvait être de même du patron, qui guettait depuis longtemps ce signal.

Aussitôt après l'ouverture de la croisée, son regard plongea dans le cabinet, dont l'intérieur était vivement éclairé.

Il vit ce qu'avait vu François Riant : au second plan, Fanchette, gracieusement renversée sur le dos de son fauteuil ; au premier, M. le comte Albert de Rochecotte, la tête penchée en avant et plongé dans un profond sommeil.

Ce qu'il ne put voir, ce fut l'œil de François, qui, intrigué au plus haut degré, regardait tant qu'il pouvait par le trou de la serrure.

Le patron saisit le bras de La Couronne et le serra fortement :

—L'heure est sonnée ! dit-il.

La malheureuse femme frémit de la tête aux pieds, mais elle se leva :

— Etes-vous prête, ma fille ? demanda Louaisot.

— Je suis prête, répondit-elle.

Ses jambes chancelaient sous le poids de son corps. Louaisot dit encore :

— Aurez-vous la force d'accomplir votre devoir ?

La tête de Laura se redressa.

— J'aurai la force, répliqua-t-elle. Montrez-moi mon devoir.

Alors, Louaisot tendit le doigt vers la fenêtre éclairée du cabinet. Le regard de la folle suivit la direction indiquée par ce mouvement. Elle frissonna de nouveau, mais non point de la même façon que la première fois.

C'était le transport qui montait.

Elle venait d'apercevoir le comte Albert.

Sa main se glissa dans son sein et y chercha l'arme enchantée : les ciseaux bénis par l'archevêque primat de Gran.

— Est-ce lui? prononça-t-elle à voix basse.

Et déjà sa figure transformée était terrible à voir.

— C'est lui, répondit M. Louaisot.

Elle resta un instant immobile, suffoquée par un spasme.

— Lui! répéta Louaisot, le vampire qui boit le sang des petits enfants!

Un rauquement s'échappa de la gorge de Laura. Elle bondit. En trois sauts elle atteignit le mur au-dessus duquel sa silhouette noire se profila un moment.

Puis les feuilles du tilleul bruirent.

Puis encore la silhouette reparut sur l'appui de la croisée, se dessinant en sombre au devant de la lumière.

La Couronne était dans le cabinet. Elle ne vit même pas Fanchette. Ses deux mains se nouèrent autour du cou du jeune comte, étouffant ainsi son premier cri.

Elle avait, aux heures de sa folie, cette science instinctive d'étrangler qui appartient à toutes les bêtes féroces.

Son entrée, son effort, la lutte n'avaient produit aucun bruit. François, l'œil au trou de la serrure, croyait être en proie à un rêve.

Quand elle lâcha la gorge du comte Albert, la tête de celui-ci, qu'elle avait relevée, pendit de côté sur le dos de son siège.

S'il n'était pas mort encore, il avait perdu tout sentiment.

La Couronne prit alors les ciseaux qu'elle porta pieusement à ses lèvres.

Et elle frappa : d'abord au cœur, puis en vingt endroits, car le délire du sang s'était emparé d'elle...

Enfin, jetant son arme sanglante, elle poussa un cri de triomphe et sauta dans le jardin sans même s'aider des branches de tilleul.

Ce fut ce cri qui réveilla Fanchette dont les yeux troublés aperçurent en s'ouvrant cette forme noire qui sembla disparaître comme un énorme oiseau dans l'espace.

Son second regard découvrit le cadavre de son amant. Elle voulut crier, sa voix s'étouffa dans sa gorge.

Elle se jeta sur le comte Albert, croyant le ranimer ou trouver en lui un signe de vie : le contact de ce cadavre tout sanglant la fit reculer épouvantée.

Et la glace lui renvoya son image : une femme folle dont la fraîche toilette était toute souillée de rouge...

Alors, l'épouvante la prit, écrasant sa douleur. Elle se dit : c'est moi qui vais être accusée !

Et enveloppée de son burnous d'été qui cachait au moins les taches rouges, elle s'enfuit le long des corridors où personne ne lui barra le passage.

Voilà ce qui est vrai sur le meurtre du Point-du-Jour.

Ce que les journaux ont radoté à l'envi les uns des autres est, comme à l'ordinaire, invention ou erreur.

Quant aux juges, ils se sont trompés, je ne répéterai

pas, comme à l'ordinaire, mais du moins comme cela leur arrive beaucoup trop souvent.

J'ai dit que je tenais une partie de ces détails de François Riant qui subit un interrogatoire et fut même incarcéré dans le premier moment.

Les autres détails me viennent d'une source plus sûre encore : je les ai eus par Laura Cantù elle-même.

Laura n'a jamais été inquiétée. Elle a quitté la Salpêtrière. Elle est notre voisine aux Prés-Saint-Gervais.

Ma Stéphanie l'a prise en affection ; elles travaillent ensemble et Laura ne manque pas de pain quand il y en a chez nous.

Elle n'est plus folle.

Mais elle redeviendra folle dès que M. Louaisot le voudra.

Et M. Louaisot le voudra dès qu'il aura besoin de sa folie.

L'outil est trop excellent pour qu'on y renonce.

La Couronne a tué, elle tuera.

ANNEXE AUX ŒUVRES DE J.-B. MARTROY

L'évasion de l'accusée. — Les deux sœurs

(DÉTAILS INCOMPLETS)

Ici finissent les œuvres proprement dites de J.-B.-M. (Calvaire), romancier sans imagination.

Ce qui me reste à dire n'est pas un roman vrai, comme mes autres récits, ni même une nouvelle authentique. Je n'écris pas cela pour les journaux, mais bien pour M. Thibaut, l'ancien juge d'Yvetot, qui ne sera peut-être pas toujours assez simple pour repousser mes services.

On dirait que d'avoir été magistrat ça suffit pour boucher l'œil d'un homme.

Je ne sais rien sur le rôdeur qui fut assassiné la nuit de l'évasion, devant la boutique Le Rebours, mais je n'ai pas de peine à deviner qu'il était un des hommes apostés par Louaisot pour couper l'herbe sous le pied de M. Thibaut.

La marquise Olympe était là dedans, jusqu'au cou. Elle avait commencé à travailler avec Louaisot après l'affaire des ciseaux, ou du moins elle avait profité sans scrupule de l'affreuse position où se trouvait sa rivale pour l'écraser.

Lors du scandale cruel qui eut lieu à la porte de l'église d'Yvetot, l'arrestation de Jeanne Péry, la marquise était complice, sinon mieux encore. Elle avait une blessure cuisante à venger.

Lors de l'évasion elle était à la tête du complot. L'avis de Louaisot était qu'il fallait laisser aller les choses. Il tenait par amour-propre d'auteur à ce chef-d'œuvre du genre : le réseau d'apparences et de preuves qui enlaçait Jeanne et la jetait d'avance, ficelée comme un colis, dans le tombereau de la guillotine.

La marquise ne voulait pas que Jeanne mourût.

Aussi ai-je pu affirmer à mon cher bienfaiteur, que la marquise a menti quand elle a dit : « Jeanne est morte. »

Seulement, il y a deux genres de mort, au point de vue des successions qui s'ouvrent : la mort naturelle et la mort civile. L'une vaut l'autre devant la loi.

La marquise Olympe qui ne *pouvait* pas tuer Jeanne dans le sens naturel du mot, *voulait* la tuer civilement.

Or, pour cela, il suffisait de laisser à l'arrêt par défaut qui frappe Jeanne le temps de devenir définitif.

Voilà pourquoi Jeanne a disparu.

Je ne crois pas que, désormais, les mouvements de Mme la marquise soient guidés par l'amour ni même par la jalousie. Je ne sais si l'amour est mort, mais je suis sûr que l'espoir est perdu.

Mme la marquise a tourné sa passion d'un autre côté.

Cette fière sicambre adore ce qu'elle avait dédaigné si longtemps : d'amoureuse, elle s'est faite ambitieuse.

J'ai dit une fois qu'après avoir été ange, elle était devenue démon. Ce sont des mots qui viennent sous la plume des auteurs. D'abord, je n'ai aucune raison de penser qu'elle ait jamais été ange, ensuite, est-elle démon ? je n'en sais rien.

Elle est malheureuse, bien malheureuse, je vais bientôt expliquer pourquoi.

C'est bien plutôt une damnée qu'une diablesse, car le démon, le vrai démon la tourmente.

Maintenant pourquoi ai-je dit que la marquise Olympe ne *pouvait* pas tuer Jeanne Péry ? C'est que Jeanne Péry est la sœur de Fanchette.

Et que Fanchette est la sœur de madame la marquise.

La sœur tendrement et sincèrement aimée.

J'en dirais bien plus long, mais quelque chose me manque. Je n'ai pas deviné tout à fait.

Ce que je pourrais dire a trait au pauvre M. Barnod qui chassait déjà aux petits cailloux, dès le temps de la naissance d'Olympe. Ça refroidit un ménage.

Ma confiance en cette bonne Mme Barnod n'est pas aveugle ; j'ai des raisons pour penser que M. le baron Péry n'était pas le premier... enfin, suffit !

Si quelqu'un trouve que mes suppositions sont risquées, je ferai observer que Mme Barnod avait une excuse comme les criminels de la tragédie antique : la fatalité.

Elle venait de Genève où l'austérité indigène lève la jambe trois fois plus haut que l'étourderie des autres pays.

La marquise Olympe et Fanchette s'étaient rapprochées un peu avant l'évasion et peut-être même à l'occasion de l'évasion.

Depuis lors, elles ne se quittent plus.

C'est par Mme la marquise que Fanchette eut accès auprès de M. le conseiller Ferrand. (Encore un mystère, celui-là, mais pas bien gros, et à son égard je jette ma langue aux chiens.)

Fanchette, du reste, n'est plus la fille des Tilleuls. Vous la prendriez elle-même pour une marquise et le pauvre Rochecotte l'épouserait des deux mains.

Ai-je besoin de dire pourquoi Fanchette voulait sauver Jeanne ?

Jeanne est sa sœur, d'abord.

Ensuite Jeanne expie, non pas le crime de Fanchette, il est vrai, mais un crime dont Fanchette devrait être accusée.

Jeanne paye pour Fanchette ; les yeux de lynx de la justice prennent la sœur cadette pour la sœur aînée.

Je vais finir maintenant par le plus important, au point de vue de l'avenir : la guerre déclarée entre M. Louaisot de Méricourt et son ancienne pupille, Olympe.

Cette guerre a pour origine l'implacable obstination du patron qui *veut* les millions de la tontine, et qui ne peut les avoir légitimement qu'en devenant l'époux de Mme la marquise.

Celle-ci lui a dit non une fois. Elle n'est pas de celles qui reviennent.

Alors le patron s'est remis à travailler sur de nouveaux frais. Voilà un homme laborieux et que rien ne décourage !

Il a filé, il a tissé, il a tendu une seconde toile d'araignée pour y prendre la marquise elle-même.

Ceci explique plusieurs de ses démarches qui ont pu paraître au moins singulières. Après avoir été l'homme-lige de Mme de Chambray, il l'attaque sournoisement souvent, parfois ouvertement. C'est un siége en règle.

Le feuilleton (est-ce assez mauvais !) du journal le *Pirate* fait partie de l'artillerie de siége.

Je termine ici cette espèce de chronique à laquelle je viens d'ajouter quelques paragraphes, expressément pour M. Geoffroy de Rœux.

Je dois lui porter mes œuvres aujourd'hui même, sans cela et si l'heure ne me talonnait pas, j'ajouterais tout ce que je sais sur la position prise par Mme de Chambray dans la maison du pauvre vieux Jean Rochecotte, le dernier vivant qui est plus qu'aux trois quarts mort.

Elle l'a fait interdire pour parer à toute idée de testament. Et son avocat a eu beau jeu. Il a prouvé que le bonhomme se laissait littéralement mourir de faim.

Mme la marquise peut se donner les gants d'un acte d'humanité, car elle force le vieux à manger deux soupes tous les jours.

Mais quelle malédiction, monsieur, sur tous ces hommes qui avaient volé la patrie et spéculé sur la santé, sur le bien-être, sur la vie même de pauvres soldats qui étaient leurs frères !

Il n'y a pas eu un centime de cet argent mal acquis dépensé par eux et pour eux !

Les quatre premiers sont morts misérablement ; le cinquième, le dernier vivant, — cette momie — dès qu'il a eu les millions de la tontine, a supprimé jusqu'à son sou de lait !

Je l'ai rencontré, le soir, cherchant sa vie comme les rats dans les monceaux d'ordure.

Et il a acheté toute la plaine Bochet, et vingt maisons, et...

Mais je bavarde, au risque d'être en retard avec vous ; à une autre fois le reste. Nous sommes, Dieu merci, gens de revue.

Fin des œuvres de J.B.-M.-Calvaire

RÉCIT DE GEOFFROY

Je mis deux jours entiers à lire le manuscrit de Martroy, que j'ai du reste abrégé considérablement.

Je m'étais reporté bien souvent pendant cette lecture aux passages correspondants du dossier de Lucien.

Ces deux recueils pouvaient mutuellement se servir de clef. L'un complétait l'autre.

Cette comparaison, qui aboutissait presque toujours pour moi à une clarté complète, m'avait fourni l'occasion de prendre des notes nombreuses et assez étendues.

J'avais maintenant un troisième dossier : le mien.

Je l'épargnerai au lecteur, qui a dû se former, comme moi et sans mon aide, une certitude bien près d'être absolue.

Le travail de Martroy m'a paru si important et si concluant que je n'ai point voulu en scinder l'intérêt.

Nous serons donc obligés de revenir sur nos pas un instant pour dépouiller la partie de ma correspondance, reçue pendant ces deux jours et ayant trait à notre histoire.

CORRESPONDANCE

N° 1

Madame la baronne de Frénoy à M. Geoffroy de Rœux

« Paris 29 juillet 1866.

» Mon cher monsieur Geoffroy,

» Je n'aurais pas été fâchée de vous revoir. Mon pauvre Albert avait de l'amitié pour vous et vous n'étiez pas du tout le plus mauvais parmi les godelureaux qu'il fréquentait. Je vous réitère que je pars en vendanges et qu'à mon retour je causerai sérieusement avec vous. Il faut que cette fille se retrouve et qu'elle soit guillotinée ; je n'ai pas de haine, mais je songe à la tranquillité des familles. Je m'y suis du reste engagée auprès de toutes mes connaissances.

» J'écris à M. Ferrand et à M. Cressonneau qui est nommé avocat général de ce matin. Il marche, ce gamin-là !

» Le but de la présente est de vous dire que je ferais volontiers un sacrifice, et que dans le cas où vos idées tourneraient au mariage (cela vaut mieux que d'aller se faire piquer comme un devant de chemise, aux Tilleuls ou ailleurs) mes relations me permettraient de vous donner un joli coup d'épaule. Justement, dans la maison où je vais en vendanges, il y a une jeune personne qui vous conviendrait sous tous les rapports.

» A vous revoir après les vendanges. »

N° 2

Madame veuve Thibaut à M. G. de Rœux

« Paris, 29 juillet 1866.

« Monsieur,

» J'apprends par l'excellent docteur Chapart, dont les soins ont eu une influence si favorable sur l'état de mon malheureux fils que vous êtes allé le voir et qu'il vous a confié la collection de papiers qu'il appelle son dossier. Pauvre enfant! Je n'ai jamais eu l'avantage de me rencontrer avec vous, mais Julie, ma fille cadette, a u un de vos ouvrages qui lui a laissé dans le cœur et dans l'esprit des sensations profondes ; on ne se repent jamais de nouer des relations avec les hommes de talent et même de génie. D'ailleurs, je sais que vous êtes sincèrement l'ami de mon Lucien.

» Eh bien! monsieur, c'est le cas de lui rendre service. Sa santé ne va pas trop mal. La dernière fois que nous l'avons vu, sa pauvre tête ne nous a pas paru vraiment beaucoup plus détraquée qu'au temps où il était juge. Vous savez qu'il n'a jamais été fou ; seulement il battait la campagne. Quel malheur ! Après les sacrifices qu'on s'était imposés pour son éducation ! monsieur, les mères sont bien à plaindre.

» Voici ce que nous attendrions de vous ; car mes deux filles, Célestine et Julie, qui sont pour Lucien, non pas des sœurs, mais des anges, approuvent complétement la démarche que je fais. Mais d'abord je dois vous dire que notre admirable et chère amie, Mme la marquise de Chambray, vient d'avoir enfin la récompense de ses vertus en recevant du ciel une position vraiment royale. Ce n'est pas encore fait, puisque l'oncle est en vie et qu'elle le soigne comme une providence du bon Dieu ; mais enfin il est déjà interdit judiciairement, et son âge, joint à sa santé, ne permet pas d'espérer qu'il aille loin. Je parle de la personne dont elle hérite.

» Quand cette circonstance, que je ne désigne pas autrement, aura lieu, notre Olympe pourra compter parmi les plus grandes fortunes de France, tout uniment.

» Ce n'est pas ce qui nous guide, monsieur, mais elle a tant de qualités ! Et une conduite ! Enfin, renseigné comme vous l'êtes, vous ne pouvez pas ignorer que mon Lucien a fait son malheur en s'attachant à une personne dont je ne veux même pas prononcer le nom. Oui, monsieur, si cet enfant-là avait voulu, il serait maintenant dans le cas d'attendre d'heure en heure la catastrophe qui doit apporter le Pactole (on dit huit à dix millions au moins) au modèle de beauté qu'il aurait conduit à l'autel !

» Quand je songe à cela, j'ai de fortes migraines, sans compter que ça a pris sur le caractère de Célestine et de Julie, comme vous pouvez penser. Mais je ne veux pas vous ennuyer de mes radotages maternels.

» Revenons à l'affaire du service que je prends la liberté de vous demander. Vous avez, monsieur, de grandes relations dans les cours étrangères, par suite de la carrière diplomatique où vous êtes engagé brillamment. En France, on nous a dépouillées du divorce, et qui m'aurait dit que je me rangerais un jour parmi les partisans de cette loi qui n'est pas généralement soutenue par les gens bien pensants?

» Mais je ne tiendrais pas à ce que le divorce fût rétabli en général, j'en reconnais l'immoralité. Seulement, dans notre cas spécial, il est nécessaire.

» Or, le divorce existe dans les pays voisins. Je désirerais savoir de vous, monsieur, la marche à suivre pour nous en appliquer les bénéfices. Nous ferions volontiers les frais d'un voyage en Belgique : j'ai une cousine issue de germains, établie à Namur. J'attends de votre bonne obligeance une réponse qui me dise si l'affaire peut être traitée par correspondance, s'il est d'usage de faire des cadeaux là-bas comme ici, et généralement sur quelle dépense à peu près il faudrait compter pour rendre notre Lucien apte à contracter valablement avec la plus riche héritière de France!

» Je suis, en attendant le plaisir de vous lire, etc, »

N° 3

Le docteur Chapart à M. de Rœux

« Etablissement Chapart, rue des Moulins, à Belleville-Paris. Sirop Chapart recommandé par tous les spécialistes dont l'intérêt n'oblitère pas la bonne foi. Douches Chapart. Thé Chapart (médicinal). Librairie : œuvres choisies du docteur Chapart. Remise aux courtiers.

29 juillet 1860.

» Honoré monsieur,

» Mme et Mlle Chapart, gardant un souvenir distingué de la visite que vous avez bien voulu nous faire, m'ont suggéré l'idée de m'adresser à vous pour obtenir satisfaction de nos diverses créances sur la personne de M. L. Thibaut, votre estimable ami qui a quitté notre maison en me restant redevable d'un mois de pension et de diverses fournitures dont la note est ci-jointe.

« Ma sympathie pour un ancien client et pour un nouvel ami (c'est à vous, monsieur, que je me permets de faire allusion en ces termes) m'a conduit tout naturellement à porter les objets aux plus doux prix qui se puissent demander sans y mettre du sien.

» Je suis, monsieur, espérant la persistance d'une relation qui m'honore, etc.

N° 4

Lucien à Geoffroy

« 29 juillet

» Ne m'attends pas encore aujourd'hui. Mon cerveau est dans un état de lucidité splendide. Je comprends tout, je sais tout. Je suis au centre même de cette machination inouïe. Sois prêt quand j'arriverai.

N° 5

Monsieur Louaisot de Méricourt à Monsieur G. de Rœux.

Paris, 29 juillet 1866

» Mon cher monsieur,

» Je vous envoie sous ce pli une lettre adressée par moi à M. Lucien Thibaut. J'ai fait en vain tous mes efforts, et vous savez que j'ai mes petits talents en ce genre, pour trouver un moyen de joindre M. L. Thibaut. Je n'ai pas réussi.

» J'ai tout lieu de penser que vous serez plus heureux que moi.

» La communication contenue dans la lettre ci-incluse est d'une telle importance que je vous prie d'employer tous vos soins à la faire remettre.

» J'ajoute que si, dans vingt-quatre heures, vous n'avez pas réussi à placer ma missive sous les yeux de M.

L. Thibaut, *votre devoir sera de rompre vous-même le cachet et de* faire comme il eut fait.

» Vous comprendrez la signification de cette dernière phrase quand vous aurez pris connaissance de la lettre incluse.

» N'attendez pas plus tard que demain.

» Du reste, un *memento* vivant viendra, en cas de besoin, rafraîchir votre mémoire.

» Cher monsieur, les événements ont marché à la vapeur. L'affaire, trop bien nourrie peut-être, a pris le mors aux dents et s'est précipitée comme une folle. Gare la culbute! je suis positivement très-inquiet.

» Les choses en sont à ce point qu'il faut, de nécessité, jouer le tout pour le tout. Ce n'est pas mon caractère, qui penche naturellement vers la douceur : mais il le faut.

» Désormais le dénoûment de cet imbroglio où les amateurs reconnaîtront qu'il avait été prodigué beaucoup d'intelligence et beaucoup d'art, ne peut pas se faire attendre plus de vingt-quatre heures.

» Peut-être, cher monsieur, ne nous reverrons-nous jamais. J'en suis fâché, car les courtes relations que j'ai eu l'honneur d'entretenir avec vous, m'avaient donné très-bonne idée de votre esprit et de votre caractère.

» Je crois que si je vous avais eu en face de moi dès le début, au lieu de ce pauvre M. L. Thibaut, les choses auraient marché plus droit et versé moins court.

» Le dédain absolu où je tenais mon adversaire a pu endormir plus d'une fois mon énergie. Je sens cela maintenant qu'il n'est plus temps d'y remédier.

» Mais j'ai encore les mains pleines d'atouts, et ma

dernière partie, du moins, sera menée en beau joueur, je vous en réponds.

» Souvenez-vous que la lettre doit être ouverte demain matin, au plus tard par L. Thibaut — ou par vous.

» Et à demain — ou à jamais !

N° 6

J.-B.-M. Calvaire à M. Geoffroy de Rœux

Prés-Saint-Gervais, 29 Juillet

« Cher bienfaiteur,

» Car je vous dois tout, depuis mes pieds chaussés de vos souliers, jusqu'à ma tête qui est encore, grâce à vous, sur mes épaules.

» Je l'ai véritablement échappé belle. Nous avions bien raison ; le patron m'avait reconnu. Quel homme ! Supposez des sens pareils et un instinct semblable à Napoléon Ier, il est certain que la coalisation européenne était tordue ! Et alors, nous n'avions pas l'invasion !

» Je passe les autres conséquences qui sont incalculables.

»Figurez-vous que le ban et l'arrière-ban étaient sur pied. François Riant avait son poste devant Tortoni. Il m'a regardé sous le nez, mais sans me reconnaître.

» Ma taille est contre moi, je ne suis pas si sûr de n'avoir pas été remis par mon ancien voisin de bureau, rue Vivienne. Il m'a suivi depuis le passage de l'Opéra jusqu'au Gymnase.

» Je n'osais pas prendre les rues, de peur d'être accosté.

» Au coin du faubourg du Temple où j'ai tourné, je me suis trouvé nez à nez avec Pélagie. Elle serait bonne chienne de chasse sans les militaires. Heureusement qu'elle en avait trouvé un, dont le képi tout entier disparaissait à l'ombre de sa coiffe.

» Enfin, je suis arrivé sain et sauf à la maison, sans autre accident qu'une peur affreuse que j'ai eue à l'endroit dit : la Carrière, en avant du village de l'Avenir. Je vous ai déjà parlé de ce coupe-gorge.

» C'est un vilain trou et qui a mauvaise renommée. C'est là que je suis obligé de quitter la grande route pour gagner mon pauvre gîte, et pendant un demi-quart de lieue, je longe des fouilles de sable dont la mine n'est pas rassurante. Il y est plus d'une fois arrivé malheur.

» Je m'en allais en rasant la haie du côté opposé au trou, et ne faisant pas plus de bruit qu'une belette, quand j'ai entendu causer dans la carrière.

» La voix m'a sauté à l'oreille. C'était le patron qui parlait !

» Je me suis couché dans le chemin, mettant ma tête au bord du talus. Entre deux tas de gravats, j'ai vu un homme et une femme qui causaient, abrités par la rampe taillée à pic.

« Il faisait noir. Si je n'avais pas entendu sa voix, je n'aurais pu reconnaître M. Louaisot ; quant à la femme, elle n'a pas prononcé une parole tout le temps que j'étais là, mais je suis sûr que c'était Laura Cantù — La Couronne.

» Je ne suis pas resté longtemps : je serais mort de peur.

» Voici ce que j'ai entendu, le temps que j'ai écouté ; c'était le patron qui parlait :

» ..... Il y en avait une des deux qui était endormie auprès du vampire, le jour où vous avez fait justice, au Point-du-Jour. *Elles sont la femelle du monstre.* Je dis *elles* au pluriel et *la* au singulier, parce que, par un infernal mystère, elles sont deux, et ne font qu'une. Vous les reconnaîtrez à ceci que leurs deux corps n'ont qu'un visage...»

« Comme je vous le disais, La Couronne n'a pas répondu.

» Le patron s'est mis à marcher. Je me suis relevé et j'ai pris la fuite.

» Au moment où je m'éloignais, j'ai encore entendu :

» ..... Mais auparavant, et sans sortir d'ici, il faut ... »

» Le patron et la Couronne ont tourné le tas de sable.

» Que « faut-il? » et « sans sortir d'ici » ?

» Je suis bien sûr que la Couronne ne voudrait pas me frapper. Elle me connaît trop bien. Elle a eu du pain de moi...

» Un bonheur ne vient jamais seul, dit-on. En rentrant à la maison, je trouvai ma femme tout heureuse. Elle venait d'être gagée comme bonne à tout faire chez le bonhomme Jean Rochecotte par Mme la marquise de Chambray.

» Là-bas, ils ignorent, tout aussi bien que M. Louaisot lui-même, que Stéphanie et moi nous sommes mariés.

» En apparence, et vous comprenez bien pourquoi,

j'avais rompu toutes relations avec Stéphanie en quittant le service de M. Louaisot.

» Ça va être une séparation bien pénible, c'est vrai. Je n'aurai plus près de moi la compagne chérie qui mit tant de consolation dans ma misère, mais d'un autre côté, la misère a disparu. Je pourrai me donner des douceurs qui diminueront l'amertume de l'absence.

» Et d'ailleurs il y a une raison qui m'a déterminé tout d'un coup à accepter cette situation nouvelle : Ça pourra vous être utile.

» Très-utile. Pendant quelques heures, passées par ma Stéphanie dans le grand Capharnaüm de la rue du Rocher, elle a déjà levé bien des lièvres. Quoique légèrement contrefaite, elle est souple comme une anguille. Elle se glisse dans des fentes où d'autres ne pourraient pas entrer le doigt.

» Je vais vous marquer ici ce que je sais par elle. Ce n'est pas encore grand chose, mais ça ouvre des percées et on y mettra l'œil.

» D'abord, vous souvenez-vous de la topographie de la plaine Bochet, tracée par moi dans celui de mes romans-vrais qui porte ce titre saisissant : *Du sang et des fleurs?* (Voir mes œuvres complètes.)

» Depuis ce temps-là, la plaine Bochet a bien changé. Elle appartient dans toute son étendue, et beaucoup d'autres choses avec, au dernier vivant de la tontine qui a fait là une spéculation à quintupler son capital en quelques années.

» Il a eu ces immenses terrains pour un morceau de pain. Je suis sûr que ses huit millions sont presque intacts, — s'ils ne se sont pas augmentés.

» Il y avait, vous le savez, la ruelle qui passait entre deux murs. Le mur du nord, celui derrière lequel Joseph Huroux s'était caché pour guetter la cahute du vieux Jean, le jour où la couronne *travailla*, enfermait une vaste propriété dont le jardin ressemblait à une forêt vierge, et, dans le jardin, il y avait un immeuble connu sous le nom de : la Grande Maison.

» C'était, par moitié, un château ou du moins un très vieil hôtel, par moitié une fabrique plus moderne, mais qui datait pourtant d'avant la première révolution.

» Il ne reste plus guère de la Grande Maison aujourd'hui que des pans de muraille qu'on va démolir et des caves immenses qui vont être comblées.

» Les pierres de la fabrique ont déjà servi à bâtir la maison neuve du Dernier Vivant dont Mme la marquise de Chambray a fait sa demeure depuis deux jours.

» Notez ceci : *depuis deux jours*, et soyez sûr qu'on prépare du nouveau.

» Le patron n'habite pas là, mais il y a une chambre et on l'y voit plusieurs fois par jour.

» Il y est venu entre autres, aujourd'hui, avec un jeune homme remarquablement beau, *qui ressemble à madame la marquise.*

» Une entrevue a eu lieu entre Mme la marquise, Louaisot et ce jeune homme.

» Puis le jeune homme s'est retiré avec Louaisot.

» Les domestiques disent que Mme la marquise a pleuré.

» Mais revenons aux caves. Ces caves ont pour moi une odeur de gibier. J'y sens une piste. Ne serait-ce pas là « qu'on cache la femelle du vampire, » cet être bizarre qui n'a qu'une figure pour deux corps ?...

» C'est assez bien le signalement de Jeanne et de Fanchette, dites donc ! ces Siamoises dont la ressemblance a déjà tant servi le patron...

» Ce sont de véritables souterrains. Le château avait précédé la fabrique ; avant le château peut-être y avait-il un monastère, je ne sais pas, moi, mais sous ces voûtes interminables on pourrait loger un drame en cinq actes et en douze tableaux, plus noir que les *Mystères d'Udolphe*.

» Je les connais, en partie du moins. Du temps où je rôdais encore par-là et quand on a commencé à ravager le jardin de la Grande-Maison, je suis entré plus d'une fois par les brèches. Les ouvriers s'amusaient à chercher le bout de ces arceaux demi-ruinés qui auraient pu contenir des provisions pour toute une ville assiégée.

» J'y retournerai.

» En attendant, je puis vous dire que, la nuit dernière, Mme la marquise de Chambray est descendue dans ces caves — toute seule.

» Voilà tout ce que Stéphanie m'a dit, et vous save que je n'invente jamais rien.

» Ici, cependant, la tentation serait forte. Quelles diableries l'imagination ne devine-t-elle pas derrière ce voile ?

» Le vieux Jean est superbe, il engraisse, mais il rage, parce qu'on le force à manger de bons morceaux qui coûtent cher. On l'a surpris dans le quartier cherchant à revendre son pain et sa viande qu'il emportait dans son mouchoir.

» Mme la marquise a voulu lui faire quitter son vieux manteau de chasseur d'Afrique, mais elle a échoué complétement. Il a menacé de se tuer si on le forçait à mettre du linge propre.

» Je rouvre ma lettre pour vous dire que La Couronne n'a pas couché dans son lit de cette nuit.

» Il y a quelque chose en l'air, je vous en signe mon billet !

» Stéphanie part pour son nouveau service. Elle emporte ma lettre. A demain ce que j'aurai pu savoir. »

SUITE DU RÉCIT DE GEOFFROY

J'étais singulièrement agité. Il y avait dans la lettre de Martroy, venant après celle de Louaisot, des choses qui m'effrayaient jusqu'à l'angoisse.

On ne pouvait plus en douter : le dénouement était là, tout près.

J'étais entré dans cette étrange histoire au moment précis de sa maturité.

Je sentais qu'il y avait quelque chose à faire, mais quoi?

Les doigts me démangeaient en touchant le pli adressé à Lucien, et qui ne pouvait être décacheté par moi que le lendemain.

Cent fois je me mis à la fenêtre pour voir si Lucien venait, — mais Lucien ne venait pas.

Une idée naquit enfin dans la fièvre de mon cerveau, fièvre intense, mais qui m'accablait au lieu de m'exalter. Je l'accueillis avec une véritable joie

Je crois que je serais mort s'il m'avait fallu rester en place.

J'appelai Guzman et je lui ordonnai de garder la maison en mon absence, sans s'éloigner d'un pas, même pour faire ses trente points. Il me le promit.

Je lui donnai l'ordre aussi de faire attendre M. Lucien Thibaut, si celui-ci venait enfin, et de lui remettre la clé de mon secrétaire où le manuscrit de Martroy était cacheté sous bande, à son adresse.

Puis, je sortis, n'emportant rien des papiers à moi confiés, mais muni de toutes mes notes, prises au cours de ma lecture.

Je me fis conduire au domicile du nouvel avocat général près la cour impériale de Paris, M. Cressonneau aîné.

Il était chez lui et voulut bien mettre un gracieux empressement à me faire entrer, dès qu'on lui eut porté ma carte.

Je le trouvai dans un cabinet charmant, ah! charmant. Depuis que le pauvre Lucien lui avait fait visite, le luxe de M. Cressonneau aîné avait beaucoup augmenté, — surtout dans le sens artistique.

Ce n'étaient partout qu'objets rares, ou soi-disant tels, et tableaux qu'avec un peu de bonne volonté on pouvait attribuer à des maîtres.

Don Juan de troisième volée aurait respiré, non sans

plaisir, l'air un peu trop chargé de glycérine qui embaumait ce gracieux séjour ; il aurait lorgné avec sympathie les drôleries rococo et les galantines de duchesses qui ornaient le fumoir-boudoir, ouvert à la suite du cabinet.

Moi, je ne vis à tout cela aucune espèce de mal. On ne peut pas toujours être jugé par d'austères perruques à la Molé ou à la d'Aguesseau. M. de Lamoignon est mort et bien mort.

— Est-ce que je serais assez heureux, s'écria M. Cressonneau aîné, avant même que j'eusse passé le seuil, pour pouvoir quelque chose qui vous fût agréable? Nous nous sommes croisés si souvent dans le monde ! Et je regrettais de ne pas vous avoir été présenté. Je suis un de vos lecteurs, vous savez! La littérature me délasse énormément.

Il me montra d'un geste arrondi un coin de son bureau où la dernière pièce de Dumas fils caressait la dernière pièce de Sardou, assises toutes les deux sur le dernier roman d'Edmond About.

Ces choses charmantes paraissaient être là un peu comme les autres bibelots : pour la montre.

— Mais, reprit-il, vous avez peut-être honte d'avoir écrit une des jolies pages de ce temps-ci? (Ce fut seulement ici que M. Cressonneau aîné me serra la main.) Vous auriez grand tort. Dans le roman, il y a beaucoup de diplomatie, et, dans la diplomatie, encore plus de roman.

Pour le coup, il respira, pensant avoir fait un mot.

Il était assez joli garçon, ce magistrat de la jeune école. Il avait bien un peu le verbe offensant de l'avocat, mais cela passait, tant il avait franchement envie de plaire et tant il sentait bon de loin.

Je tirai mes notes de ma poche, mais il n'avait pas fini.

— Plaisanterie à part, continua-t-il comme si jusque-là il n'eût débité que des gaietés folles, votre roman m'a *pincé* tout à fait. Il y a là-dedans une étude extra-judiciaire extrêmement subtile. Nous autres de la jeune école, nous prenons nos renseignements où nous les trouvons. C'est original. On y apprend beaucoup... Parbleu! je ne veux pas dire que vous n'ayez pas lu l'*instructionniste* anglais Wilkie Collins, — et l'auteur d'*East Lynne* dont je ne me rappelle plus le nom, — et cette grosse bonne femme de miss Braddon, — et surtout ce fou qui est si intéressant quand il ne vous asphyxie pas sous l'ennui, l'Américain Edgard Poë, mais enfin je ne m'en dédis pas : c'est original, malgré la banalité de votre thèse : L'ERREUR JUDICIAIRE. Voulez-vous la vraie vérité? Vous la savez aussi bien que moi : il n'y a jamais eu d'erreur judiciaire. L'affaire Lesurques elle-même fut un « bien jugé » ; à plus forte raison, les autres. Seulement cela sert à faire tous les ans beaucoup de drames et beaucoup de romans qui désennuient les oisifs. Et nous sommes tous des oisifs, cher monsieur de Rœux, aux heures où nous faisons des romans et où nous en lisons. J'ai vraiment hâte de savoir ce que vous allez m'ordonner.

J'avais plus de hâte que M. Cressonneau, car son éloquence me paraissait un peu prodigue.

— Monsieur l'avocat général... dis-je.

— Ah! interrompit-il, très-bien! vous me donnez une

leçon à la Talleyrand. Pourquoi vais-je me frotter à un diplomate? J'ai compris : je redeviens avocat général des pieds à la tête!

Il prit une pleine poignée de papiers timbrés et en couvrit le coin du roman et de la comédie, après quoi il se frotta les mains.

Je n'ai jamais vu d'homme plus enchanté de ce qu'il faisait. Soit qu'il parlât, soit qu'il agît, tout en lui avait l'air de dire : Voilà comme nous sommes dans la nouvelle école!

— Je n'avais pas du tout l'intention de vous donner une leçon, dis-je, mais je venais justement vous parler de ce qui me paraît être une erreur judiciaire.

— Oh! oh! fit-il sans perdre son sourire, vous vous occupez de cela autrement qu'en fictions! De quelle cause s'agit-il?

— De l'affaire Jeanne Péry.

Il frappa dans ses mains.

— C'est vrai! s'écria-t-il, je l'avais oublié : vous êtes l'ami de ce pauvre diable de Thibaut. Quel malheur! Avoir les reins cassés à trente ans! Il avait des protections, savez-vous? Et M. le conseiller Ferrand qui va passer président de chambre au 15 août lui porte encore un véritable intérêt. Mais voyons, cher M. de Rœux, comment pourriez-vous connaître cette affaire-là mieux que moi qui l'ai instruite de fond en comble!

— Voulez-vous me faire l'honneur de m'écouter un instant?

— Deux instants... dix instants... toute une journée, si vous voulez. Mais pouvez-vous supprimer les ciseaux?

et faire que Jeanne Péry ne fût pas l'héritière du comte Albert de Rochecotte? Répondez !

— Sans vous prendre au mot tout à fait, répliquai-je, je vous demande au moins une demi-heure d'attention, mais d'attention sérieuse, sans commentaires ni interruption.

J'avais parlé ainsi sans élever la voix, mais de cet accent qui coupe court aux divagations les plus obstinées.

Il croisa ses mains sur ses genoux, et me regarda avec beaucoup de bienveillance.

— De tout mon cœur, répondit-il, vous n'allez pas vous fâcher! Je suis vraiment curieux de voir le roman que vous avez trouvé dans cette aventure si pleine de palpitant imprévu!

Je ne me fâchai pas, ou du moins je ne le laissai pas voir.

Au contraire, je pris la parole d'un air reconnaissant, et je la gardai juste trente minutes.

C'était suffisant pour résumer, vis-à-vis d'un homme qui avait étudié la question, toute la substance de la contre enquête contenue dans mes notes.

Je déclare que je parlai clairement à M. Cressonneau — et qu'il me comprit.

— J'admire, me dit-il quand j'eus achevé, quel avocat vous auriez fait. C'est un *epitome* admirable. Il y avait là de quoi plaider quatre heures durant sans éternuer ni cracher... Eh bien, cher monsieur, je suis forcé de vous dire que je savais cela tout aussi bien que vous. Le président des assises, M. Ferrand, connaît personnellement le docteur ès-crimes dont vous parlez, et qui ferait fureur dans un livre comme les *Habits-Noirs*. Il le regarde comme un déterminé filou. Mais de là à perdre pied au bord d'une fable aussi invraisemblable, il y a loin, permettez-moi de vous le dire. Nous tenons les hommes pour ce qu'ils valent, mais nous prenons les faits pour ce qu'ils sont. Vous m'avez intéressé, mon cher monsieur, mais vous ne m'avez pas converti.

Je rassemblai mes notes.

Pendant que je me livrais à ce travail, M° Cressonneau poursuivait :

— Vous n'êtes pas content, c'est clair. J'en suis sincèrement peiné. Mais si Jeanne Péry était innocente, pourquoi s'est-elle évadée ?

— Tout le monde n'est pas comme vous, monsieur l'avocat général, répondis-je. Il y a des gens assez peu éclairés pour croire aux erreurs judiciaires.

— Bien riposté ! mais voyons, maintenant que vous avez les mains pleines d'éléments nouveaux qui, selon vous, éclairent la question comme si un rayon de soleil passait au travers, pourquoi Jeanne Péry ne se présente-t-elle pas pour purger sa contumace ?

— Ignorez-vous donc, monsieur, demandai-je avec étonnement que Jeanne Péry a disparu, qu'elle n'est pas libre, et que, selon toute probabilité, elle est aux mains de ceux qui ?..

Il m'interrompit d'un geste amical.

— Les hommes d'imagination ! fit-il. Cela réussit jusqu'à un certain point devant le jury, ces choses-là, parce que le jury est composé de bourgeois qui vont au théâtre. Voyons ! nous sommes ici de bonne foi tous les deux, n'est-ce pas ? et dans une situation tout amicale vis-à-vis l'un de l'autre. Je vous passe le docteur ès-crimes, et j'accorderai, si vous voulez, qu'il a une salle à 150 pieds au-dessous du niveau de la Seine, où il fait dans Paris des cours de scélératesse au cachet ; je vous passe aussi les ressemblances, je vous passerais presque la folle transformée en poignard mécanique, quoique on ne s'échappe pas comme cela à volonté de la Salpêtrière, et quoique les ciseaux, bénis par l'archevêque primat de Gran, me paraissent pendre à un cheveu gros comme un câble, mais raisonnons ! vous avez des arguments de cette force-ci : Les preuves, dites-vous, sont trop abondantes et trop bien disposées : il y a *excès de vraisemblance...*

Excès de vraisemblance ! mon cher monsieur, permettez-moi de m'étonner qu'un homme de votre incontestable valeur puisse tomber dans de pareils solécismes de logique ! Je ne me donne pas pour un très-grand métaphysicien, et je m'occupe assez peu de ces formules surannées à l'aide desquelles les Allemands et les Ecossais, résumés dans ce qu'on appelle la *philosophie* du brave M. Cousin, enfilent des pois chiches qu'ils vendent pour des perles, mais enfin j'ai passé, comme tout le monde, mon examen de bachelier, je sais qu'une abstraction est une abstraction, un absolu un absolu. Il peut y avoir plus ou moins de vraisemblances accumulées autour d'un fait, cela dépend du soin et j'ose le dire, de l'habileté du juge instructeur, mais jamais il ne peut y avoir *trop* de vraisemblance, car, alors, ce ne serait plus *la vraisemblance.*

— Je n'ai pas dit autre chose, monsieur l'avocat général...

Mais il m'interrompit parce qu'il tenait à placer sa tirade.

— Permettez ! je vous ai laissé parler. Vous me répondrez si vous voulez. L'absolu est-il l'absolu ? Changeons le substantif : Oseriez-vous affirmer que beaucoup de vérités puissent produire *trop de vérité* ? Ce sont, mon cher monsieur, de vaines logomachies. Il suffit, pour répondre à cela, de distinguer entre le singulier et le pluriel : une multitude de biens c'est peut-être trop de biens, au pluriel, mais ce n'est pas assurément trop de bien, au singulier, parce que le bien est un absolu...

Je vous demande bien pardon d'avoir raison, cher monsieur, et je suis sincèrement désolé de n'être pas de votre avis. Croyez-moi, la jeune école est sérieuse, très-sérieuse, sous des apparences, je ne dirai pas frivoles, mais au moins dépourvues de toute pédanterie scolastique. Nous savons nos auteurs, en tapinois, et vous trouveriez au fond de notre sac jusqu'à des croûtons du latin de Cujas. Seulement, nous ne les mâchonnons point devant le monde, comme faisaient les vieux qui savaient trop peu pour s'aviser de cacher leur savoir...

Je m'étais levé.

Quand sa phrase fut finie, je saluai.

Il me reconduisit jusqu'à la porte de l'escalier avec une rare bienveillance, protestant qu'il se mettait tout entier à mon service et me demandant s'il n'aurait pas bientôt le plaisir de lire un nouveau roman de moi.

Moi, je ne le cache pas, j'aime un peu de gravité chez le juge, un peu de hâle sur la joue du soldat, comme il me faut un peu de modestie chez la jeune fille et un peu d'accord dans mon piano.

Mais je mentirais lâchement à ma conscience si je n'avouais pas que M. Cressonneau aîné était un joli avocat général et qu'il ne déparait point la jeune école.

Ma démarche se trouvait être si carrément inutile que je l'oubliai presque aussitôt que je fus dans la rue. Je me fis reconduire chez moi au galop. La nuit était tombée quand j'arrivai rue du Helder.

Je trouvai Lucien installé dans ma chambre à coucher et occupé à parcourir les œuvres de J. B. M. Martroy.

Mon premier regard le toisa de la tête aux pieds avec inquiétude, car, à cette heure de crise suprême, j'eusse bien mieux aimé agir seul que d'avoir près de moi un malade ou un fou.

Il était rasé de frais, coiffé avec soin, vêtu selon la plus rigoureuse élégance, On n'eût pas trouvé, le long du boulevard, à l'endroit propice, entre le café Foy et Tortoni, beaucoup de jeunes messieurs possédant au même degré que Lucien la tenue du vrai gentleman.

Il avait beau être un homme de loi d'Yvetot ; dès qu'il voulait, Paris brillait en lui, et je ne pus m'empêcher de comparer cette fière élégance à la petite *fashion* de M. Cressonneau aîné.

Ce qui m'importait davantage encore, l'expression du visage de Lucien était mâle et tranquille.

— As-tu tout lu? me demanda-t-il après m'avoir serré la main plutôt froidement.

— J'ai tout lu, répondis-je.

— Ton opinion est-elle formée ?

— Parfaitement, d'autant que tu tiens là un manuscrit qui explique et complète ton dossier.

— Oui, fit-il avec distraction, mais je n'aurai pas le temps de le lire.

Il me tendit tout ouverte la lettre contenue dans la missive que M. Louaisot m'avait adressée.

— Prends connaissance de ceci, ajouta-t-il.

Et il continua sa lecture.

Ce calme avait de la force. Je fus content.

La lettre de M. Louaisot était ainsi conçue :

» Cher monsieur Thibaut,

» Ne connaissant pas votre nouvelle adresse, j'ai recours à M. G. de Rœux pour vous faire tenir cette communication qui, comme vous allez le voir, a son importance.

» Je vous ai fait beaucoup de mal, mais ce n'est pas ma faute. Je n'avais rien personnellement contre vous.

» Du reste, vous me l'avez rendu avec usure. Sans le vouloir et même sans le savoir, vous avez été le bâton qui sans cesse enrayait mes roues. Par vous peut-être va se trouver ruinée une combinaison admirable qui m'avait coûté vingt années de travail.

» L'œuvre de toute ma vie, on peut le dire, et cela au moment où le succès allait couronner mes efforts.

» Vous comprenez bien que je ne vous aime pas, cher monsieur. Le contre-temps le plus funeste qui puisse entraver la marche du génie, c'est d'avoir un imbécile à combattre. Mieux vaudrait toute une armée de gens d'esprit !

» Donc, je vous déteste, ou plutôt vous m'irritez comme ferait un maladroit sans parti pris qui ravagerait du coude, sur l'échiquier, les calculs d'un joueur de première force.

» Et, cependant, je m'adresse à vous, parce que vous êtes la seule personne au monde qui puisse me venger comme il faut :

» Si, comme je commence à le craindre, j'ai besoin d'être vengé.

» Vous n'allez guère au théâtre. Connaissez-vous la *Tour-de-Nesle*? Votre ami, M. de Rœux, pourra vous expliquer ce que c'est que Buridan.

» Buridan avait, comme vous et moi, affaire à une terrible coquine. Poursuivi par l'idée que cette coquine, qui est une reine, pourra lui faire tôt ou tard un mauvais parti, Buridan creuse et charge une mine qui doit faire explosion après sa mort.

» Je suis dans la position de Buridan — ou de Carter, le dompteur, quand il entre dans la cage de sa lionne.

» J'ai creusé, j'ai chargé ma mine. Je vous enverrai la mèche allumée. Et tout est arrangé pour que vous soyez forcé de mettre le feu si je meurs.

» A l'instant où j'achève cette lettre j'entame une partie suprême. Nous sommes au 29 juillet, neuf heures du soir; si demain, 30 juillet, à neuf heures du soir, je n'ai pas réussi, c'est que je serai mort.

» A cette heure donc, vous recevrez la mèche des mains d'une personne que vous connaissez bien. Je vous fais mon héritier, et mon héritage, *c'est votre femme*, qui valait pour moi huit millions.

» A demain, neuf heures. »

Je consultai ma montre, il était neuf heures et cinq minutes.

Lucien vit mon mouvement et me dit :

— Il faut un quart d'heure pour venir ici de la rue Vivienne. Elle n'est pas en retard.

— Qui, elle ?

— Pélagie, qui va m'apporter *la mèche*.

Il ferma le cahier qu'il était en train de lire et le jeta sur la table.

— Résume-moi en peu de mots ce qu'il y a là-dedans, dit-il.

Je fis aussitôt ce qu'il désirait ; quand j'eus achevé, il me dit :

— J'aurais su tout cela que je n'aurais pas agi davantage. J'étais mort. Ma dernière lueur de vie était en toi. En venant, tu m'as ressuscité.

Il me prit de nouveau la main qu'il serra, cette fois, avec chaleur.

Quoi que j'eusse pu faire, mon résumé avait pris du temps. La demie de neuf heures sonna à la pendule.

Lucien sembla se recueillir.

— Si elle ne vient pas, prononça-t-il tout bas, nous allons tenter un effort par nous-mêmes.

— Quel effort ?

— Je suis juge, répondit Lucien, dont l'œil devint sombre, non pas parce que l'empereur m'avait nommé, mais parce que ma conscience me crie : Tu es juge !

— Franc-juge, alors ? fis-je en essayant de sourire.

Il prononça plus bas encore :

— Cette femme a mérité de mourir !

Je savais qu'il parlait d'Olympe.

En ce moment, nous entendîmes dans l'antichambre une voix pleurarde qui parlementait avec Guzman. Je m'élançai, j'ouvris la porte et la grande coiffe de Pélagie se montra, encadrant un visage qui, littéralement, était inondé de larmes.

— A quoi que ça rime, s'écria-t-elle, avant même d'avoir passé le seuil, de s'entêter à une idée de même ! Vouloir épouser quelqu'un de force ! N'avait-il pas à la maison tout ce qu'il lui fallait ? Et maintenant le voilà fini, le pauvre monsieur, car il m'avait bien dit : — Si tu ne reçois pas contr'ordre avant neuf heures, c'est qu'elle m'aura fait avaler ma langue, et alors porte la lettre rue du Helder !

Les sanglots secouaient la richesse de sa vaste poitrine. Elle était sincèrement et profondément affligée.

— Donnez la lettre, dit Lucien.

— Je l'avais toujours bien prévenu ! gémit-elle. Je lui avais dit : « Ne poussez pas celle-là à bout, ou bien il vous arrivera du chagrin ! Je l'ai vue sur la place d'Yvetot le jour où on arrêta la mariée. J'ai peur des pâles ! Prenez garde à elle !... » Mais il n'écoutait rien ! Il se croyait si fort !

— Donnez la lettre, répéta Lucien.

— La voilà, mon brave monsieur, et vengez-le bien comme il faut. Moi, je n'ai même pas la consolation de m'occuper de ça. L'adjudant m'attend en bas, et il n'est pas patient. Ce n'est pas au moment où j'en perds un que je vas risquer l'autre, n'est-ce pas ?

Elle remit la lettre, bouchonna ses yeux avec son tablier et sortit en levant les bras vers le ciel.

Dans l'antichambre, j'entendis Guzman qui lui disait :

— Ce n'est donc plus le maréchal des logis d'artillerie ?

— J'ai de la mort plein le cœur, répondit Pélagie, et penser qu'il faut qu'on danse à la barrière !

La lettre de M. Louaisot disait :

» Monsieur Lucien Thibaut,

» Mon métier a été de mentir. J'avais du talent dans cette partie-là. Je parle de moi au passé, parce que je suis mort,

» Les morts ne mentent plus. Elle m'a tué parce que je voulais sauver votre femme.

» Votre femme est prisonnière dans les caves de la Grande-Maison, rue du Rocher, n° 9. Elle n'y est pas seule. Fanchette était pour Mme la marquise aussi dangereuse que Jeanne elle-même, car si la justice avait mis la main sur Fanchette, la condamnation de Jeanne tombait.

» En cela, et pour la seconde fois, la justice se serait encore trompée, mais qu'importe, une fois de plus ou de moins.

» En tenant Jeanne et Fanchette captives, nous rendions définitive la condamnation de la première, nous devenions héritiers, le bonhomme — le Dernier Vivant — s'éteignait doucement et tout était dit. Mais ça ne suffisait pas. Olympe a dit : il n'y a que les morts qui ne gênent jamais...

» Vengez-moi. Pour récompense, je vous rends votre femme.

» Voici mes instructions pour arriver jusqu'à elle.

» Prenez des hommes de police, si vous voulez, ce sera plus sûr. Munissez-vous de lanternes, car la route souterraine est longue.

» Il ne s'agit pas d'entrer par la rue du Rocher et la maison du vieux : Vous trouveriez là de bons obstacles, c'est moi qui les ai disposés.

» Arrivez par la rue de Laborde, prenez le terrain où l'on bâtit : l'ancienne plaine Bochet ; entrez dans le jardin de la Grande-Maison, il n'a plus de clôture.

» A la droite du dernier accacia qui reste debout et à trente pas environ des ruines de la Grande-Maison, vous trouverez un pavillon dont il ne reste plus que les quatre murs.

» Entrez, dérangez la paille qui est à gauche de la porte, vous verrez dessous une trappe et vous la lèverez par son anneau.

» Sous la trappe, il y a un escalier, vous allumerez vos lanternes et vous descendrez.

» Marchez alors droit devant vous.

» Au bout de quarante pas, tournez à gauche, — puis faites douze pas et tournez à gauche encore.

» Vous serez alors dans un cellier très-vaste où vous verrez des foudres, — une vingtaine — qui s'alignent contre le mur.

» Le dernier foudre, en allant toujours sur votre gauche, masque une porte voûtée dont la clé est pendue à un clou à l'intérieur du tonneau, immédiatement au-dessous de la bonde.

» Ah ! elle se croit bien gardée aussi de ce côté !

» Vous ouvrez la porte, et vous êtes arrivé, car devant vous s'étend un couloir, large comme une route charretière, qui vous conduit tout droit à la cachette.

» Seulement, le couloir est long, cinq cents pas au moins ; je n'ai pas le temps de vous dire à quoi tout cela servait dans le temps.

» Allez, sauvez votre femme — et vengez-moi. »

Lucien avait lu cette étrange missive à haute voix.

— Est-ce que tu crois à cela ? demandai-je.

— Viens, fit-il au lieu de répondre.

Il prit son chapeau.

— Le piége tendu par ce misérable est grossier, dis-je encore. Prends garde !

— Viens, répéta Lucien. Ce misérable ment, mais il n'y a pas de piége. Il est mort, Olympe vit, et je suis juge. Viens.

A mon tour, je pris mon chapeau.

J'avais l'idée qu'en le suivant je pourrais empêcher un malheur.

En passant, il demanda à Guzman des allumettes et un paquet de bougies.

— Ne prendras-tu pas au moins des hommes de police ? demandai-je.

Il me répondit :

— Non ; j'aurai mieux que cela.

Nous montâmes en voiture devant le café anglais. Il donna au cocher une adresse que je connaissais : celle de M. le conseiller Ferrand.

Je voulus lui parler en route, mais il ne me répondit pas.

Quand la voiture s'arrêta il me dit :

— Reste à m'attendre, je ne serai pas longtemps.

Je lui demandai ce qu'il allait faire. je n'eus point de réponse encore.

Il passa la porte cochère.

Mon rôle me pesait terriblement. Il me semblait que dans cette barque où j'étais, la responsabilité tout entière était sur moi qui ne tenais pourtant pas le gouvernail.

Dès le premier pas que je fis sur le trottoir, je vis venir à moi une femme pauvrement habillée qui boitait en marchant et qui tenait son mouchoir sur sa bouche.

Elle m'accosta tout essoufflée et fut quelque temps avant de pouvoir parler.

— Vous êtes M. de Rœux, me dit-elle enfin, je vous suis en courant depuis la rue du Helder. Je n'ai pas perdu de vue le fiacre. Ah ! si vous saviez le malheur !

Je vis alors seulement que ses yeux étaient tout sanglants de larmes.

Je ne comprenais pas encore pourtant. Elle reprit :

— Il est mort, monsieur ! Ils me l'ont tué ! C'est la folle ! La Couronne...

— Martroy ! m'écriai-je.

Stéphanie, la pauvre créature, chancela et je la soutins dans mes bras.

— Sa dernière pensée a été pour son bienfaiteur, comme il vous appelait, dit-elle, il m'a dit : porte-lui ma lettre, je ne lui écrirai plus... et pourtant, il a pu mettre encore un petit mot au bas avant de mourir.

Voici la lettre... et je retourne là-bas, monsieur, car mon vieux maitre n'est pas un bon malade.

Elle me quitta en effet, courant par cahots et s'épongeant les yeux.

Je m'approchai d'un magasin, et je lus la lettre de Martroy à la lueur du gaz.

Elle commençait gaillardement ; il ne se doutait pas de son sort.

DERNIÈRE LETTRE DE MARTROY

« Cher bienfaiteur,

» Voilà : je vous ai fourni dans ma dernière de faux renseignements sur la Grande-Maison, dont je viens à l'instant d'apprendre l'histoire par ma Stéphanie, qui est un trésor. Elle vous a une oreille, vous allez voir tout à l'heure.

» La grande maison n'est ni un ancien couvent, ni un ancien château, ni un ancien hôtel, c'est tout bonnement un ex-entrepôt de contrebande, monté sur un pied tout à fait monumental.

C'est là qu'on a dû faire tort à la Douane !

Non-seulement, les caves sont immenses, comme je vous l'ai dit, mais il y a un chemin voûté, assez large pour donner passage à des charrettes attelées, et qui reliait le magasin principal à un second entrepôt, situé hors de la barrière.

Cet entrepôt occupait tous les derrières d'une des plus considérables maisons de la rue de Lévis.

» Tout cela était devenu inutile depuis qu'on a reculé le mur d'octroi jusqu'aux fortifications. Comme la bouche du souterrain se trouve maintenant à plus d'un quart de lieue de l'enceinte, l'administration ne s'est même pas souciée de le combler.

» Hein ? ce Paris ! Et comme le vieux fournisseur qui a tant volé l'Etat est bien là dans ce logis de voleurs !

» Il fallait que le métier fût bon pour payer les frais d'une pareille installation. Ce qu'il a dû passer d'accool dans ce monstrueux syphon est incalculable. Et pendant ce temps, les hommes verts, institués pour empêcher un pauvre diable comme moi de faire entrer plus d'une chopine de vin bleu, veillaient !

» Là-bas, quand nous étions auprès de Dieppe, j'ai connu un brave douanier qui racontait toujours l'histoire d'une caisse de porcelaine de Jersey qui fut prise par ses soins en 1820. Je lui demandai une fois pourquoi il radotait sans cesse la même anecdote, il me répondit :

» — En quarante ans de service je n'ai jamais vu faire une autre prise !

» La douane fait pourtant vivre un état-major bien dodu. On dit qu'elle est utile à la manière de ces matous paresseux qui ne prennent pas de souris, mais qui les éloignent par leur seule odeur.

» Je suis tout gai aujourd'hui et je bavarde. Tous

mes sinistres pressentiments d'hier sont partis. J'irai voir ce souterrain de contrebande, large comme une voie romaine qui laissait passer des foudres de vingt barriques sous la barrière où les préposés, brandissant la sonde municipale, arrêtaient vaillamment les demi litres.

» Mais revenons à nos affaires. Le vieux est malade. Il lui est arrivé un accident. Depuis que la guerre entre l'Autriche et la Prusse est déclarée et qu'on parle de la possibilité d'une conflagration générale en Europe, le vieux a la fièvre. Il rêve fournitures.

» Hier soir, il s'est échappé pour aller faire débauche ou plutôt pour voir à fonder quelque bonne affaire de pillage administratif. Son cercle est de l'autre côté du boulevard extérieur, dans un cabaret plus que borgne où se réunissent les raccommodeurs de souliers ambulants.

» Ce sont, vous le savez, de forts gaillards qui parcourent les bas quartiers et la banlieue la hotte sur le dos et ne ressemblent pas du tout aux savetiers en guérite.

» Avec son vieux manteau de chasseur de Vincennes, le Dernier Vivant ne faisait point tache dans cette assemblée sans prétention. Il y était connu. On l'appelait Papa-Turco.

» Hier soir donc, ayant bu un gloria de deux sous, sa tête s'est montée. Il a rassemblé autour de lui les savetiers ambulants et leur a proposé une association pour fournir à toute l'armée française d'excellents souliers sur lesquels l'entreprise gagnerait cinq cents pour cent. Il ne s'agissait que de centraliser les cuirs des bêtes crevées pour l'empeigne, et les fonds de boutique de certains journaux, également morts de maladie, pour la semelle.

» Les bonnes gens ont d'abord trouvé cela très-drôle, on a beaucoup ri, mais le vieux s'est fâché tout rouge en jurant qu'il ne plaisantait pas : à l'appui de quoi il a eu l'imprudence de raconter quelques-uns des bons tours joués par l'association des cinq fournisseurs normands à l'administration de la guerre, sous le premier Empire.

» Bref, on l'a reconnu pour le vieux damné de la plaine Bochet. Il a été porté en triomphe et roué de coups. Ça pourrait bien être sa fin.

« Et à ce propos, il y a eu une grande scène entre Louaisot et la marquise Olympe. Ce sera la partie importante de ma lettre. Stéphanie n'a pas tout entendu, mais ce qu'elle a surpris vaut bien la peine de vous être rapporté.

» M. Louaisot et Mme la marquise étaient dans la chambre à coucher de cette dernière.

» On avait parlé d'abord du petit jeune homme, Lucien, de Chambray, l'enfant dont M. Louaisot se sert depuis si longtemps comme d'un mors qu'il a introduit de force dans la bouche de la malheureuse mère.

» Car elle a péché, c'est vrai, mais on peut dire que celle-là fait son purgatoire sur la terre !

» Stéphanie n'a commencé à entendre qu'au moment où la colère a élevé les voix.

» — ..... Vous m'appartenez ! disait Louaisot. J'ai dépensé ma jeunesse entière et une partie de mon âge mûr à vous acheter. Vous serez ma femme ou vous serez une mère sans enfant.

» — Je sais que vous êtes capable d'assassiner votre propre fils, a répondu Olympe, mais vous ne le ferez pas, car il vous sert de garrot pour me serrer la gorge.

» — Madame, a repris Louaisot, l'heure vient où serrer ne suffit plus. Pensez-vous que je veuille attendre le bien-être jusqu'à ma soixantième année? Je crois avoir temporisé suffisamment ; je veux agir.

» La voix d'Olympe, nette et froide, a prononcé ces mots :

» — Jamais je ne serai votre femme.

» Après cette réponse, il y a eu un silence, puis Louaisot a repris :

— C'est donc la guerre déclarée! Vous serez brisée, je vous en préviens. Je le regrette. Je vous aurais rendue heureuse. Vous êtes merveilleusement belle. Jeanne morte, il est impossible que M. Lucien Thibaut ne revienne pas à vous. C'est une affaire de temps.

» La marquise a dit :

» — Vous me faites horreur.

» — Les mœurs modernes, continua Louaisot, admettent de plus en plus ce genre de compromis. Je ne vous gênerais pas, j'ai mes habitudes. Vous seriez entre l'ami de votre enfance et votre fils, à qui, d'avance, j'ai donné son nom...

» — Vous me faites horreur! répéta la marquise Olympe.

» — Moi, vous me faites pitié! s'écria Louaisot, se fâchant de nouveau. D'où sortons-nous donc, s'il vous plaît, ma pupille, pour afficher de semblables pruderies? Je croyais que nous avions été élevée à une école... oh! vous avez beau me foudroyer du regard, la patience a des bornes, et l'excellent M. Barnod savait à quoi s'en tenir sur les dames d'apparence sévère...

« ... Vous avez rompu la glace vous-même. Adieu va! Parlons en français : si je suis, comme vous me faites l'honneur de me le dire, le dernier degré de l'infamie, vous êtes, vous, le crime sans courage et la damnation sans grandeur. Au moins, moi, je me tiens droit, je marche droit, rien ne m'arrête. Vous, votre cœur et votre main tremblent toujours.

» Vous avez fait subir à Jeanne Péry un supplice monstrueux, et vous hésitez quand il s'agit de terminer son martyre avec sa vie...

» ... Du danger? aucun. Elle est censée en fuite. Rien de plus aisé que de supprimer les personnes qui se cachent. On ne fait que continuer de les cacher — dans la terre...

» Stéphanie n'entendit pas ce que répondait la marquise. Stéphanie a pourtant l'oreille fine.

» Mais Olympe dut parler, car Louaisot répliqua :

» — Vos sœurs! Ah! vous les appelez vos sœurs! Osez-vous bien employer des mots pareils! Alors, donnez tout de suite le nom de famille à ce bouquet de fleurs cultivées dans le jardin de l'adultère!... Je vous l'ai dit, Olympe, et je vous le répète ; vous m'appartenez, non pas seulement parce que je vous ai conquise, mais encore, mais surtout parce que vous êtes à mon niveau par vos actes et au-dessous de moi par votre origine. Ma mère était une honnête femme...

« Ici, il y eut un silence.

» Le dernier mot entendu fut celui-ci, prononcé par Olympe :

« — Pour tant de sang répandu, vous n'aurez rien de l'héritage, car je n'aurai pas l'héritage. Est-ce que les morts héritent? *Vous ne pouvez pas m'empêcher de me tuer...*

» Ainsi, le patron est au bout de son rouleau. Je le connais : il doit voir rouge à travers le feu d'artifice de ses lunettes.

» La menace est une bonne chose, mais quand elle fait long feu, tout rate.

» J'aurais cru que la pensée de son fils aurait dompté la marquise.

» Du moment qu'elle ne cède pas, il faut que Louaisot frappe ou qu'il donne sa démission.

» Il ne donnera pas sa démission, donc il frappera. Il y a dans l'air que je respire ici une odeur de sang.

» Je pars à l'instant même pour rôder autour de cette tragédie. Je veux voir ce curieux monument de l'industrie française : les caves de la Grande-Maison. Rien ne m'ôterait de l'idée que *l'outil* du patron, — Laura Cantù — est embusquée là-dedans quelque part... »

Note de Geoffroy

Il y avait au-dessous de cette dernière ligne une vingtaine de mots, tracés d'une main défaillante :

« Je me meurs. La folle m'a tué... *l'outil!* Hâtez-vous, elle en tuera d'autres. Ayez pitié de ma femme et de mon petit. »

Comme j'achevais, tout frissonnant, cette lecture, la porte cochère de la maison voisine s'ouvrit.

M. Ferrand sortit le premier, le visage couvert d'une mortelle pâleur.

Lucien, qui le suivait, le fit monter dans la voiture et m'appela.

Je suis obligé de dire ici, pour laisser de l'ordre daus les événements, ce qui s'était passé chez le conseiller.

M. Ferrand lui-même me fit ce récit à quelques jours de là.

Récit du conseiller Ferrand

« Il y a bien longtemps que ma santé est profondément altérée. La souffrance morale a réagi sur moi physiquement. Je me sens fatigué. Je suis un vieillard.

» Je venais de me mettre au lit, quoiqu'il ne fût pas plus de neuf heures du soir. Mon domestique m'annonça M. Lucien Thibaut. Je fis entrer tout de suite. J'ai beaucoup aimé Lucien, que je traitais autrefois en élève. Mon attachement pour lui avait encore un autre motif. Son malheur et sa maladie m'avaient causé une très-sincère affliction.

» Lucien entra et vint jusqu'à mon lit sans me saluer ni me demander des nouvelles de ma santé.

» Il n'y avait rien en lui pourtant qui indiquât la volonté de me traiter avec violence.

» Seulement, son regard était sombre et ses traits contractés.

« — Monsieur Ferrand, me dit-il presque à voix basse, vous êtes un honnête homme, je le sais maintenant, et je regrette de vous avoir calomnié dans ma pensée, mais vous allez, je vous prie, vous lever à l'instant même et me suivre, car vous avez condamné une innocente, et il faut que la lumière se fasse en vous, je le veux.

» Je fus blessé de ce dernier mot.

» — Monsieur Thibaut, répondis-je, vous voyez que je suis souffrant. Vous avez vos convictions, que je respecte, j'ai droit d'exiger que vous respectiez les miennes...

» Il m'interrompit disant :

» — Je n'ai pas le temps de discuter, levez-vous et partons.

» — Mais, monsieur, répliquai-je, je ne permets pas qu'on me parle comme vous le faites.

» — Vous refusez?

» — Je refuse.

» — Vous me regardez comme un fou?

» — Vous agissez comme un fou.

» Il fit un pas en arrière.

» — M. Ferrand, me dit-il, et son accent était glacial, je ne suis pas fou, je vous l'affirme. Je vous affirme également que si vous ne me suivez pas, je vais vous tuer.

» Ses yeux étaient baissés. Son visage devenait blême.

» Moi aussi, je me sentais pâlir.

» Les gens qui parlent ainsi ont, d'ordinaire, à la main, un pistolet, un couteau, une arme. Il avait, lui, les mains vides; des mains blanches et fines comme celles d'une femme.

» Je crois que je suis brave. Je n'aurais pas peur d'une arme.

» Ces mains vides et frémissantes menaçaient autrement qu'une arme.

» Et le regard de M. Thibaut me donna une sensation de frayeur.

» Il faudrait dire de terreur, car je me sentis trembler sous mes couvertures.

» Cependant, j'eus honte de céder.

» — Est-ce donc ainsi que vous deviez finir, Lucien ! m'écriai-je.

» — Je ne finis pas, me répondit-il, je commence.

» — Vous ! un assassin !

» — Un juge ! je suis juge.

» Il fit un pas vers moi, la tête haute, le regard noir et froid.

» — Et je suis investi en outre, ajouta-t-il, de la mission la plus grande qui puisse sacrer le caractère d'un homme : je suis le défenseur de ma femme.

» Sa voix, sans s'élever, avait pris une emphase extraordinaire.

» Dans sa bouche, ces mots : *le défenseur de ma femme* étaient grands comme les quelques paroles sublimes de la poésie ou de l'histoire qui ont traversé les siècles.

» Mon cœur battait. Ce n'était déjà plus de frayeur.

» J'ai aussi un amour en moi, un grand amour. n'est pas de la même nature ; mais tous les amours s comprennent.

» Et pourtant, je résistais encore, car précisément la voix de cet amour me criait de ne pas aller là où Lucien voulait m'entraîner.

» — Je vais appeler, dis-je. N'approchez pas davantage...

» — Que votre sang retombe sur votre tête! murmura-t-il en faisant un pas de plus.

» — Mais avec quoi me tuerez-vous, insensé! m'écriai-je, prêt à me défendre.

» — Je ne sais pas... avec moi!

» En même temps qu'il prononçait ce mot étrange dont l'accent faisait une menace véritablement mortelle, il me toucha le bras.

» Ce fut si faible qu'on eût dit l'étreinte d'un enfant. Mais ce fut terrible.

» Ecoutez : terrible! je sentis que la vie défaillait dans ma poitrine.

» Ma tête se renversa sur mon oreiller et malgré moi ces paroles passèrent entre mes lèvres :

» — Si elle est innocente, qui donc est coupable?

» Lucien prit cela pour une acceptation. Il lâcha mon bras et serra doucement ma main.

» — Courage, me dit-il, monsieur Ferrand. Vous allez beaucoup souffrir.

» Je lui rendis son étreinte et je sortis de mon lit.

» Il m'aida à m'habiller.

» — Où allons-nous? lui demandai-je.

» — Rue du Rocher.

» Je répétai :

» — Rue du Rocher?

» — Oui, dans la maison où habite maintenant Mme la marquise de Chambray.

» Je passai la main sur mon front. Il ajouta :

» C'est le devoir.

» Et je répétai :

» — Peut-être que c'est le devoir.

» — Marchez devant, me dit-il au moment où nous sortions, et souvenez-vous que je ne m'appartiens pas. Je défends ma femme. Si vous tentez de vous soustraire à votre tâche, vous êtes mort ! »

RÈCIT DE GEOFFROY

Ce fut à la suite de cette scène que M. Ferrand et Lucien me rejoignirent. Ils montèrent dans le fiacre.

M. le conseiller Ferrand était seul, au fond du fiacre, affaissé dans une encoignure. Lucien s'était assis auprès de moi sur le devant.

Je lui communiquai à voix basse et sommairement le contenu de la lettre de Martroy.

— Tout cela, me dit-il, je le savais. Je suis ressuscité.

Nous gardâmes ensuite le silence.

Pendant tout le trajet, M. Ferrand ne prononça pas une parole.

Quand nous passâmes devant la gare Saint-Lazare, le cadran marquait dix heures.

Au lieu de monter la rue du Rocher, nous tournâmes à gauche et notre fiacre s'arrêta au coin de la place Laborde.

Là, sous un réverbère, nous relûmes les instructions de M. Louaisot et nous nous engageâmes dans la ruelle qui conduisait encore au nouveau quartier qu'on était en train de construire sur l'ancien emplacement de la place Bochet.

La nuit était noire. Nous eûmes quelque peine à trouver notre chemin parmi les tas de sable, les trous à mortier et les moëllons, mais enfin, nous franchîmes ce qui avait été le mur du grand jardin et nous découvrîmes aisément les quatre pans de maçonnerie toute nue, restes du pavillon.

C'était à une trentaine de pas à peine de la maison neuve, bâtie par le Dernier Vivant : A cinquante autres pas, sur la gauche, c'est-à-dire en allant vers Monceaux-Batignolles, on voyait un amas de décombres, qui étaient les ruines de la Grande-Maison.

Le tas de paille fut dérangé ; nous ouvrîmes la trappe qui recouvrait l'escalier.

Chacun de nous alluma une bougie et nous descendîmes.

L'itinéraire tracé par M. Louaisot était bon. En le suivant exactement nous arrivâmes d'abord au cellier, grand comme une place de village, qui contenait encore les gigantesques tonneaux — puis à l'artère principale de cette ville souterraine : le chemin charretier conduisant jadis de l'entrepôt Bochet à l'entrepôt de la rue de Levis, situé alors *extra muros*.

Pendant que nous étions dans le passage allant du cellier au grand chemin souterrain, il nous sembla entendre un bruit soudain et violent, suivi de cris qui se mêlaient répercutés par les voûtes.

Nous pressâmes le pas, mais en arrivant au bout du couloir, nous écoutâmes en vain.

Le bruit avait cessé.

L'énorme galerie dont la voûte hu. et sombre pendait maintenant sur nos têtes s'emplissait d'un morne silence.

Nous nous étions arrêtés pour prêter l'oreille et pour regarder. Dès que nous marchions, en effet, quoique le sol fût très doux, le bruit de nos pas faisait tapage.

D'abord nous ne vîmes rien, j'entends Lucien et moi, car M. Ferrand semblait littéralement anéanti. Il ne regardait même pas.

Puis, tout à coup, au moment où nous allions reprendre notre marche, une voix d'homme parla.

C'était à la fois lointain et tout proche. La voix venait à nous nettement comme dans un tuyau acoustique.

Elle était faible pourtant, — mais si altérée qu'elle fût, je reconnus parfaitement la basse taille de M. Louaisot. Elle disait :

— Voilà ! J'ai mon compte. L'outil était trop bon ! Il n'y a pas eu faute : qui diable aurait pu croire qu'une mère sacrifiât son enfant ? J'ai bien joué mon jeu, mais j'ai perdu. Bonsoir, les voisins ! — Mais je suis vengé déjà une fois, ma pupille, vous n'avez plus de fils ! — et je serai vengé deux fois, voici l'autre Lucien qui arrive : regardez là-bas !

Ces derniers mots nous parvinrent comme un chu-

chottement qu'on eût murmuré à notre oreille.
— Là-bas, c'est ici, me dit Lucien. Ils nous voient.
— Pas lui, répondis-je, car il est mort.
Une voix de femme s'éleva dans le silence :
— *Laura* disait-elle, *je t'ai trompée ce n'est pas cet homme-là qui a tué le petit enfant.*
M. Ferrand laissa tomber sa bougie et s'affaissa sur moi.
— Mon Dieu ! dit-il, ayez pitié de moi ! Eloignez de moi cet horrible rêve !
La voix qui avait parlé était celle de la marquise Olympe. Nous la connaissions bien tous les trois.
Une sorte de rauquement lui répondit dans la nuit.
Puis une autre voix, haletante, celle-là, et brisée, demanda :
— Qui donc a tué l'enfant? qui donc?
La voix d'Olympe répondit :
— *C'est moi !*
Et tout aussitôt un grand cri de rage courut en s'enflant sous les voûtes.
Puis un gémissement d'agonie...
— Olympe! mon Olympe! gémit M. Ferrand d'un accent déchirant.
Ce fut tout. Il resta inanimé entre mes bras.
L'instant d'après quelque chose de rapide comme le vol d'une flèche passa au milieu de nous.
C'était Laura qui brandissait au-dessus de sa tête un gros bouquet de fleurs...
Nous entendîmes alors le bruit de quelqu'un qui se traînait sur le sable. On reconnaissait le frôlement de la soie. Je ne puis dire à quel point tous ces bruits étaient distincts.

— Elle n'est pas morte ! balbutia M. Ferrand qui se redressa et se mit en marche le premier, plus chancelant qu'un homme ivre.

Lucien et moi nous le soutenions de chaque côté.

Quand nous le suivîmes on n'entendait plus rien.

Nous marchâmes pendant deux longues minutes au moins, et à mesure que nous avancions, nous pressions le pas.

Nous arrivâmes ainsi à un carrefour où se croisaient deux routes : la nôtre et une beaucoup plus étroite.

A l'angle de cette dernière, à droite, c'est-à-dire en tournant vers la rue du Rocher, il y avait des débris de fleurs et de feuillage, sur lesquels un homme était étendu tout de son long sur le dos. Il portait un paletot noisette, et ses lunettes nous renvoyèrent dans l'ombre la flamme de nos bougies.

Nous nous approchâmes. C'était M. Louaisot, dont les souliers se dressaient à pic, sortant de son pantalon noir, moucheté de boue.

Il tenait à la main un long couteau tout neuf dont il n'avait pas eu le temps de se servir, car la lame était brillante et intacte.

Sa tête portait de côté. Il y avait à son cou les marques d'une pression si terrible qu'on aurait dit les traces laissées par les griffes d'un tigre.

Il était mort par la désarticulation de la colonne vertébrale.

Derrière lui, dans une cavité de la paroi, on voyait un véritable fouillis de fleurs, deux couronnes tressées et une autre qui était à moitié.

Lucien mit sa bougie sous le menton du mort et dit à M. Ferrand :

— Avant d'être poignardé, Albert de Rochecotte avait été étranglé. Voyez-vous clair ?

M. Ferrand ne répondit que par un gémissement.

En cet instant où toutes nos bougies étaient dans le chemin de droite, le hasard me fit jeter un regard dans le lointain de la galerie principale et j'y crus apercevoir une lueur. Je la signalai aussitôt.

Nous éteignîmes nos bougies pour mieux voir.

La lueur existait réellement et semblait sortir d'une seconde percée, ouverte sur la droite aussi, à une cinquantaine de mètres plus loin.

— Portez-moi jusque-là ! s'écria M. Ferrand. Elle est là !

Je le soutins de mon mieux. Lucien s'était déjà élancé en avant. Nous le vîmes entrer dans le champ lumineux et disparaître au coude de la route.

Quelques secondes plus tard, nous entrions dans la lueur et un spectacle étrange frappait nos regards.

La seconde voie transversale, parallèle à la première où nous avions trouvé le corps de M. Louaisot, aboutissait presque immédiatement à une salle de forme ronde où régnait, dans toute son étendue, un double cercle de mangeoires et de rateliers. Ç'avait dû être la grande écurie des fraudeurs.

Çà et là pendaient encore aux parois des harnais moisis.

Au centre se trouvait une sorte de tabernacle, ouvert de notre côté, et formé de rideaux de soie. Dans cette tente, éclairée par une grande lampe de salon à globe de verre dépoli, il y avait deux pauvres petites couchettes en fer, quelques fauteuils de velours brodé d'une rare élégance et un canapé dont la couverture en tapisserie des Gobelins éclatait des plus riches couleurs.

Sur le canapé, deux jeunes femmes, qui semblaient être deux épreuves tirées de la même beauté, entouraient de leurs bras une troisième femme prosternée et comme affaissée à leurs pieds.

Sur le guéridon en laque de Chine, qui supportait la lampe, il y avait des ouvrages d'aiguille.

A l'instant où nous tournions, M. Ferrand et moi, l'angle de la galerie, une des jeunes femmes du canapé se levait en poussant un cri et se pendait au cou de Lucien, foudroyé par la joie.

M. Ferrand me quitta et prit un élan suprême qui le porta jusqu'au centre de la tente, où il tomba brisé, portant à ses lèvres, de ses deux pauvres mains qui tremblaient, le vêtement de la femme prosternée.

Celle-ci ne prit même pas garde à lui.

Elle releva la tête pour regarder Lucien, rien que Lucien, et je reconnus l'admirable beauté de la marquise Olympe de Chambray.

Lucien détourna d'elle son regard.

La marquise Olympe pencha sa tête de nouveau, et je vis une larme au bord de sa paupière.

Dire à quel point elle était belle est au-dessus de mon pouvoir. Cette larme la transfigurait à mes yeux. Mon cœur s'élançait avec une inexprimable passion vers cette mourante que j'aurais voulu ressusciter au prix du bonheur de ma vie.

Elle portait au cou les mêmes traces que Louaisot.

Les mêmes traces qu'Albert de Rochecotte.

— Lucien, murmura-t-elle, d'une voix qui allait déjà s'éteignant, j'ai été bien malheureuse... et bien coupable... Mais demandez-lui... demandez-leur !...

Elle montrait les deux jeunes femmes qui se ressemblaient.

Jeanne s'était arrachée déjà aux embrassements de son mari. Elle pressait les deux mains d'Olympe sur son cœur.

Toutes trois, elles formaient un groupe exquis dans sa mortelle tristesse.

Ensemble, Jeanne et Fanchette disaient :

— Ma sœur, ma sœur chérie, tu nous as défendues, tu nous as protégées, nous ne vivons que par toi !

— Lucien, reprit Olympe, en remerciant Jeanne du regard, j'avais un fils, je l'ai donné pour elle, c'est-à-dire pour vous !

Les jarrets de Lucien fléchirent, il entra dans le groupe en s'agenouillant.

Je restais seul debout, et j'étais peut-être le plus bas prosterné au fond de mon cœur.

— Lucien, dit-elle encore, voulez-vous me pardonner ?

Il se pencha et mit un baiser sur son front.

La marquise Olympe mourut sous le contact de cette lèvre qui jamais n'avait touché la sienne, et la mort la fit plus divinement belle...

Personne ne prenait garde à M. Ferrand qui gisait inanimé, la tête dans les plis de la robe d'Olympe.

Récit de Fanchette

Nota. — Ceux qui ont compris la scène *invisible* de la mort de Louaisot peuvent passer les pages suivantes. J'ai cru devoir au lecteur l'explication complète de ce mystère, telle qu'elle nous fut donnée par l'une des habitantes de la grande écurie des fraudeurs, transformée en prison-salon.

C'est Fanchette qui parle.

« Je n'étais pour rien assurément dans l'affreuse mort d'Albert de Rochecotte qui m'aurait très-certainement épousée, et dont je possède une promesse écrite en tels termes qu'il n'aurait pu y mentir sans se déshonorer.

» Or, Albert était la loyauté même.

» Mais tout en n'ayant point contribué à la catastrophe qui termina sa vie, je ne pouvais manquer de comprendre que Jeanne Péry, ma sœur (je ne la connaissais pas encore, mais je l'aimais déjà) était accusée en mon lieu et place.

» J'étais innocente, c'est vrai, mais c'était moi que la justice croyait tenir en fermant sur Jeanne les verrous d'une prison.

» J'aurais dû me livrer peut-être. J'en eus le désir plus d'une fois, car le récit de l'arrestation de Jeanne au seuil de l'église, où le prêtre l'attendait pour bénir son bonheur, m'avait navrée, — mais j'écoutais alors les conseils d'un homme dont la profonde perversité m'était encore inconnue.

» M. Louaisot me disait : Vous vous perdrez sans la sauver, et je le croyais, — peut-être parce que mon intérêt égoïste était de le croire.

» Il faut songer à la jeunesse que j'ai eue. Jamais je n'ai connu ma mère. Elle m'avait assuré une petite fortune que mon père m'a dérobée. Je tais les enseignements plus que frivoles qu'il essaya de m'inculquer au temps où j'étais une petite marchande de plaisirs. Il trouvait cette position excellente comme point de départ. J'étais, me disait-il, mieux placée que Fanchon-la-Vielleuse ou que la célèbre marchande de violettes qui eût épousé, si elle l'eût voulu, le prince de Courtenay, cousin des rois de France.

« Mais laissons cela. L'idée de l'évasion de Jeanne me fut suggérée par M. Louaisot. Je l'accueillis avec passion, comme un moyen d'apaiser mes remords, et j'en fis bientôt l'unique affaire de ma vie. Je ne pourrais, sans compromettre des personnes qui vivent de leur emploi, détailler le plan de cette évasion, mais je dois dire que M. le conseiller Ferrand, dont je reçus l'accueil le plus bienveillant à la recommandation de madame la marquise de Chambray, ne fit rien, absolument rien qui sortît des bornes strictes de son devoir.

» En ce temps je ne connaissais pas plus Mme la marquise de Chambray que Jeanne Péry elle-même.

» La lettre par laquelle Mme la marquise m'introduisait auprès du président de la cour d'assises me fut donnée par M. Louaisot.

» L'évasion réussit, et cela fut regardé comme un miracle par tous ceux qui connaissent l'organisation de la Conciergerie, — mais elle ne réussit pas au profit de cet excellent et cher jeune homme, M. Lucien Thibaut qui attendait sa femme dans une voiture au coin du quai de l'Horloge.

» J'avais été jouée par M. Louaisot, et, — je l'ai cru longtemps, — par Mme de Chambray elle-même.

» Ils avaient peur du résultat final de ce procès où la vérité pouvait jaillir du nuage même dans lequel on l'avait si savamment enveloppée.

» J'ai à peine besoin de dire que j'ignorais complètement la part prise par Louaisot à l'assassinat de mon pauvre Albert.

» Je n'avais rien vu dans cette nuit funeste, qui restait en moi comme le souvenir d'un épouvantable rêve.

» Quant à cette autre nuit où Jeanne, que je venais d'arracher à ses geôliers, me fut enlevée sur le quai de l'Horloge, je fus plusieurs mois avant d'en comprendre le mystère.

» Je savais une seule chose, c'est que j'avais été jouée par M. Louaisot, et ce fut à M. Louaisot que je m'en pris.

» Mais M. Louaisot était plus fort que moi. On dit qu'un homme, luttant de ruse avec une femme, est toujours sûr d'être vaincu. Cela peut être vrai pour les autres hommes; M. Louaisot faisait exception à la règle.

» Et pourtant c'est une ruse de femme qui l'a jeté mort sur la terre humide d'une cave, au moment où il allait moissonner son champ, engraissé par tant de crimes !

» Le grand moyen employé vis-à-vis de moi par M.

Louaisot était celui-ci : La marquise de Chambray, disait-il, avait tout fait ; il n'était que son instrument ou plutôt son esclave.

» Jeanne Péry était aux mains de la marquise et probablement hors de France.

» La marquise avait un double intérêt à la faire disparaître.

» Toute démarche qui inquiéterait la marquise aurait pour résultat de précipiter la catastrophe.

» Car chez nous, en plein dix-neuvième siècle, il y a des cas où la loi est aussi impuissante à vous protéger que si vous voyagiez dans les steppes de la Tartarie. On a beau se gendarmer contre cela : je mets n'importe qui, fût-ce le souverain sur son trône, au défi de me dire ce qu'on peut faire contre un scélérat qui pose la question ainsi : « La personne qui vous est chère est en mon
» pouvoir, hors de l'atteinte de la loi ; si vous appelez la
» loi à votre secours contre moi, je n'ai qu'un geste à
» faire pour supprimer la personne que vous voulez
» sauver. »

» C'est clair, on peut passer outre, mais à quel prix ?

» Un beau jour, cependant, Louaisot eut peur de me voir passer outre, ou plutôt il se dit que, moi aussi, j'étais bonne à supprimer. Je le gênais.

» Tout ce qui touchait à cette affaire du Point-du-Jour le gênait.

» Il fit semblant de céder à mes désirs ; on me conduisit enfin près de Jeanne.

» Mais on m'enferma avec elle.

» Jeanne n'était pas à l'étranger. Elle n'avait jamais

quitté Paris, malgré les divers changes que Louaisot avait donnés à moi et à d'autres.

» Cette nuit même où M. Louaisot m'avait assigné un rendez-vous à la sortie de l'opéra, je trouvai Jeanne dans la retraite étrange où nous avons vécu depuis lors ensemble.

» Olympe y avait mis les meubles de son propre boudoir.

» J'arrivai les yeux bandés, après une route assez longue faite hors de Paris. Je ne savais pas du tout où j'étais. Jeanne restait dans la même ignorance. A cet égard, nous ne fûmes instruites que par Olympe elle-même.

» Il est temps que j'appelle ainsi familièrement par son nom, celle-là, qui est morte notre amie — notre sœur, et dont les derniers moments ont expié des fautes qui appartenaient encore plus à la fatalité qu'à son cœur.

» J'ai été heureuse dans cette retraite où j'ai trouvé la caressante affection de ma sœur cadette, la noble, la vaillante tendresse de ma sœur aînée.

» La mort nous menaçait, c'est vrai, mais nous nous aimions tant !

» Et j'assistais à un beau spectacle : la renaissance d'une âme.

» Au commencement, Louaisot regardait encore Olympe comme sa complice, non pas volontaire, assurément, mais forcée ; il avait obtenu d'elle tant de choses à l'aide de son moyen, toujours le même, la menace !

» La menace appropriée, choisie, la menace spéciale à chaque cas.

» Ici la menace était l'enfant, — le jeune Lucien, — un splendide adolescent qui aimait Louaisot, son père, jusqu'à l'adoration.

» Et je pense que Louaisot aussi l'aimait à sa manière. Dans un coin de son égoïsme il voyait peut-être ce beau jeune homme compléter sa gloire, élevé qu'il serait sur le piédestal d'une immense fortune.

» Chaque fois qu'Olympe résistait, Louaisot disait comme Jean Bart brandissait la mèche allumée : « Je ferai sauter ce qui me reste de cœur ; je tuerai l'enfant! »

» L'a-t-il fait ? Olympe est morte en croyant qu'elle le retrouverait au ciel...

» Un jour, en effet, Olympe résista en face.

» Louaisot lui avait posé son atroce *ultimatum* : le mariage avec lui, Louaisot, la mort de Jeanne et la mienne.

» Ce jour-là, Olympe se donna à nous tout entière.

» Elle nous dit toute sa vie si jalousée, mais si funeste. Ses larmes demandèrent pardon à Jeanne, qui la serrait contre son cœur.

» Et ce jour-là aussi, elle fut prisonnière. La porte du souterrain se ferma sur elle comme sur nous.

» En haut, dans la maison de ce vieil homme qu'on appelait le Dernier Vivant et qui se mourait, il n'y avait plus que M. Louaisot.

» Et M. Louaisot avait peur. Il ne pouvait rien contre la vie d'Olympe. La vie d'Olympe, c'était l'héritage du vieil homme.

» Il avait mis le pied sur ce front ardent et fort.

» Mais il tremblait. L'arme qui l'avait rendu victorieux si longtemps était brisée dans ses mains.

» On avait bravé sa menace.

» De la menace que l'on brave il ne reste rien.

» C'est un fourreau qui ne contient plus d'épée.

» Il espérait encore pourtant, car il suivait sa route impitoyable, Il se disait : les deux sœurs mortes, elle cèdera. Ce sont elles qui contrebalancent le pouvoir de l'enfant...

» Et nous fûmes condamnées.

» L'instrument de notre supplice était là : *l'outil*, comme l'appelait Louaisot dans ses gaietés lugubres.

» Un outil humain, vivant, une pauvre folle qu'il savait monter comme ces jouets qui ont à l'intérieur un ressort d'horlogerie, — et qui partent, quand on presse du doigt le ressort.

» Laura Cantù était dans le souterrain, Olympe le savait. Elle savait aussi l'histoire du restaurant des Tilleuls.

» Louaisot s'était vanté.

» Olympe connaissait l'outil et comment il fallait s'y prendre pour que l'outil frappât.

» Elle vola l'outil.

» Dans une niche, la folle travaillait à ses couronnes. C'est le symptôme de sa crise qui monte. Et sa crise montait dès que Louaisot le voulait.

» Jeanne et moi nous avions bien entendu un bruit dans la grande galerie, mais comment aurions-nous deviné ?..

» Olympe nous a tout épargné, jusqu'à la terreur.

» Nous n'avons su la menace suspendue sur notre tête qu'à l'heure où nous étions déjà sauvées.

» Mais Olympe, elle, avait compris la signification de ce bruit.

» Elle avait fait son choix et son sacrifice. Comme nous lui demandions où elle allait, quand elle sortit de la tente, elle nous répondit avec un douloureux sourire :

» — Je vais gagner le pardon de Lucien.

» Elle chercha, elle trouva Laura Cantù qui tressait ses fleurs à la lueur du dehors filtrant par une fissure.

» Il ne faisait pas encore tout à fait nuit.

» Olympe s'assit auprès de la folle et lui parla de son enfant.

» Elle resta là longtemps, bien plus de temps qu'il n'en fallait pour faire de Laura son esclave.

» Et quand Louaisot descendit pour en finir avec nous, Olympe prononçant les paroles sacramentelles, dit à Laura :

» — Le voilà ! c'est lui qui a tué l'enfant !

» La folle s'élança tête baissée.

» L'outil était retourné contre son maître. Louaisot tomba étranglé.

» Mais pourquoi Olympe fut-elle frappée à son tour ?

» Parce qu'elle le voulut.

» Louaisot expirant lui avait dit en parlant de Lucien : je l'ai appelé, il me vengera !

» Elle eut horreur de mourir par les mains de Lucien.

» On doit croire que sa raison chancelait.

» Quand elle vit de loin, dans la perspective de la galerie les trois hommes s'avancer et qu'elle reconnut le visage de Lucien, sévère comme celui d'un juge, — c'est elle qui nous l'a dit : elle se sentit condamnée.

» Son fils, l'autre Lucien, l'appelait...

» Elle dit à la folle, comme on approche de son sein,

le poignard, rouge d'un autre sang : « je t'ai trompée : c'est moi, c'est moi qui ai tué... »

» C'était presser le ressort. Le ressort joua. Olympe sentit les doigts de Laura pénétrer dans sa chair, puis tordre son cou... »

DERNIER RÉCIT DE GEOFFROY

Un instant après qu'Olympe eut rendu son dernier soupir, nous entendîmes une voix qui appelait dans le lointain de la galerie : Madame ! madame !

Lucien et moi nous étions en train d'arranger un fauteuil en civière pour porter le corps de la marquise de Chambray dans sa maison.

La personne qui appelait était Stéphanie. Le vieux Jean Rochecotte était à l'article de la mort. Il demandait instamment sa nièce Olympe, ou, pour employer ses expressions, répétées par Stéphanie : « Quelqu'un de sa famille, »

Nous nous mîmes en marche. Stéphanie nous éclairait. Lucien et moi nous portions la civière.

M. Ferrand nous suivait de tout près, plié en deux et vieilli de vingt ans.

Derrière venaient Jeanne et Fanchette qui se tenaient par la main.

Stéphanie nous fit trouver, par une route plus courte, l'escalier qui montait à la maison neuve

En chemin, nous entendîmes deux fois la voix douce de la folle qui disait sa chanson, perdue dans ces vastes ténèbres :

>Mon petit enfant,
>Où s'en est allée
>Ton âme envolée?...

Quand nous arrivâmes au premier étage de la Maison neuve, le vieux Jean Rochecotte était couché dans une chambre richement meublée, mais sur son lit, autour duquel se drapaient des rideaux de lampas, il avait voulu ses haillons sordides.

Il y avait entre autres son petit manteau de chasseur de Vincennes qu'il ramenait jusqu'à sa face et que ses dernières convulsions semblaient caresser.

Nous entrâmes dans la chambre du vieil homme, nous n'étions plus que quatre : Lucien, les deux sœurs et moi.

M. Ferrand était resté auprès du lit où l'on avait étendu Olympe.

Il la contemplait, toujours à genoux, les mains jointes en cherchant dans sa mémoire des lambeaux de prières...

Les yeux vitreux du moribond se fixèrent sur nous. Il y avait déjà plusieurs heures que son agonie était commencée.

Et pourtant sa voix, qui venait par saccades lentement espacées, avait encore de la force. Il dit :

— Ah ! Ah ! — Vous voilà ? — Je ne vous reconnais pas. — Je ne mourrai pas de sitôt. — C'est moi le Dernier Vivant !

En prononçant ce mot avec une orgueilleuse emphase, il souleva sa tête hâve.

Nous étions muets autour de lui.

Il dit encore :

— Où sont les autres ?— Je ne vois pas Olympe.— Le notaire l'a-t-il tué, le notaire Louaisot ? — Cet or-là a bu son pesant de sang ! — L'or ne boit que cela. — Aussi comme on l'aime ! — Je veux le notaire, — mon ami Louaisot de Méricourt.— Celui-là n'a ni cœur ni âme. — Il saura se servir du tas d'or pour mal faire...

Sa tête se souleva davantage, pendant que ses doigts crispés s'accrochaient au drap du manteau.

Il était effrayant à voir.

Ses yeux semblaient grandir dans le blême hideux de son visage décharné.

A chacune des pauses que je figure par des traits de plume, un râle profond, mais sonore, jaillissait de sa poitrine.

Et sa tête montait toujours comme si elle eût été hissée par un mouvement mécanique.

Il reprit d'une voix plus forte :

— Celui-là saura se servir de mon bien. — Il m'a promis de nourrir les soldats, — d'habiller les soldats, — les soldats, — les braves soldats ! — Je suppose cinq cent mille soldats, — prenez quarante sous à chacun, — vous aurez un million ! — quatre francs, deux millions, — huit francs, quatre millions, — et s'ils se plaignent, — moi, j'en ai fait fusiller — qui se plaignaient !

Sa bouche se contracta en une grimace qui voulait être un rire.

Il était maintenant tout à fait droit sur son séant.

Sa face cadavéreuse semblait pendre à une hauteur énorme au-dessus du lit.

Son râle sortait violemment avec un bruit de crécelle.

— C'est moi le Dernier Vivant, prononça-t-il en plongeant dans le vide la morne fixité de son regard. C'est à moi, tout. — Pas un soldat ne m'échappera, — si je veux ! — Ils mangeront mon pain, et j'aurai de l'or, — ils boiront mon vin. et j'aurai de l'or. — Ils deviendront maigres — faibles — lâches ! — mais j'aurai de l'or ! — de l'or pour le frisson qui passe à travers le drap de leur tunique, — de l'or pour l'eau glacée qui noiera leurs pieds dans leurs souliers. — Moi je n'ai pas froid ! — et je porte un manteau — du drap que j'ai fourni ! — J'aime les soldats, — les soldats sont à moi ; — affranchissez vos lettres : — à monsieur, monsieur Jean Rochecotte, — fournisseur, — fournisseur général, — seul fournisseur — de tous les soldats du monde ! — allez-vous-en — vous n'aurez rien. — Je ne veux pas mourir, — je resterai le dernier, — avec tout l'or de la terre, — le DERNIER VIVANT !

Il tomba de son haut.

Et son râle fit silence. Il était mort.

Lucien prit la main de Jeanne et la porta à ses lèvres.

— Je mourrais s'il me fallait renoncer à toi maintenant, dit-il ; mais je renoncerais à toi si l'héritage de cet homme devait entrer avec toi dans ma maison.

Jeanne lui jeta ses deux bras autour du cou en répondant :

— Oh ! je te connais bien ! Mais que je suis heureuse et que je t'aime !

Le lendemain, Lucien reçut de M. le conseiller Ferrand la lettre suivante :

» Monsieur — je n'ose plus dire ami,

» J'ai cru, je jure que j'ai cru !

» Mais je n'aurais pas dû croire. Pour nous, magistrats, l'erreur est un crime,

» Jamais plus je ne m'assoierai sur le siége du juge.

» Je vous dois l'explication de l'influence exercée sur moi par cette chère, par cette infortunée femme. Vous avez peut-être deviné. Peu importe.

» J'avais vingt ans. J'étais un étudiant. M. Barnod n'était pas mon ami. Il ne m'avait pas confié sa femme...

» Pour cette faute, j'ai été malheureux toute ma vie.

» Et je n'ai même plus ma fille...

» Adieu ! »

En immeubles, titres, valeurs mobilières et argent comptant la succession de Jean Rochecotte fut évaluée judiciairement à 11,500,000 fr ; mais avec la plus-value des terrains, on peut hardiment porter ce chiffre au double.

Lucien vécut pendant deux ans bien pauvre, avec le produit de son cabinet d'avocat.

Au bout de deux ans, Mme la baronne de Frenoy — la mère du comte Albert, celle-là même qui voulait guillotiner Jeanne, — mourut et institua Jeanne sa légataire universelle.

Ce livre, je l'ai dit dès le début, a été écrit pour répondre à une calomnie.

L'orateur éminent, le jurisconsulte respecté qui porte dans ces pages le nom de Lucien Thibaut a soulevé bien des jalousies par son glorieux succès.

On l'a accusé de devoir sa fortune à cette source impure : la succession du Dernier Vivant de la tontine des fournisseurs.

Moi qui m'honore si profondément d'être son ami, j'affirme sur l'honneur qu'à l'heure même de sa pauvreté, il a rejeté loin de lui cette fortune avec dégoût.

Et je déclare, les mains pleines de preuves, que le fruit du vol, — du vol le plus monstrueux qui se puisse punir ici-bas, *le vol des fournisseurs,* le vol qui dépouille et qui désarme nos soldats en face de l'ennemi, le vol, car c'est un vol pareil (et qu'il soit à jamais maudit !) qui nous coûte peut-être, à l'heure présente, deux provinces françaises et dix milliards, — je déclare, dis-je, que la succession de Jean Rochecotte, le dernier vivant des cinq fournisseurs A FAIT RETOUR INTÉGRAL A L'ÉTAT, dès l'année 1866.

Il me reste à dire en peu de mots comment notre bien-aimée Jeanne fut réhabilitée.

Lucien, comme de raison, se hâta d'introduire une opposition à l'arrêt par défaut qui condamnait sa femme.

Le jour de l'audience, car il n'y eut qu'une audience et qui ne fut pas longue, deux avocats prirent place au banc de la défense.

Le premier était Lucien lui-même, le *défenseur de sa femme*, comme la sympathie du barreau tout entier l'avait déjà surnommé.

Le second était maître Ferrand, un débutant à cheveux gris, qui avait donné sa démission le 1ᵉʳ août, jour où le *Moniteur Universel* inscrivait sa nomination en qualité de président de chambre à la cour impériale de Paris.

Mais la tâche de Lucien et de M. Ferrand fut à peu près nulle.

Tout l'honneur de la journée revint à M. Cressonneau aîné, avocat général, qui occupait le siége du **ministre public**.

Bien entendu, l'accusée faisait de nouveau défaut.

M. Cressonneau aîné prit texte de cette absence pour effeuiller tout un bouquet de roses sur la place que l'accusée aurait dû occuper.

Il fut très-éloquent, surtout quand il rappela que c'était lui, Cressonneau, qui avait établi la première nstruction.

» Il est, dit-il, de telles accumulations de preuves, écrasant de si hautes innocences qu'une ordonnance de non-lieu ne peut être regardée comme une suffisante réparation. Je voyais ce monstrueux amas d'apparences accusatrices avec l'œil de la justice, ce regard perçant auquel rien n'échappe. Je découvrais, ou du moins, je devinais, derrière ce mirage, la main habile qui le produisait...

» Car, messieurs, en vain les esprits routiniers se révoltent contre l'évidence ; nos mœurs modernes ont tout perfectionné, même la science du mal. Nous avons, dans les bas-fonds de notre société, des écoles spéciales de scélératesses, on y passe les examens d'un sinistre baccalauréat, on y reçoit des *docteurs ès-crimes* !...

» Il m'est arrivé de le dire une fois (et il ne voulait pas me croire !) à l'avocat éminent qui s'est donné la mission la plus belle, la plus véritablement noble, qui puisse honorer un homme de cœur, à Mᵉ Lucien Thibaut, le DÉFENSEUR DE SA FEMME... »

Ici, le président fut obligé de réprimer les applaudissements.

Je supprime le reste de la tirade qui posa M. Cressonneau aîné sur un très-joli piédestal et le mit décidément à la tête de la jeune école.

L'accusation fut abandonnée.

Lucien n'a plus jamais entendu parler de la métapsychie. La santé de sa belle intelligence est robuste et complète.

On paya néanmoins le mois commencé du docteur Chapart.

Jeanne est heureuse, et si belle ! je suis l'oncle de ses deux chers enfants.

FIN

TABLE DES MATIÈRES

RÉCIT DE GEOFFROY

I. J.-B.-M. Calvaire. 2
II. Une lettre du comte Albert. 10
III. L'incomparable Olympe. 18
IV. Le petit clerc. 27
V. La famille Chapart 35
Récit fait par Lucien de ce qui se passa sur le quai de l'horloge. 115
Récit de Geoffroy. 134

ŒUVRES DE J.-B.-M. CALVAIRE

Le fils Jacques. 152
Les revenus de la tontine 162
Coup-d'œil sur la belle société des environs de Méricourt. 172
Changement de règne. 184
Le codicille 217
La nourriture de l'affaire. 262
Du sang et des fleurs. — Avant-propos 269
La couronne. 270
Une pièce de la mécanique Louaisot 272
La petite Pologne. 276
L'outil est-il bon ? 284
Ce que valait l'outil. 286
Le dessous des cartes dans l'affaire des ciseaux. . . . 296

ANNEXE AUX ŒUVRES DE J.-B.-M. CALVAIRE

L'évasion de l'accusée. — Les deux sœurs 348
Récit de Geoffroy 324
Dernière lettre de Martroy 358
Récit du conseiller Ferrand 365
Récit de Geoffroy 370
Le récit de Fanchette 378
Dernier récit de Geoffroy 387

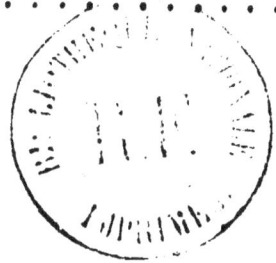

St-Amand (Cher).— Imp. de Destenay.

www.ingramcontent.com/pod-product-compliance
Lightning Source LLC
Chambersburg PA
CBHW052038230426
43671CB00011B/1695